• 本书由上海工程技术大学学术著作出版专项资助

我国研发人员
工作动力行为与激励研究

袁建昌　魏海燕·著

上海三联书店

前言
Preface

　　研发活动的战略地位决定了研发人员是企业的核心资源,同时也是企业创新的源泉和发展的关键。无论是传统行业还是新兴的高新技术产业,通过研发活动保持不断的创新是其能够在知识经济中生存与发展的根本,这也意味着研发实力成为决定企业创新能力的重要标志。研发人员直接承载着组织技术创新的任务,其创新行为一定程度上决定着组织的整体创新能力;创新是研发岗位工作内容的核心,任何影响员工创新行为的因素在研发人员的行为上会体现得更为明显,因此以研发人员为研究样本更容易发现员工创新行为的影响机理。这也是本书选取研发人员作为研究对象的主要原因。

　　作为研发活动的主体,研发人员在企业发展中具有重要的作用,而知识经济时代更是赋予了研发人员重要的战略地位。另外,随着越来越多的企业都将发展重点转移到尖端技术领域,企业的研发活动对研发人员的素质也提出了更高的要求,这使得企业迫切需要大量具有创新思维能力、掌握技术创新方法的高素质研发人员。而作为企业的关键人才,研发人员承担着企业能否持续创新的重要责任,企业的研发活动能否成功取决于研发人员的整体实力以及研发激情,企业需要采用适当的方法选择、培育、留住并使用好研发人员,发挥其最大的工作积极性与创新潜能。激励研发人员、发挥其最大潜能是每个企业在知识经济时代面临的重要任务。

　　传统的创新激励措施变得收效甚微，其原因是个人创造机制的发挥要求满足对研发项目的复杂性、挑战性和乐趣性等偏好，要求有比较宽松的时间和物质条件。但组织作为围绕共同目标和统一协作的行为控制系统，和个人创新有冲突。如何解决这种冲突需要深入思考，站在研发人员的立场，什么样的组织支持和组织激励才能使他们有获得感、归属感、价值感等。站在组织的角度，什么样的研发人员才是高自我效能感和内驱力十足的高创新绩效人员。这些问题促发我们从"工作动力"的视角进行研究探索。

　　工作动力是管理者非常关注的问题，一般学术界对工作动力的研究都是从工作动机的角度展开，目前所能找到的文献也都与工作动机相关。同时，组织行为学的一个重要研究领域就是组织内积极工作行为的研究，如组织公民行为。这些行为对组织的重要性在于，它们是支持组织健康发展的重要的员工行为表现，因此也有人称这种行为为"工作绩效行为"，但是很少有针对不同职业群体的工作行为研究，尤其是涉及研发人员的行为研究几乎很少。因此，本书尝试从工作动力的角度探索我国研发人员工作动力的典型行为表现并尝试对其进行解释，从员工个人和组织两个角度考察对研发人员工作动力行为的影响，以及工作动力行为对个人工作绩效的影响。研究中通过深度访谈、半开放式问卷和问卷调查发现，我国研发人员工作动力行为主要包括三类典型行为：解决问题行为、自我发展行为和助人行为。

　　本研究设计的主体调查以661个国内研发人员为样本收集7个主要假说的相关数据，控制了多个人口统计学变量。实证研究结果显示，研发人员的工作驱力、动机特性和工作自我效能都与工作动力行为显著相关，而研发人员的组织公正感和组织支持感也对工作动力行为有显著的影响。研究还发现研发人员的工作动力行为与他们的个人工作绩效显著正相关。分配公正、程序公正和交互公正对组织支持感和工作动力行为之间关系的调节作用也得到了支持，其中程序公正对组织支持感和工作动力行为之间的关系有强干预作用，交互公正对组织支持感和工作动力行为之间的关系有加强作用。

研究结果主要应用在判断研发人员的工作积极性，用于研发人员的招聘、培训、教育指导、职业指导，用于构建良好的组织环境和为激励研发人员提供多维视角。本书最后部分探索性地把研发人员的工作驱力和工作动力行为的主导因素与研发人员的主导需要进行匹配，从三条主线提出了针对研发人员的整合激励方案——基于获得驱力与组织公正感的产权激励，基于联系驱力与组织支持感的环境激励，基于学习驱力与自我效能感的发展激励。第一条主线突出满足研发人员的获得感、价值感，通过剩余索取权和控制权的配置表达分配公正和交互公正，通过增强组织公正感而激发解决问题行为，进而达到组织创新的目的。第二条主线突出满足研发人员的信任感、归属感，通过构建良好的组织氛围、信任的组织文化、和谐的工作场、无私的知识共享等激励措施，增强研发人员的组织支持感，进而激发助人行为和解决问题行为，达到组织全员共同创新。第三条主线突出满足研发人员的掌控感、成长感，通过创造力自我效能感培养、培训学习、个性化职业发展设计等激励方式，增强研发人员的自我效能感和组织支持感，激发自我发展行为，保证可持续创新的动力源。

本书是我和宝钢集团人才开发院研究员魏海燕共同完成，全书很多章节都是双方合作的成果，由我负责统稿，其中1、2、6、7章主要由我执笔，3、4、5章实证研究部分主要是由魏海燕完成。

希望通过本书的出版，与读者分享我们的拙见，书中有不当之处，还请不吝指正。

袁建昌

2016 年 9 月

目录
Contents

绪　论

1.1　研究起因

　　工作动机是组织心理学(organizational psychology)的一个专业术语。一般认为工作动机(work motivation)是一个包括行为激发、指引到持续的心理过程。这一过程具有全面性和复杂性,也给理论的发展带来了困难,因为如果从不同的角度来定义和研究工作动机就会看到不同的结果,如同盲人摸象,摸到不同部位,就有不同的感觉和结果。这也给工作动机理论在实践中的具体应用以及研究结果的整合带来了一系列难题。

　　实业界从工作动力的角度来看工作动机,如同 Mitchell(1982)曾说的,许多非专业人士可能认为动机是个人多想,并且试图多努力做好某一特定任务或工作的程度。虽然理论界对工作动机的定义更准确也更科学,而实业界对动机的理解则相对简单化,但是也更接近现实世界,即更能反映工作场所的实际情况。可以认为心理学家关注的是本能和驱力,而经理关注的则是更实际的问题(Steers,Mowday,Sharpiro,2004)。

　　能不能从实践出发,发现现象,再寻找可能的理论解释?本研究尝试从这个视角来看一个在理论界和实践界都非常重要的概念:工作动机。为了研究的方便,使用的是为实业界所普遍接受的"工作动力"概念。工作动力是对工作动机概念的简单化,它实际上是传统工作动机概念所包含的整个心理过程的一部分。

工作行为是工作场所最重要的现象,它也是管理者和其他员工能够观察到的最直接和直观地反映一个员工工作状况的重要途径。那么,是否可以通过员工的工作行为判断个人的工作动力状况? 如果可以通过员工的工作行为判断他的工作动力状况,那么具体针对研发人员,可以通过哪些工作行为判断他们的工作动力状况? 以及如何从个人结合组织情境的角度来解释个人的工作动力行为? 依据工作驱力和工作动力行为的主导因素如何激励研发人员? 本书以我国研发人员为样本,尝试着对以上问题进行解答。

1.2 研究目的

研究目的包括:

——探索我国研发人员工作动力行为的典型表现形式。

——尝试开发我国研发人员工作动力行为量表。

——验证我国研发人员工作动力行为量表。

——对我国研发人员工作动力行为进行初步描述和解释。

——根据研发人员的典型工作动力行为特征,提取影响研发人员工作动力行为的主导因素,以此为依据提出相应的激励措施。

1.3 研究意义

理论界和实践界都对工作动机非常感兴趣,因为它对理解目前的组织行为研究以及结果的应用非常重要。理论上,动机一直是心理学的重要研究领域,而工作动机则是组织心理学的重要理论基础。实践上,工作动机有助于了解促进员工努力工作的动力来源,管理层可以以此为依据建立适合员工需要,并能使组织和员工都受益的管理策略。对员工来说，工作动机的相关研究可以为员工提供除了金钱名利以外的工作价值观。实际上，当代组织和管理的成功与员工的工作动机有一定程度的相关性（Hirschfeld Robert Roy，1996）。在这里，研究的是理论界工作动机定义的简化概念，即来自于实践界的工作动力概念。

1.3.1 现实意义

过去 10 年工作场所发生的变化是以往任何时期都不曾遇到过的。公司既要缩编又要扩张，员工也越来越个性化，并拥有高度多样化的需求。信息技术的发展既改变了工作活动的方式也改变了工作场所。团队改变了层级和传统权力分配的定义。企业面临激烈的吸引人才和留住人才的竞争以实现战略目标。在 William M. Mercer（1999）对 225 名美国大中型企业管理者进行的调查发现，45％的被调查者认为吸引人才最关键，有 47％认为吸引人才是面临的主要问题；同时有 26％的人认为长期留住人才最关键，有 45％的人认为留住人才是面临的主要问题（Diane Mae Maki，2001）。可见，如何更好地管理知识员工已经成为各行各业管理者要持续面对的难题。

MIT 经济学家 Thurow（1992）曾说，成功的公司未来将主要基于他们拥有的技术和人力资源展开竞争，而被激励的员工则成为这一场竞争的战略关键。研发人员既掌握着企业的技术诀窍，又是企业核心人力资源，对企业的长期发展和持续竞争优势就更为关键，因此这一类核心人员的工作状况对企业尤其重要。一般来说内在动力强的人积极性比较高，内在动力弱的人积极性比较低，或根本没有积极性。具体到工作场所，可以认为工作动力强的人工作积极性高，工作动力弱的人工作积极性不高。而员工工作积极性的大小在一定程度上决定了工作结果的好坏。因此，充分激发研发人员的工作积极性（或者说工作动力）对企业至关重要。要做好这点，首先需要判断员工是否有工作积极性，然后就是采取正确的方法激发员工的工作积极性。这方面的研究对组织管理研发人员很有现实意义。

本研究关注的是企业的核心人力资源——研发人员——的工作动力行为表现，以及哪些因素与工作动力行为表现有关。对研发人员工作动力行为以及相关因素的研究有助于企业了解应该鼓励研发人员的哪些行为，并实现在激励研发人员工作动力的同时提高企业创新能力。这也是企业长期关注的焦点。

本研究通过系统分析研发人员的工作动力行为，在此基础上分析其激励机理，有针对性地给出适宜的激励对策，不仅在理论上能够对研发人员激励的研究进行较好地补充与完善，而且在实践领域为组织探索如何激励研发人员提供必要的指导与借鉴，因此在研发人员激励方面同样具有一定的现实意义。

1.3.2　理论意义

关于工作行为的研究已经进行了很多年（例如 OCB 的定义已经超过 20 年），基于目前工作环境的变化，出现了许多以前没有预料到的新情况，以往关于工作行为的研究成果在接受实践的挑战（例如 OCB 的定义及其使用）。此外，以前对工作行为的研究一般都是概括性的、普适的，很少有具体针对不同行业或不同职业群体的工作行为研究。实际上，由于行业的不同以及职业的差异，不同的群体可能会表现出一些具有行业或职业特点的工作行为，对这些具体工作行为的研究才能更好地理解工作行为。正如 Lock 和 Latham（2004）所说的，"实际上根本就不存在所谓的一般行为（action in general），任何行为都是与特定的任务或情境相联系的"。其次，以往对工作行为的研究都是从组织的角度出发（如 OCB），是从哪些行为能提高组织效能的角度考虑的，从而在工作场所鼓励这些工作行为。更有效的方法应该是在考虑员工需要和特性的基础上，了解员工工作动力的情况以及这些工作动力在工作场所的主要表现形式，然后再采用相应的激励方式鼓励员工发挥更大的工作动力，为实现个人目标和组织目标付出更多的努力。因此,本研究的目的并不是对现有工作动机理论(如期望理论)或工作行为理论(如 OCB 理论)提出挑战,而是希望在目前理论的基础上换个视角来看问题,以我国样本为例,探索研发人员的工作动力行为,并初步对它进行解释,从而为更好地激励研发人员的工作动力提供一定的理论基础。以往对研发人员激励的研究主要是从薪酬满意度以及职业需求和职业生涯管理两个角度来探讨,实证研究也并不多见。

此外,根据文献分析,工作驱力和动机特性对我们所研究的行为非常重要。工作驱力概念据以为理论基础的"四驱力论"发表于 2002年,动机特性虽然在 Heggestad(1997)的论文中已经有开发成形 MTQ 量表,但它真正引起我们注意则是因为 Kanfer 和 Ackman(2000)的一篇文章。同时,近年来对 OCB 的广泛关注已经把很多人的注意力引到了组织行为领域,近来又有几篇文章批判 OCB 存在的缺陷,给了我们良好的时机提出工作动力行为概念。

Dawis(1989)曾说,激励(motivation)就是"把能力在机会面前转化为现实"。我们期望本研究能促进对研发人员工作积极性的探讨,以及如何推动对研发人员工作积极性的理解,而这些都有助于更好的激励研发人员,以及吸引和保留有竞争力的核心研发人员。

研发工作不同于传统工作,它的本质是知识的创新,研发投入表现为研发人员的脑力劳动,由于具有高度的超前性与低度的程序化特征,使得管理人员很难从实际工作成果推断研发人员真实的工作行为,这为研发人员工作行为的监督与控制带来了相当的困难,同时也增加了激励的难度。此外,研发投入与产出之间具有很大的不确定性和风险性,这种不确定性和风险性主要来自市场风险和技术风险,这为研发人员的机会主义行为提供了合理托辞,一旦研发失败,研发人员很容易将其归咎于外在因素,为自己的卸责推脱,这使得研发人员很容易具有机会主义倾向。这些无疑都为企业如何合理激励研发人员正确的工作行为提出了挑战。以往研究过多强调针对研发人员具体特征和研发工作特征的相关激励因素、过程、措施,但针对研发人员工作动力的相关研究仍不多见,从工作驱力和工作动力行为主导因素的视角进行研究能够在一定程度上填补研发人员激励研究的空缺。

1.4　研究问题

研究的主要问题有:

——研发人员的工作动力行为主要表现行为、量表开发及其实证应用。

——动机特性量表的本土化及其实证应用。

——研发人员的工作驱力与工作动力行为的相关性。

——研发人员的动机特性与工作动力行为的相关性。

——研发人员的工作自我效能与工作动力行为的相关性。

——研发人员的组织公正感与工作动力行为的相关性。

——研发人员的组织支持感与工作动力行为的相关性。

——组织公正感是否对组织支持感和工作动力行为之间的关系有调节作用。

——研发人员的工作动力行为与个人工作绩效之间的相关性。

——基于工作驱力和工作动力行为主导因素的研发人员激励措施。

1.5　研究创新

1.5.1　理论创新

(1)新变量

工作动力:这是一个似乎人人都知道的词,但是很少有人能对它下一个明确的、具有综合性的、能够被人们所接受的定义,也少有学者深入研究工作动力。我们尝试对工作动力进行定义,通过访谈、半开放式和开放式问卷证明我们的这个定义能够为一般员工所接受。

工作动力行为:提出了工作动力行为概念,并为其下了定义。

（2）新视角

从四驱力的角度探讨员工的工作驱力。以往研究工作驱力的仅有 Lounsbury(2004),而且他们的研究是把工作驱力视为一种相对稳定的个人特性,考察它与工作绩效之间的关系,他们的工作驱力并没有明确提出理论基础。我们则以人类最初的需要（或驱力）为基础,在以往研究的基础上,根据 Laskey 等(1989)分类要求为选择标准,选择了 Lawrence 等(2002)的四驱力论,并在"人类选择背后隐藏着的四种驱力"的基础上,以研发人员为对象,开发出在特定工作中进行选择的四驱力量表,在这里四驱力被我们称为四种工作驱力,并用来解释研发人员的工作动力行为。

从工作动力行为的角度探讨对研发人员的行为以及行为的影响因素,目的是有效激发研发人员的工作积极性。以往很少有研究从工作行为的角度来研究工作动力。虽然工作行为有多种表现形式,但是判断个人的工作积极性最客观的还是通过行为来判断。既然个人的工作积极性需要而且可以通过工作行为判断,那么就一定存在特定的工作动力,这也是我们提出并研究工作动力行为的主要原因之一。

把组织支持感引入工作行为研究,并在研究中考察了组织公正感对组织支持感和工作动力行为的调节作用。目前尚未发现组织支持感在 OCB 及其他工作行为中的应用和研究。

把研发人员的工作驱力和工作动力行为的主导因素与研发人员的主导需要匹配起来,从一个新的视角提出了对研发人员的整合激励方案:基于获得驱力与组织公正感的产权激励,基于联系驱力与组织支持感的环境激励,基于学习驱力与自我效能感的发展激励。

（3）新发现

通过深度访谈、电话访谈和半开放式问卷以及开放式问卷初步确定了以我国研发人员为样本的研发人员工作动力行为描述,其典型行为表现主要包括解决问题行为、助人行为和自我发展行为三类;通过实证研究证实了研发人员工作动力行为的三维结构——解决问题行为、助人行为和自我发展行为。研究发现了"工作动力行为"是一个与组织公民行为有较高相关性,与个人努力也呈显著相关关系。

我国研发人员的动机焦虑中的情绪性和焦虑相关性极大（大于0.95）,因此可以合为一个维度。

我国研发人员的竞争性与动机焦虑之间负相关,这与原作者的研究结果不同。他们的研究结果说明竞争性和动机焦虑之间没有显著的相关性。

组织支持感是工作行为的重要影响因素,而且组织公正感对组织支持感和工作动力行为有调节作用。具体来说,分配公正对组织支持感与助人行为有加强作用;对组织支持感和解决问题行为以及自我发展有强干预作用。程序公正对组织支持感和助人行为以及解决问题行为有强干预作用;对组织支持感和自我发展有加强作用。交互公正对组织支持感和助人行为以及自我发展都是加强作用。

1.5.2 方法创新

（1）新量表

开发了研发人员工作动力行为量表。

合作开发了研发人员工作驱力量表。

将动机特性量表在我国本土化,以及在我国首次使用。

（2）新方法

多层线性回归分析结合优势分析来解释变量以及确定自变量对因变量的影响。这种方法在国外曾经有人使用过,国内也有个别学者使用过,但并没有引起广泛重视。这种方法可以在多层线性回归的基础上分析自变量及其各维度对因变量的影响大小。

使用多层线性回归分析减少共线性的影响。本研究中,组织公正感和组织支持感之间可能存在共线性,因此在判断组织公正感和组织支持感对工作动力行为的影响时,在控制人口学统计变量的基础上,先分别控制组织支持感和组织公正感,因此得到的结果可以较好地控制两者之间可能存在的共线性问题,这样得到的结果更有说服力。从目前我们所接触的文献来看,还没有发现使用这种方法来控制变量之间共线性的。

使用变量之间的相关系数结合偏相关系数判断变量之间的实际相关性,为新开发的工作动力行为量表提供辨别效度足够的证据。

1.6 研究局限

对我国研发人员工作动力行为的研究还只是一种探索性研究。目前还没有见到过相关研究,也没有相关实证研究,很少有现成的可以借鉴的成果,需要探索的内容比较多,因此整个研究的过程比较复杂,研究设计也比较有挑战性。由于研究成本的限制,本研究过程中并没有全部采用最理想的或最完善的研究方法,这些都需要在后续研究中改进。

研究方法的局限:在研究设计中主要采用自评量表,好处是方便可行,特别是对不能被第三方观察到的因素比较有效。但是也可能带来一些误差,如社会偏好的影响。同时,由于可用资源的限制,我们并没有设计实验研究,而且采用的也不是跨时间的问卷调查研究,因此还不能直接得出变量之间的因果关系。以后的研究应该考虑多种问卷来源,比如,工作动力行为可以同时采用自评和同事评价并结合上级评价;如果时间和成本以及资源允许,应当进行跨期研究,这样更有利于得到因果关系;要设计实验研究,这样才能推断出变量的因果关系,而且研究结果也比较稳定,一般性和适用性也比较高。

研究设计过程中没有充分考虑社会偏好(social desirability)对答卷人选择答案的影响。虽然我们在量表编制过程中以及量表问题选择过程中已经尽量注意社会偏好对个人的影响,但是由于测量构念本身性质的影响,并没有完全控制住社会偏好。究竟社会偏好对个人工作动力行为及其影响因素有何作用以及有多大作用,还需要通过后续实证研究得到解答。

被试样本的问题。由于研究人员数量限制、时间限制和成本限制,以及调研的可行性,本研究的样本的分布主要集中在上海、长春和北京,从地域分布范围来看还不够广泛和具有代表性。希望以后的研究能够扩大样本的地域范围,增强研究结论的一般性和适用性。同时,本研究的被试虽然涉及到较多的行业,但从数量来说则相对集中在汽车和IT界,其他行业的相对较少,因此可能也会影响到研究结果的一般性和适用性。以后的研究应该扩大行业的涉及面以及应该有更合理的行业比例,以增强研究结论的一般性和适用性。

1.7 关键术语

关键术语的定义(definition of key terms),即术语的概念化。术语的概念化作为研究过程中的一个重要环节,是一个指出术语的具体含义的过程,可以对研究中涉及到的术语进行进一步的明确和统一,避免研究结论的混淆和误用(Earl Babbie,1999)。

本研究涉及的关键术语主要有:(1)研发人员;(2)工作动力;(3)工作动力行为;(4)动机特性;(5)工作驱力;(6)工作自我效能;(7)组织公正感;(8)组织支持感;和(9)个人工作绩效;(10)激励。在这里我们只提供关于本研究中关键术语的简单解释。本书4.6及后续章节有针对一些术语更详细的描述。

(1) 研发人员（R&D professionals）

研发人员是指在工作中应用理论和实践知识解决复杂问题的知识员工（Korczynski 和 Frenkel，2002），他们主要从事理论研究、产品开发、工程设计等创造性工作。本研究的对象是国内研发人员。

(2) 工作动力（specific work motivation，SWM）

工作动力是个体在组织环境中受到内在或外在因素的刺激而引发的一种与工作相关的积极的内在驱动力，是一种被激发的心理状态，反映了对目前和未来良好工作结果的向往程度，表现为愿意并且付出更多精力以便更好地完成工作。

在这里需要说明的是，在英语中，工作动机和本研究的工作动力都使用的是 work motivation 这个词，为了与传统意义上的工作动机相区别，在本书中，把工作动力称为 specific work motivation，以免混淆。因此在本书中，specific work motivation（SWM）特指工作动力。同时，根据对国内外相关文献的综述，到目前为止并没有发现具体针对工作动机的特定行为的研究，在英文文献中也没有找到对 work motivation behavior 一词的使用，为了保持术语的简洁性，本书的工作动力行为仍采用 work motivation behavior，简称 WMB。

(3) 工作动力行为（work motivation behavior，WMB）

工作动力行为是工作动力在工作过程中的典型行为表现。

由于本书的主要研究对象是国内研发人员，因此主要涉及的是研发人员的工作动力行为。

研发人员工作动力行为是指研发人员工作动力在工作过程的典型行为表现。如无特别说明，以后本研究中所用的工作动力行为均指以我国为样本的研发人员工作动力行为。本研究显示，我国研发人员工作动力行为主要包括三类典型行为：解决问题行为、自我发展行为和助人行为。

(4) 动机特性（motivational trait，MT）

动机特性是"稳定的、跨情境的、并与目标导向的趋向和回避努力相关的个人差异"(Heggestad 和 Kanfer，2000)。动机特性主要包括个人掌控(personal mastery)、竞争卓越(competitive excellence)和动机焦虑(motivational anxiety)三个方面。其中：个人掌控包括学习意愿(desire to learn)和目标掌控(goal mastery)；竞争卓越包括参照他人目标(other reference goals)和寻求竞争(competition seeking)；动机焦虑包括焦虑(anxiety)和情绪性(emotionality)。

(5) 工作驱力(work drive，WD)

工作驱力是指人类选择的四种基本驱力在特定工作中的典型表现。主要包括获得驱力(the drive to acquire)、联系驱力(the drive to bond)、防卫驱力(the drive to defend)和学习驱力(the drive to learn)。

(6) 工作自我效能(job self-efficacy，JSE)

工作自我效能是指个人对自己拥有的、能成功完成相关工作的能力感知，是对自己从事某种工作的信心。在这里，工作自我效能指研发人员对自己拥有的、能成功完成研发工作的能力的感知，是对自己从事研发工作的信心。

(7) 组织公正感(perceived organizational justice，POJ)

组织公正感是指员工对组织内公正情况的个人主观感知。本研究主要关注的组织公正主要是分配公正(distributional justice)、程序公正(procedural justice)和交互公正(interactional justice)。

(8) 组织支持感(perceived organizational support，POS)

组织支持感是指员工感受到的组织珍视自己的贡献和关心自己福利的程度(Eisenberger，Huntington，Hutchison 和 Sowa，1986)。

(9) 个人工作绩效(work performance of employee，WPE)

个人工作绩效指与个人核心工作直接相关的个人工作结果。本研究的主要对象是研发人员，因此个人工作绩效是与研发人员核心工作直接相关的个人工作结果。

(10) 激励(motivation)

激励是指有机体追求某种既定目标的愿意程度。它具有激发动机,形成动力,从而使行为发生。通俗来讲,激励是激发鼓励之意,有两层意思:一是要激发人的奋发精神,二是要对这种奋发给予相应的鼓励。首先,要想激发起人的奋发精神就必须了解激励对象的动机,激励主要是指激发人的动机,使人有一段内在的驱动力朝着所期望的目标前进的心理活动过程,只有与动机相应的激励才是有效的。其次,要给予相应的鼓励,就必须了解激励对象的需要,只有与需要相应的鼓励才能起到应有的作用。

文 献 回 顾

2.1　工作动机相关研究

　　动机(motivation)问题是心理学研究的核心论题之一,它涉及到人类行为的基本源泉、动力和原因,最能反映人类行为的目的性、能动性特征(张爱卿,2002)。要合理地解释人类复杂多样的行为,就必须首先弄清行为背后的基本动因。因此,动机问题在心理学研究中占据着重要的地位。韦纳(Weiner,1992)认为,科学的目标之一是发展一般的解释原理。因此,对动机的科学解释就是建立超越特殊事实的一般原理(张爱卿,2002)。

2.1.1　工作动机的定义

　　动机的形成与人的整个心理过程包括认知、情感、意志过程有着千丝万缕的联系,因此动机问题非常复杂。

　　动机的定义也非常复杂,目前所能见到的对动机的定义至少已经超过140种(Landy 和 Becker,1987;Rainey,2000。转自徐玮伶,2003)。Atkinson 认为动机是对行为方向、精力(Vigor)和坚持的直接影响。Vroom 对动机的定义是"控制个人在可选择的自发行为之中进行选择的过程"。Campbell 和 Pritchard 认为"在保持态度、技能和对任务的理解一定,以及限制所处环境的情况下,动机与一套解释个人行为的方向、幅度(amplitude)和持续时间的自变量或因变量之间的关系有关(Steers，Mowday，Sharpiro，2004)"。J. Houston(1985)认为动机是引发和指导行为的因素，也是决定行为的强度和持久性的因素(郭德俊，2005)。Pintrinch 和 Schunk(1996)从认知心理学的角度出发，提出"动机是一种由目标或对象引导、激发和维持个体活动的内在心理过程或内部动力"。郭德俊(2005)认为，动机是人们不能直接观察的一种内部心理过程，但是，我们可以通过个体对任务的选择、努力的程度、对活动的坚持性和言语表达等外部行为间接地进行推断，推断出个体行为的方向和动机强度的大小。

以上定义主要关注的都是随着时间的发展，激发、引导和维持个人行为的因素或事件。目前的动机理论都试图更准确地说明这三个因素如何相互作用以决定组织中的行为(Steers，Mowday，Sharpiro，2004)。

动机的多种语意，反映了它不是一个静态的心理结构，而是一个动态的(心理)过程(process)，它是一种"发动、朝向目标的持续性历程"(Drucker，1954)，包含了发动的前因、发动的状态以及发动后的表现(徐玮伶，2003)。因此我们认为动机实际上就是一种心理过程。当研究者从不同的角度去观察、了解它时，往往就会产生不同的定义。当动机被运用到组织行为领域而特指工作动机时，工作动机的涵义也同样具有多样性与历程性的特点。Patchen，Pelz 和 Allen(1965)认为工作动机是指对工作的投入与努力程度，包含额外工作的部分。Lodhl 与 Kejner(1965)把工作投入等同于工作动机。Steer和 Porter(1991)认为工作动机是"在组织场域中，一种行为被驱动、引导及维持的过程"(徐玮伶，2003)。Pinder(1984)认为工作动机是"一组起源于个体内或外的积极力量，能引发与工作有关的行为并决定其形式、方向、强度、及持续时间"(Latham 和 Pinder，2005)。Pinder 认为自己这个定义最重要的一面是，它是一个不可观察的构念，但是它又可以被看作不能通过具体证据证明它存在性的过程

(Diane Mae Maki, 2001)。刘兆明(1991)认为这个定义的核心概念是"力量(force)",因此也有人称工作动机为"工作动力"。动力性正是动机心理学家所公认的动机特征,它指的是动机能激发、维持、调节和支配行为的强度。

Ellemers, Gilder 和 Haslam(2004)总结说,在与工作动机有关的理论中,学者们检验了激发、引导和维持与工作相关行为的因素(如 Pinder, 1984)。他们的目的在于理解:什么因素鼓励人们把行为能量投入他们的工作中(激发);人们有可能把他们的努力集中于什么活动(方向);什么使人们长久地保持这种努力(坚持)。因此产生了一系列的工作动机模型(Steer, Porter, Bigley, 1996)。Lawer 和 Hall(1970)提出内在工作动机的概念,认为工作动机是一种个人由于从工作中得来的自我价值感而产生的驱力。

工作动机的研究历史很长,形成的研究成果也非常丰富。Locke 和 Latham 曾说,在我们刚开始学习动机理论时,需要面对的大量概念和方法往往使我们感到非常困惑(2004),由此可见动机理论的丰富性和复杂性。为了便于理解,下面我们有针对性地从工作动机理论和工作动机的特质研究历程两个角度对工作动机的相关研究进行简要回顾。

2.1.2 工作动机理论回顾

最早对人类动机的理解可以追溯到希腊哲学家以及他们对作为行为主要驱动力的享乐概念的关注(Steers, Mowday, Sharpiro, 2004)。19 世纪末期动机开始从哲学领域进入新兴的心理学领域,并形成了 Freud 等人倡导的本能论(instinct theories)。大约在 20 世纪 20 年代,由于本能论没有太多实质内容和不能验证(Vroom, 1964, p. 10)的局限性的原因,它开始被以 Hull 为代表的驱力论(drive theories)和以 Skinner 为代表的强化论(reinforcement theories)所取代。在 Hull 的驱力论中,驱力状态和刺激——反应过程被用于预测后绪行为。他认为最重要的行为是由内驱力激发的(Steers，Mowday，Sharpiro，2004)。

到 20 世纪 50 年代，出现了若干被后来称为内容理论(content theory)的工作动机模型。其中包括 Maslow 的需求层次理论(need hierarchy theory)。此后，Maslow(2003)又把人的需求分为三大互相重叠的类别：意动需要(conative)、认知需要(cognitive)和审美需要(aesthetic)。Maslow 认为动机是驱使人从事各种活动的内部原因；而动机研究从某种程度上说是人类的终极目的、欲望或需要的研究。Alderfer(1972)在需要层次理论的基础上发展了包括存在(existence)、关系(relatedness)和成长(growth)需求的 ERG 理论(ERG theory)。Murry(1938)认为物质需求不是天生的而是习得的。他把需求分为三类：成就(achievement)、权力(power)和关系(affiliation)。在此基础上又由 McClelland(1961)进一步发展的包括成就、关系、权力和自主需求的成就需要理论(achievement need theory)。不包括由 Herzberg(1966)发展的双因素理论(motivation-hygiene theory)以及由 Hackman 和 Oldham(1976)提出，其他学者加以扩展的工作特性理论(job characteristic theory)。Deci 和 Ryan(1980，1985，1991)的自我决定论(self-determination theory)把先天心理需求视为激发不同目标内容和控制过程，以及由这些差异带来的预期的基础。其中先天心理需求包括竞争(competence)、联系(relatedness)和自主(autonomy)。Lawrence 和 Nohria(2002)提出的四驱力论认为人类选择背后的四种基本驱力是获得驱力(the drive to acquire)、联系驱力(the drive to bond)、防卫驱力(the drive to defend)和学习驱力(the drive to learn)。

20 世纪 60 年代被称为工作动机理论的黄金时代(golden age)。在解释工作动机的原因方面以前从来没有过，以后也不会有任何一个时期能够取得这么多的研究成果(Steers，Mowday，Sharpiro，2004)。在这一时期出现了一种新的工作动机理论——过程理论

(process theory),认知理论在其中起到重要作用。最有名的认知理论是期望理论(expectancy theory or expectancy-valence theory),该理论借鉴了 Lewin(1938)和 Tolman(1959)的早期工作,由 Vroom (1964)首次提出系统性的期望理论公式,后来 Porter 和 Lawler (1968)扩展了 Vroom 的理论,此后又有学者不断扩展该理论,如把期望理论用于研究工作行为而不是工作绩效(Mobley,1977;Mowday,Porter,Steers,1982;Porter,Steers,1973;Steers,Rhodes,1978),把团队期望和社会影响对个人工作动机决定相结合(Porter,Lawler,Hackman,1975),期望理论和跨文化影响对工作动机和工作绩效的影响(Bhagat,McQuaid,1982;Earley,1997)等。此外还有 Adams(1963)引入的公平理论(equity,theory),以 Locke 和 Steers,Porter 为代表的目标设定理论(goal-setting theory),Locke 和 Latham(1990)的目标设定理论,Earley 和 Erez (1991)后来又在理论中加入了时间维度,Crown 和 Rosse(1995)则检验了团队目标与绩效的关系。最后发展到以 Bandura 为代表的社会认知理论(social cognition theory)和自我效能理论(self-efficacy theory)。

在 20 世纪 80 年代主要经历了一系列对工作动机理论的改善和扩展。到 90 年代,对工作动机理论的兴趣突然下降,这一时期从相关期刊上基本上看不到对理论真正意义上的发展,仅能看到少数文章对理论略做改进、实证检验或应用。当管理研究的其他领域(如领导学、决策制定、谈判、团队和小组以及组织设计)从概念上持续发展时,工作动机相关理论的发展没有跟上其他理论发展的脚步(Steers,Mowday,Sharpiro,2004)。

2.1.3 工作动机研究的特质研究历程回顾

从动机研究历史来看,仅心理学就从多个理论视角对动机进行了深入研究。其中开始比较早,而且到现在还对动机研究有重要影响的理论视角之一就是动机的特质研究。以个性为基础的动机研究虽然在过去的几十年里起起伏伏，但一直都有坚强的支持者（Locke和 Latham，2004）。下面对动机特质研究进行简要回顾。

上个世纪早期，学者往往比较关注"作为稳定、持久的个人特性"的特质在解释动机行为方面的作用，比如 Adler（1930）、Hausmann（1933）、McClelland（1951）、Murray（1938）和 Atkinson（1957）等。以McClelland 为例，他和同事 1953 年提出的情感激发模型（affect arousal model）认为，人生来就期望好的感觉和避免不好的感觉。他们认为个人的动机特质的发展是基于早期情感和行为之间的关系。如果成就行为一直与积极的情感相关，个人就会发展为趋向特质，他们把成就情境视为满足享乐动机的机会。相反，如果成就行为持续与负面情感相关，个人就会发展成回避特质，他们会把成就情境视为对享乐动机的威胁或不能满足享乐动机。在情感激发模型中，每次出现成就情境，个人的习得特质和情感（享乐期望）就会联合起来形成他们动机的基础。也就是说，特质和情感会影响到我们是否会受到激励去追求一个特定的努力（目标）。而 Atkinson（1957）的成就动机理论则更行为化。他的成就动机的公式包括动机（如努力的特质）、期望（如对行为导致结果的渴望）和刺激（如一个行为结果的吸引力）三部分。他认为"动机"是"努力获得某种满足的特质，就像获得某种刺激后的满足"。Atkinson 把成就动机分为两类：趋向动机和回避动机。他认为趋向动机是趋向成功的特质，回避动机是避免痛苦或可能导致某人痛苦的特质。他认为拥有强烈回避动机的人拥有"把所体验的羞愧或羞辱视为失败的结果的能力"。基于此，他还提出了风险承受理论（the risk-taking theory）（Atkinson，1957；Atkinson，1958），该理论认为趋向动机比回避动机高的人个人愿意设定适度的目标，而回避动机比趋向动机高的人愿意设定非常容易的目标、非常困难的目标或者容易干脆避免参加任务。或者说，拥有较强趋向动机的人会通过设定具有挑战性但又可以实现的目标承担适当的风险。如果强迫他们设定一个目标,回避动机比趋向动机强的人愿意设定不会失败的安全目标或拥有极大风险的不可能实现的目标。

动机研究中特质研究衰落起源于 20 世纪 60 年代关于"特质还是情境在动机研究中更重要"的争论(Neilson,J. Ragan Ward,2005),这一争论持续了近 20 年。这一时期学者们逐渐放弃了动机的特质研究,转而从情境引发的状态(situationally-induced states)对动机进行重新定义。这一时期组织研究的主流观点认为,在决定个人在组织中的行为方面,个性没有情境重要(Mitchell,1979)。因为从情境引发的角度来看,动机是个人的经历或体验,它是个人感知即定情境因素(如提供激励)的直接结果。而组织属于强情境,强情境会限制个人的态度和行为,因此特质对组织变量的影响可以忽略不计,也不必对其进行深入研究(Davis-Blake 和 Pfeffer,1989)。在这一阶段,人们在动机研究中很少考虑特质因素,"个性一直被主流动机研究所忽略(Kanfer,1990)"。很明显,在这一时期"情境观"占了上风。反对稳定的特质引导行为观点的心理学家包括 Bourne(1977)、Farber(1964)、Mischel(1968)以及 Nisbett 和 Ross(1980)等。这一时期的代表理论是 Vroom(1964)的期望理论(expectancy theory or expectancy models)。这一时期很少有动机研究者明确地把非个人认知差异纳入研究,即使有学者引入这类变量,也只是为了解释标准化(normal)模型没有很好解释的结果(Kanfer,1990)。

20 世纪 80 年代开始,又一些成就动机学者开始重新关注动机特性(如 Button,Mathieu 和 Zajac,1996;Dweck,1986;Dweck 和 Legget,1988;Heggestad 和 Kanfer,2000;Kanfer 和 Heggestad,1997;Vande Walle,1997)。

2.1.4 工作动机研究的现状——整合趋势

Locke 和 Latham(2004)认为,目前非常迫切地需要尽可能地把

现有动机理论和过程的(研究成果)整合起来形成一个全模型。目前理论界主要以三种方式尝试整合动机理论:

把过去所有的理论以逻辑顺序加以整合。如 Robbins(2001)把所有动机理论按行为、事件的先后次序加以整理。Locke 和 Latham(2004)在元分析的基础上建立了包括动机中枢(motivation hub,即 goal 和 self-efficacy)的整合模型,模型除了需求和价值观外,其余的相关关系都基于实证研究。

用一个理论作为整合工具整合其他研究成果。Klein(1989)用控制理论(control theory)把期望、目标、回馈、行为结果、个人或情境特征、比较及行为改变等早期工作动机理论中的概念整合到一起。

结合文化差异整合现有动机理论。以华人的动机研究为主,主要集中在台湾地区。如刘兆明(1991)提出包括五大类个人动机构念、五大类社会性需求在内的 26 小类的动机构念,并初步构建了动机整合模式。其中比较特殊的是提出具有华人特点的构念——情感报。刘兆明(2001)又在 1993 年的基础上正式提出工作动机的整合模式。徐玮伶(2003)又在刘兆明(2001)整合模式的基础上提出了"本土工作动机研究的思考架构",其中包括具有华人特点的关系需求和面子需求。

从总体来说,动机理论的相关研究仍在混乱状态中(Landy 和 Becker,1987;Rainey,2000),虽然有许多学者在尝试整合现有理论,但是迄今为止并没有任何一个整合模式能为所有研究者所接受(Rainey,2000)。因此,在有人呼吁建立整合性动机理论(Katzell 和 Thompson,1991)的同时,也有一些研究者认为应该继续深入研究包括从特性等不同角度出发的动机理论(Pinder,1984。转自徐玮伶,2003)。

从以上综述可以看出,工作动机的研究一般是分别从"发动的前因"或"发动的状态"入手,之后有学者尝试整合两者,但效果都不理想。以往的研究很少研究工作动机"发动后的表现",这也是我们研究的兴趣点所在。

2.1.5 工作动机研究的现状——特质研究的复苏

在过去的近 20 年间,越来越多的社会学家开始呼吁重新澄清特质在决定工作动机和工作绩效中的作用(如 Kuhl,1984;Staw 和 Ross,1985),因为他们越来越清楚地认识到情境不能与人分离(Schneider,1987),不考虑个性而孤立地谈论情境没有任何实际意义,因为特质倾向会赋予情境特殊的涵义。

与此类似,心理学和组织行为学的交互主义认为,内部、外部控制和情境三者共同作用于个人,反之亦然(Bowers,1973;Schneider,1983)。Magnasson 和 Endler(1977)认为,个人和环境之间动态交互作用的特点是交互因果关系。因此,个人、环境和行为在持续地相互影响(Bandura,1986)。

Kanfer(1987)提出了包括远端(distal)和近端(proximal)两个元素的动机资源分配框架。她把影响付出努力决定的动机因素叫做远端,把决定在任务、非任务和自我控制活动中努力分配的因素叫做近端。Kanfer 和 Ackerman(1989)又提出了动机的整合框架,其中主要包括两个动机过程:远端动机过程(distal motivational processes)和近端动机过程(proximal motivational processes)。一般认为远端是与个人相关的,如特性和认知能力;而近端则是与任务和特定情境相关的,如任务的复杂性。

现代动机特性理论的主要研究对象是成就动机,这与成就动机在组织领域的重要性密切相关。以 Kanfer 和 Heggestad 的相关研究为例。Heggestad 和 Kanfer(2000)认为动机特性是"稳定的、跨情境的在与目标导向的趋向和回避努力相关的个人差异"。他们遵循成就动机理论的一惯思路——按照 Atkinson 的动机分类方法,把动机特性归入两个大类:成就特性束(the achievement trait complex)和焦虑特性束(the anxiety trait complex)。成就特性束包括所有以

趋向倾向为特点的动机特性,在他们的研究中主要考虑了个人掌控
(personal mastery)特性和竞争卓越(competitive excellence)特性。
个人掌控高的人以自己为参照(self-reference)来评价自己的进步。
他们会为自己设定越来越高的成就目标,甚至在面对障碍时也是这
样。竞争卓越特性强的人以他人为参照(other reference)来评价自
己的成功。在设定绩效目标时,他们努力表现得比别人好,以证明自
己的能力。大多数学者(如 Dweck,1996)认为个人掌控和竞争卓越
是相互独立的特性,因此人们可以仅仅个人掌控或竞争卓越两者之
一高,或者同时两者都高。焦虑特性束包括所有以回避倾向为特点
的动机特性。Kanfer 和 Heggestad 的研究中使用的是回避失败和成
就焦虑特性。回避失败特性高的人总是努力回避成就目标和情境。
成就焦虑特性高的人在面对行为结果有可能会失败的成就目标或情
境时倾向于表现出焦虑——情绪反应。回避失败的特性和成就焦虑
还没有进行过经验上的区分,因此结合起来形成了动机焦虑特性
(motivational anxiety)。Heggestad 和 Kanfer 证明了三个动机特性
(个人掌控、竞争卓越和动机焦虑)的辨别有效性和相对独立性。

动机的特制论研究历程充分说明了个人特质和情境对工作动机
的重要性。这一点在我们的研究中也要充分考虑。

心理学家关注的是本能和驱力,而经理关注的是更实际的问题
(Steers,Mowday,Sharpiro,2004)。那么,在工作场所工作动机的
表现行为是怎样的? 这将是本文探讨的重点。

2.1.6 工作动机、情感与创新行为的关系研究

20 世纪 90 年代以后,学者们意识到个体的特质因素较为稳定,
很难以改变,而那些容易受外界影响的心理状态如动机、情感、情绪
则容易被激发,从而对个体创造力的发挥起着重要的作用,因此这些
心理状态因素逐渐成了学者们关注的焦点。

哈佛大学教授 Amabile 是最早关注工作动机与个体创新的学者

之一,Amabile(1983)提出了个体创新成分理论,认为个体的创新要素包括某领域的技术知识、创新思维的相关技能、任务动机,其中任务动机是个体的基石,并提出了"内部动机对创造性有利,而外部动机对创造性有害"的假设。Amabile(1993)对该假设进行了修正,认为外部动机也分为增益性激励与非增益性激励两种,增益性激励(如对工作的赞赏、奖励、以及如何改进工作的反馈)能够给个体提供信息,帮助个体更好地完成任务,提高个体对工作的卷入度;而非增益性激励(如起到行为控制作用的奖酬、严格的监控)破坏了个体的自我决定感,让个体在完成任务的过程中有受到控制与被强迫的感觉,因此个体的创新行为有不良影响。Amabile 提出的"动机—工作循环匹配"理论认为内部动机有助于产生创意的想法,而一旦个体想出了某种可能的解决方案,增益性的外部激励因素可以有助于方案的实现。Amabile(1997)进一步提出了内部动机的激励原则,认为内部动机有利于个体的创造性,控制性的外部动机对创造性有害,但信息性的外部动机有利于创造性,尤其当个体内部动机的初始水平较高时,信息性外部动机的激励作用越为显著。我国学者卢小君与张国梁(2007)对 Amabile 的观点进行了在我国背景下的实证研究,得出了相似的研究结论。

除了动机,个体的情感情绪对创新活动的影响也是心理家关注的重要变量。对于情感与个体创新行为的研究,不同学者的研究结论之间存在很大的分歧。对于积极情感与消极情感的影响方面,有的学者认为积极情感能够促进个体的创造力,而有的学者的观点正好相反。支持积极情感起到促进作用的学者认为,积极情感会刺激个体思维多样性的变化(elore,1994)。Isen(1999)通过实验研究,揭示了积极情感对创造性认知的三大影响作用:①积极情感在个体思维活动的过程中能够促进认知要素间的关联性思维活动;②能够扩展个体的认知背景,提高个体认知要素的广度,从而促进发散性思维;③能够提高个体认知的灵活性。Fredrickson(1998,2001)提出的积极情感的扩建理论,认为个体的积极情感如喜悦、热爱能够促使个体抛弃长期的行为习惯,而寻求新颖的有创造力的思想与行动。Amabile(2005)对 222 名来自于 26 个项目团队的员工进行了追踪研究,研究结论表明工作中的积极情感对员工在组织中的创新行为有积极的正向影响作用,并且影响作用表现为简单的线性关系;通过考察每天的情感与随后几天的行为的关系,Amabile 还得出了积极情感对创新行为的产生有孕育(incubation)作用的结论。支持消极情感积极作用的学者以 Martin(1993)为代表,他和他同事提出了影响工作绩效的"情感投入模型(mood-as-input)",在这个模型中,他们指出,人们会把当前的情绪与心境状况作为一种反映当前境况的信息线索,当个体处于积极的情绪下,这说明当前个体的境况处于正常,不需要作改变,而处于消极的境况下,则说明个体当前的境况存在错位,这会激发个体产生改进的行动,从而提高绩效。Georg&zhou(2002)提出"情感投入模型"也会对个体的创新性行为产生相同的影响作用,Georgeandzhou 通过对一家大型制造企业的实证研究,支持了这个假设。Kaufinann(1997)通过在实验室引导被试进入积极情感或消极情感的状态,发现消极情感对被试识别问题的能力有积极的作用,而积极情感正好相反。还有学者认为情感与创新绩效的关系不是一种简单的线性关系,有的认为它们之间是一种"U"型曲线的关系,即极端的消极情感与积极情感对创新绩效有促进作用,原因是极端的情绪体验能够增强人的一记忆力,从而提高认知活动的广度与变化性(eahilletal,2004);有的观点正好相反,认为是一种倒"U"型曲线,也就是说极端的情感体验(无论是积极的还是消极的)对创新绩效有阻碍作用,因为人在极端的情感状态下会被此种情感状态所控制,而削弱了对手头任务的关注(Frijda,1986;James,Brodersen,2004)。美国 stanford 大学的博士 Cstina(2003)在其博士论文"情感平衡对创造力的影响"中,用三个研究论证了个体同时历经积极与消极的情感体验相对于单一的情感体验来讲,更有利于提高个体的创新绩效。除了积极情感与消极情感对个体创新行为的研究外,Zhou&George(2001)还就工作不满意态度对员工创新行为的影响作了实证研究,通过对149名员工的取样,验证了工作不满意对员工创新行为会起到促进作用,其中受到员工持续承诺、建设性的同事反馈与支持、知觉到的组织支持等因素的调节。

2.2 工作行为相关研究

行为是指人外显的活动、动作。行为是人在日常生活中所表现出来的一切动作的统称,是个人心理活动的外化。通过人的行为可以分析人的某些心理,因而行为又与心理密切相关。

从激励的角度来说,人的积极性表现于行为中,若无行为表现就无法判断某人有无积极性。因此,在工作场所,人的工作行为也成为组织关注的对象。

学术界关于工作行为(work behaivors)的研究主要涉及两个方面:一般工作行为的的研究,以组织公民行为为主要代表;以及特定环境下的工作行为研究,如进谏行为和个人主动性行为。

组织公民行为是目前在心理学和组织行为学中最有影响的工作行为之一,也得到了学术界的广泛关注。从目前OCB的研究趋势来看,以前在组织行为领域研究的许多工作行为也逐渐被纳入到OCB之中(如个人主动性 individual initiative)成为OCB的一个维度,因此下面重点介绍组织公民行为的相关研究。

2.2.1 组织公民行为

组织公民行为(organizational citizenship behavior,OCB)的研究已经成为近十年来组织绩效研究最有希望的领域(Eran Vigoda-Gadot,2006)。从理论上说,这些个人自发行为在提高工作场所的有效性、效率以及积极氛围方面起着关键作用。因此,管理者和员工都愿意提高在组织中的自发行为,因为这些行为能创造更健康的工作环境,带来更好的工作结果,以及从整体上促进组织目标的实现(Organ,1988;Organ,Ryan,1995)。

对组织公民行为的重视与企业组织结构的扁平化有关,这一转变使员工的主动性和合作性变得极为重要(Ilgen & Pulakos,1999)。Podsakoff 等(2000)对组织公民行为的文献回顾显示,1993年至 1998 年这一段时间对 OCB 的研究迅速升温,这一课题得到了众多学者的重视(Podsakoff,MacKenzie & Bachrach,2000)。

Organ(1988)把组织公民行为定义为"一种员工自发(spontaneious)的个体行为,与正式的奖励制度没有直接或外显的联系,但能从整体上有效提高组织效能。称它是自发的行为,是因为该行为不是角色或工作说明书上强制的要求,而是一种个人的选择,即使不表现这种行为,也不会受到惩罚"。这一定义在以后关于组织公民行为的研究中被广泛采用。Organ 的定义显示 OCB 有三个特征:是角色外行为,即行为并非工作角色所要求;不在赏罚的范围内,即表现或不表现这种行为都不会影响个人的报酬或工作评价;对组织整体的效能起到积极作用,即直接或间接有利于组织的正常运作。

Organ(1988)将 OCB 分为五大类:利他(altruism)、事先知会(courtesy)、责任意识(conscientiousness)、运动员精神(sportsmanship)和公民道德(civic virtue)。Pondsakoff 等(1990)以Organ 的 OCB 理论为基础开发了组织公民行为评价量表。此后又有学者从不同的角度来研究 OCB。例如,Van Dyne 等(1994)把OCB 分为组织服从(obedience)、组织忠诚(loyalty)和组织参与(participation)三类。Graham(1989)把 OCB 分为人际帮助(interpersonal helping)、个人主动性(individual initiative)、个人勤奋(personal industry)和忠诚拥护(loyal boosterism)四个维度;Moorman 和 Blakely(1995)又以此为基础开发了组织公民量表并用于研究。总的来说,Organ(1988)的五维度框架受到比较广泛的认

可,也有大量研究者使用 Pondsakoff et al.(1990)开发的问卷测量 OCB(转引自郭晓薇,2006)。Podsakoff 等(2000)在对 OCB 的元分析(meta-analyses)中对以往有关 OCB 研究进行归纳与总结,并把 OCB 概括为助人行为(helping behavior)、运动员精神(sportsmanship)、组织忠诚(organizaitonal loyalty)、组织遵从(organizational compliance)、个人主动性(individual initiative)、公民美德(civic virtue)和自我发展(self development)七个维度。

Organ(1997)承认1988年的定义存在问题,"角色外"、"不为正式制度奖励"等界定并不恰当,因为"角色"本身的定义是在不断进化的,所以角色内外的界线具有模糊性。虽然 OCB 的定义受到学者的质疑,但是该行为与技术绩效(technical performance)或任务绩效(task performance)之间存在明显区别还是得到了广大学者的一致认可。学者们认为,OCB 与核心工作行为相比,有更大的自发性,能更好地被态度或个性变量所预测。因此,Organ(1997)又对 OCB 重新定义,认为它类似于 Borman & Motowidlo(1993)提出的关系绩效,指能够对有利于任务绩效的组织心理环境提供维持和增强作用的行为。

Bolin,Turnley 和 Niehoff(2004)认为,到目前为止,有三个主导组织公民行为的假设:首先,OCB 来源于积极的或非自利的(non-self-serving)动机(如工作满意、组织承诺和责任意识);其次,OCB 有助于组织的有效运作(通过"润滑"这部社会机器实现);第三,组织内的公民行为最终对员工有利(通过把组织变成一个更有吸引力的工作场所;Organ,1988;Podsakoff 等,2000)。

国内关于 OCB 的研究主要以樊景立为代表(Farh,1997,2004)。受他的影响,国内也有学者对 OCB 进行研究,有些学生的博士和硕士论文也选择以 OCB 为主要内容,如皮永华(2006)、张艳秋(2003)、曹磊(2004)、韩景南(2005)、秦燕(2005)。

Van Dyne、Cummings 和 Parks(1995)指出角色外行为研究存

在的三个关键问题：在对实际问题做出评价前并不总是会先证明构念的结构效度；主要把角色外行为作为一个统一的构念而没有考虑角色外行为多维度的问题；很少有研究涉及角色外行为的预测效度。

2.2.2 其他工作行为

（1）前摄工作行为

前摄工作行为（proactive work behavior，PWB）与前摄个性密切相关。

Bateman 和 Crant(1993)认为前摄个性是一种相对不容易受到情境力量限制的、会影响环境并使其发生改变的一种个性。前摄个性强的人寻找机会，显示出主动性，采取行动，并坚持到真正实现预期变化为止结束；前摄个性弱的人则表现出另一种情形，他们消极接受，甚至忍受他们所处的环境。前摄个性往往带来前摄行为。Crant(2000)对前摄行为的定义是：在改善目前的环境或创造新环境方面积极主动的行为；这种行为挑战现状而不是消极的适应现状。Frese，Kring，Soose，和 Zempel(1996)的前摄工作行为定义的重点也类似的，他们把前摄工作行为定义为自发的（在没有被通知或没有清晰的角色要求的情况下做事）、前摄的（拥有长期关注点，期望未来问题或机会），以及持久的（克服障碍进行改变）行为。

前摄工作行为可以根据对象的不同分为组织层面的前摄工作行为和个人层面的前摄工作行为。这里主要涉及的是个人层面的前摄工作行为。个人层面的前摄工作行为主要集中于自我驱动的、未来导向的、以改善状况或自己为目的的行为（Crant，2000；Unsworth 和 Parker，2003）。一般来说前摄行为包括个人主动性（personal initiative，Frese et al.，1996）和负责（taking charge，Morrison & Phelps，1999)，与灵活角色定位（flexible role orientations）密切相关（Parker，Wall & Jackson，1997)。Crant（2000），Frese 和 Fay(2001)认为员工参与各类工作活动，既包括本职任务，也包括情境因素,都会包含不同程度的前摄性(proactivity)。

(2) 个人主动行为

Frese et. al.(1996,1997)认为个人主动行为(personal initiative behavior,PIB)是主动积极的工作以及自发的工作行为,并且所做的内容也超过正式的工作要求的行为模式。它有以下五个组成部分:符合组织的使命;关注长期;行为定向和目标指引;遇到困难时坚持不懈;自发的和前摄的(proactive)。一般用基于面谈的方法进行衡量。Fay 和 Frese(2001)认为个人主动行为的特点是自发和前瞻性地克服实现目标过程中的困难。他们认为自发意味着个人主动行为的路径与常规路径有较远的心理距离。个人主动行为的目标一般是预期未来需求并为这些需求做准备或预防问题的发生。因此,个人主动行为是前摄性行为,也是超出工作角色需求自发活动,它往往暗示着对上级一定程度的反抗(Fay 和 Frese,2001)。

在有些学者的研究中,个人主动行为已经成为 OCB 中的一个维度,因此在这里不再赘述。

(3) 亲社会组织行为

亲社会组织行为(prosocial organizational behavior)是指包括 OCB 在内的较为宽泛的助人行为。社会心理学家对亲社会行为的定义是为了他人利益的自发行为(Eisenberg,1991)。但是并非所有的亲社会行为都是 OCB。亲社会组织行为的着眼点在"亲社会",并不必然有利于组织。有学者认为亲社会组织行为的概念过于宽泛,其内涵完全被其他更为精细的概念覆盖,故而没有存在的价值(Van Dyne,Cummings 和 Parks,1995)。

(4) 进谏行为

Hirschman(1970)首先在 EVLN 模型中引入一个一般用于政治反应的词"进谏"(voicing)并用来表示组织行为中的工作不满意,相应的定义是"任何改变而不是逃离某一事件的负面状态的尝试"。在组织行为理论中,进谏是强调对正在恶化的状况的修补以返回到以前绩效水平的一个关键概念。根据 Hirschman 的说法,进谏是一种法定的修复机制,在成员真正投入后非常容易被激活。Steers and Mowday(1981)详细阐述了 March 和 Simon(1958)的早期工作后,认为改变不利工作状态的尝试可能在离开前的多种情况下发生。

Van Dyne 和 LePine(1998)认为进谏并不是要求表现的行为,强调的是以改善为目的的结构性挑战而不仅仅是批评,是一种挑战性性的促进行为。Motowidlo(1997)认为进谏行为是以改善环境为目的,以变化为导向,富有建设性的人际间的交流行为。主要包括为组织提供建设性意见,如怎样使组织状况得到改善、本部门其他员工如何,以及说服同事接受组织的观念、指导等。

可以看出有关工作行为的研究都直接或间接地受到 Katz(1964)相关工作的影响,因此我们认为这些维度与 Katz(1964)在文章中提到的"创新和自发"(innovative and spontaneous)行为直接或间接相关。这些工作行为的共同点还在于,从本质上来说,它们关注的都是同样类型的员工行为,如帮助他人和合作,晚下班或周末工作,表现好于必要标准,在工作中忍受强迫接受(impositions)或不方便,积极参与公司事务等等(Podsakoff 等,2000)。这些概念所涉及的前因和后果总体来看与 OCB 的研究非常类似(Podsakoff 等,2000)。因此,下面主要从 OCB 的视角来描述工作行为的影响因素。

2.2.3 工作行为的影响因素

影响行为的因素可以大致分为两类:外在因素与内在因素。外在因素主要指情境因素,包括工作环境与条件等。内在因素主要指个人因素,包括生理因素、心理因素和文化因素等。一般来说,外因通过内因而起作用并影响和制约行为。但在某些情况下,人的行为也受环境的影响,如"近朱者赤,近墨者黑"。

Podsakoff 等(2000)对过去近 20 年的研究的综述显示,学者们对 OCB 影响因素的研究主要包括四个层次:个人特点、任务特点、组织特点和领导行为。其中个人特点属于个人因素,任务特点、组织特点和领导行为属于情境因素。Van Dyne 等(1995)在对 OCB 所做的综述中提到,以前研究中 OCB 的主要三类前因变量包括情感状态、个人差异以及情境因素。其中情感状态和个人差异属于个人因素,而情境因素就是外在因素。

从个人因素来看,早期对 OCB 相关的员工特点的研究集中在"士气"类因素(也就是被 Organ 和 Ryan[1995]视为员工满意度、组织承诺、感知的公正和感知的领导支持下的潜在因素)和特质因素(如宜人性 aggreeableness、责任意识 conscientiousness、积极情感和消极情感等)两个方面。Van Dyne 等(1995)的综述中涉及的个人特性因素包括责任意识(conscientiousness)、宜人性(agreeableness)、积极情感、信任倾向、移情关怀(empathetic concern),以及领域依赖(field dependence)等。对 OCB 起作用的情感状态包括整体满意感、情感承诺、工作投入、感知公平期望被满足,感知个人心理契约被维持,以及低疏离感(alienation)等。Organ 和 Ryan(1995)的研究综述中,OCB 也有类似的前因。但是早期学者一般认为特质因素对 OCB 有间接影响而不是直接影响。

对 OCB 动机的研究也属于内因或个人因素,但是动机可以分为内部动机和外部动机。Rioux 和 Penner(2001)从亲社会价值观(the prosocial values)和关心组织(organizational concern)的角度对 OCB 的动机进行了研究。Finkelstein 和 Penner(2004)从印象管理动机(impression management motives)角度对 OCB 进行了研究,认为印象管理动机是外部奖励,区分了两类外部动机:人际动机(如,对由他人给予的人际间奖励的渴望)和组织动机(如,对由组织给予的实际奖励的渴望)。Finkelstein(2006)在 Rioux 和 Penner(2001)亲社会价值观和关心组织两个维度的基础上,加入了印象管理动机,形成三个维度的 OCB 动机。

Podsakoff 等(2000)的综述显示,其他与个人特点有关的前因变量还有不关心报酬、能力、以往经验、培训和知识、专业定位、自主需求等。但是其中只有不关心报酬与利他、谦恭、责任意识、运动员精神和公民美德负相关,其他因素与 OCB 都没有结论一致的强相关性。而且总的来说,人口变量(如组织工作年限和性别)与 OCB 也不相关。

从情境因素来看,影响 OCB 的任务变量中任务反馈、任务范围、任务常规化、内部满足的任务都与利他、事先知会、责任意识和公民美德显著相关;任务常规化与 OCB 负相关。领导行为中情境领导行为与利他、谦恭、责任意识、运动员精神和公民美德有一致的正相关关系;支持性领导行为与 OCB 各个维度都正相关;LMX 与利他和总的 OCB 维度正相关。其他有关领导的因素还包括领导支持等。组织因素包括组织形式、空间距离、组织灵活性等。

其他工作行为一般也是以两类因素作为预测因素。例如 Van Dyne 等(1995)和 LePine,Van Dyne(1998)就分别从情感状态、个人差异和环境因素来预测进谏行为。LePine,Van Dyne(1998)涉及的内因包括对团队的满意度、总体自尊,外因包括团队规模和管理风格(自我管理还是传统管理)。

因此对工作行为的研究可以从个人因素和情境因素着手。

2.3 组织支持与研发人员创新相关研究

自 Eisenberger 等(2001)提出组织支持感概念以来,研究者围绕此概念进行了广泛的研究。组织支持感是员工对组织重视员工贡献、关心员工福利程度的总体看法,组织支持感能够激发员工与组织的社会交换,使员工产生关心组织福利、帮助实现组织目标的义务感,并努力工作以回馈组织。众多研究表明,组织支持感对员工和组织都具有重要的积极影响。

Amabile 等(1997)长期关注支持性组织情境对员工创造力的影响,认为组织支持能够使员工感受到组织鼓励、尊重和奖励,从而表现出较强的创新性,这些创新性支持包括情感支持、技术或任务方面的工具性支持以及人际支持等。在 Scott 等提出的个人创新行为激发的理论模型中,将员工感知的创新支持和资源支持视为组织因素、团队因素或个体因素与员工创新行为之间的中介;Mumford 等(2002)认为,当员工感知并接受创意支持、工作支持和社会支持时,他们才有动力和主动性进行创造性活动;白云涛等(2008)认为组织支持感是多层次领导与员工创新行为的关系机制中的重要中间环节;陈浩(2011)的研究表明,组织支持感正向调节工作要求对创新工作行为的影响,在工作要求压力下,相对于低组织支持感的员工,感知到较高组织支持的员工更容易产生创新工作行为。总之,组织支持是员工创造力发挥的重要条件,组织支持感是探究支持性组织情境与员工创新行为关系的重要视角。

2.3.1　组织支持感

2.3.1.1　组织支持感的概念

1986 年,美国 Delawar 大学的社会心理学家 Robert. Eisenberger 提出了组织支持感理论。该理论认为,员工对组织赋予人性化特征,推测组织重视他们的贡献和关心他们的利益的程度,并把这种感觉到的支持变成他们对组织的承诺、忠诚和绩效。根据组织支持感理论,当员工感受到来自组织方面的支持时,在工作中会更加努力,在出勤率和绩效方面都有好的表现,在情感方面更加认同组织,愿意为组织的利益付出更多的努力。

Eisenberger(1986)将组织支持感定义为"员工感受到的组织重视自己的贡献和关心自己福利的程度"。Millin(1997)认为组织支持感不但包括组织提供给员工的亲密支持和尊重支持,还应该包括员工完成工作所需的资讯、训练、工具和设备等工具性支持。国内学者徐晓锋等(2005)认为组织支持感的概念有两个要点:一是员工对组织是否重视其贡献的感受;二是员工对组织是否关注其幸福感的感受。凌文栓(2006)认为组织支持感指员工知觉到的组织对他们工作上的支持,对他们的利益的关心和对他们价值的认同。

综合以上研究,我们对组织支持感的定义是员工感受到的组织重视员工对工作的贡献和组织关心员工利益的程度。包括组织对员工工作上的支持,对员工的利益的关心和对员工价值的认同等方面。需要说明的是,目前,国内对组织支持感的翻译还存在一些分歧。不同的研究者把 POS 译为"知觉到的组织支持"、"组织支持认知"、"组织支持感受"、"组织支持知觉"、"组织支持感"或"组织支持"。我们认为,采用"组织支持感"的译法更为恰当,原因主要有三点:一是组织支持感能够较好的表述出 POS 的涵义。二是组织支持感的译法,简洁而准确,符合中国人的语言习惯。第三,从文献资料看,大多数学者采用了组织支持感的译法。近年来,组织支持感的研究引起国内外研究者的关注,组织支持感理论已经成为理解人力资源领域的员工—组织关系的重要理论之一,对促进良好的员工—雇主关系的产生,提高员工的组织绩效具有重要意义。虽然对组织支持感的研究并不丰富,我们试图从有限的资料中对其进行整理和归纳。

2.3.1.2　组织支持感的前因变量

Eisenberger(1986)等人发现组织支持感有三个重要的前因变量:组织公平、上级支持感受、组织报酬和工作条件。这三个变量均会对组织支持感受产生影响,但三者的影响程度不同。L. Shore 和 T. Shore(1995)认为程序公平决定了组织资源的数量和分配,是组织支持感受最为重要的决定性因素。Eisenberger 等人(2002)认为上级作为组织的代理人,有责任向员工传达组织目标和价值观并对下属的表现进行评估。员工会把上级对待他们的方式,作为组织支持的体现。组织报酬和工作条件是另一个影响组织支持感的重要变量,大量学者的研究表明二者之间有显著的正相关关系。

2.3.1.3　组织支持感的结果变量

组织支持感的结果变量包括员工的工作绩效、组织承诺、工作满意度等变量。其中,对组织承诺的研究是研究最多的结果变量。对于工作绩效,Eisenberger等人(1986)认为组织支持感满足了员工的社会情感需求,如果员工感受到组织愿意而且能够对他们的工作进行回报,员工就会为组织的利益付出更多的努力。员工如果得到重要的价值资源(如工资增长、发展新的培训机会),他们就会产生义务感,按照互惠的原则来通过增加角色内和角色外绩效、减少旷工来帮助组织达成目标。George和Brief(1992)认为,组织支持感有助于角色外行为的出现,包括帮助组织避免风险,提出建设性意见,获得有益于组织的知识和技能等,从而提高绩效。关于组织承诺,Eisenberger等人(2001)认为,根据互惠原则,组织支持感会使员工产生一种关心组织利益的义务感、归属感以及情感需求的满足,从而增加员工对组织的感情承诺。还认为组织支持感同样也会通过满足了员工人际交往和情感支持等社会情感需求而增加其对组织的情感承诺(Armelietal,1998)。国内学者凌文轮、杨海军、方俐洛(2006)的研究显示组织支持感高的员工会表现出较高的感情承诺和较多的利他行为,并且验证了我国员工组织支持感的因素结构不同于西方的单维结构,而是包括工作支持、员工价值认同和关心利益的三维度结构模型。关于工作满意度,Eisenberger(2001)认为组织支持知觉通过满足员工的归属感、成就感等社会情感需求,从而增强员工的积极情绪,从而使得员工工作满意度得到提高(Eisenberseretal,2001)。

2.3.2 知识管理相关理论

波士顿大学教授托马斯·H.达文波特(Thomas H. Davenport,1999)认为知识管理的从前做法得益于信息技术和经过改善的信息管理方法,但知识管理不同于信息管理,知识管理真正的显著方面分为两个重要类别:知识的创造和知识的利用。上个世纪90年代以来,"知识管理"已成为管理学领域最热门的话题,一年一度的世界最

受赞赏的知识型企业的评选,备受世人关注。关于"知识管理"内容
与方法的研究,也在逐步深入。

2.3.2.1 知识分类和隐性知识转化

对于知识的分类众说纷纭,其中最常见的两种为显性知识和隐
性知识。在知识管理和组织理论研究中被广泛采用的知识分类法是
波兰尼(Michael Polanyi,1958)提出的,他最初将知识分为可以表达
的知识(articulated knowledge)和隐性知识(tacit knowledge)。所谓
可表达知识(articulated knowledge)是指可以用系统的、正式的语言
传播的那些知识;相对而言,隐性知识具有明显的个体特征的,不宜
规范化和传播,是深深植根于人脑和身体中的和具体情景有关的知
识。德鲁克(2000)认为隐性知识如某种技能,不可用语言来解释,它
只能被演示证明它是存在的,学习这种技能的唯一方法是领悟和练
习。Wagner 指出:"隐性知识是一种存在于个人心智中,很难或不
可能与他人分享的经验。"(马顺道、李永建,2005)

野中郁次郎则特别强调组织知识的创造,着重分析个人未编码
知识与组织编码知识的互动关系。组织知识可分为未编码的隐性知
识和已编码的显性知识(explicit knowledge)。他认为隐性知识是高
度个人化的知识,具有难以规范化的特点,因此不易传递给他人。个
人的隐性知识是组织知识创造的起点,隐性知识向显性知识的转换
和整合是组织知识创造的关键。他将组织中的知识创新划分为四种
模式(SECI模型):从隐性到隐性(社会化,socialization)、从显性到
显性(外化,externalization)、从隐性到显性(融合,combination)、从
显性到隐性(内化,internalization)。在知识创新型企业中,上述四种
模式都存在,而且发生着动态的相互作用,就像知识螺旋一样。外化
(将隐性知识转化成显性知识)和内化(用显性知识扩展自己的隐性
知识基础),是知识螺旋上升的关键步骤,这两个步骤均要求自身的
积极参与,要求个人的主动投入。实际上,由于隐性知识不仅包括诀
窍,而且包括心智模式和主观信仰,因此,将隐性知识显性化的过程,

实际上也是个人世界观的表达过程。野中郁次郎在隐性知识方面的研究在理论上和实践中更具有操作性。

野中郁次郎(Ikujiro Nonaka,1991)与科诺(Konno)在 SECI 模型的基础上进一步提出了 4 种"场"。①知识的动态流转及相互作用的空间,包括源发场:"隐性知识到隐性知识",员工之间对彼此的感觉、经验、情绪及思维共享的空间。②互动场:"隐性知识到显性知识",关键的因素是对话与比喻的引用。③网络场:"显性知识到显性知识",虚拟世界的交流空间,通过分配、传递和利用现有的显性知识创造新的组织知识。④练习场:"显性知识到隐性知识",促使显性知识隐性化的空间。(李浩,2004)"场"的提出旨在为组织创造一种知识交流的环境,"为知识螺旋"的产生提供条件。因此,如果说 SECI 模型是对"知识"自身的一种机理研究,则"场"的模型是从企业组织的角度出发,研究如何创造一个良好的组织环境来促进知识创新的进程。那么,主动地在组织中创造相应的"场"要比直接管理知识的流转进程更加有效。

到目前为止,在知识管理领域,关于隐性知识的显性化研究还比较少,大部分研究集中在显性知识的 IT 解决方案提供方面。隐性知识的重要性已经越来越受到企业组织和学者的关注,关于隐性知识和隐性知识显性化的研究将显得更为迫切。目前知识管理研究在这一问题上并没有取得显著的进展,如何实现二者的互相转化始终是个难题,对技术的研究虽然可以提供一定的帮助,但问题的解决仍需回到起点——人。问题的答案都需要放在实践中检验,目前知识管理研究多采取理论研究的方法,应该进行一些实践探索。

2.3.2.2 知识共享的手段

企业知识管理的核心是知识共享,通过知识共享可构造企业的知识优势。随着对知识共享问题的深入研究,知识共享对于高水平的知识创新所起到的关键作用已经得到普遍认可(Nonaka I.,Takeuchi H.,1995)。所以,知识共享被认为是知识管理的一个重点(Kaser A. W. and Raymond E.，2002)。知识共享的主体分为个人、团队及组织这样三个层次,这就为知识共享带来了各种各样的复杂问题。就解决这些知识共享问题的手段而言,人们首先想到的是信息与合作技术(ICT),因为,它为知识管理提供了两种基本的能力:一是知识编码化;二是知识网络化。尽管不同的学者针对不同的研究领域,提出了各种各样的技术方案来帮助与支持知识共享,但从总体来看,资源描述框架和本体论成为知识共享的两大关键技术。但是,技术只是工具,不能解决一切问题。知识的不同特性与知识共享的不同层次,使得除了使用信息与合作技术为知识共享提供基础支持以外,还需要采取其他手段,诸如组织手段和文化手段等,因此,还有些学者着重于研究通过组织手段、文化手段、制度安排等来解决知识共享中的问题。很多学者探讨了适合于知识共享的组织结构,如 Hedlund 的"N 型"企业、野中郁次郎等的"J 型"企业以及 Romme 的"循环结构型"企业。此外,还有适于知识共享的矩阵式结构、多维管理结构和学习型组织结构等。无论是何种结构类型,他们都试图找到一种能弥补层级结构缺陷的便于知识畅通互动的柔性组织结构。只有弱化等级结构,才能建立开放的、学习型的、成长的知识共享机制。从企业文化建设的角度讲,首先,知识共享需要领导层的重视;其次,培植员工知识共享的思想观念和价值取向;再次,通过建立激励措施来肯定和强化员工的知识共享行为。这样的良性循环会不断加强员工对企业的归属感,并逐步与企业形成共同的价值观,从而使知识共享成为自然而然的行为(樊治平、孙永洪,2005)。Kathryn M. Bartol(2002)等阐述了经济激励在通过四个知识共享机制(知识库、正式交流、非正式交流、实践协会)进行知识共享中的作用,认为经济激励对于基于知识库的知识共享行为有重要影响。在团队内部和团队之间的正式沟通中,基于团队的奖励也同样可能创造一种在员工间合作的氛围。基于团队的奖励和公司范围的激励(收益共享、利润共享和员工持股)也将分别对增强团队内部及跨团队的知识共享行为有所加强。在非正式沟通中,知识共享行为发生的关键在于员工和组织之间的信任。这种情况下,经济激励的作用是间接的,组织奖励在程序上和分配上的公平在推动信任方面起重要作用。Sandra Jones(2002)研究了改善员工工作条件、员工参与决策和员工分享知识意愿之间的关系。指出只有改善员工的工作条件,给予员工参与决策的机会,员工才会有分享知识的动机,这样才能帮助组织成为知识型组织。

技术工具、组织结构、组织文化、制度安排和工作条件等手段在研究知识共享时都得到了不同程度的重视,但大多是定性分析,缺乏实证基础,所以,就难以确定各种手段与知识共享有效性之间的相互关系,以及知识共享在多大程度上依赖于这些手段。有效的知识共享还期待这些问题的进一步解决。

2.3.2.3 组织学习和知识创新

新世纪以来,由于高新技术的发展和知识革命的推动,组织的学习和适变,又增加了知识创新这个维度。《组织学习和知识创新》(张新华等译,2001)这本巨著是这一领域的代表作品。本书是对组织学习这一课题进行研究的两个方向的产物:一个着眼于如何分享、使用和储存现有知识;另一个着眼于如何创造新知识。其中书中第四、五、六部分对组织学习和知识创新的论述较多,主要研究集中在以下几个方面:(1)处于组织内不同层次的个人如何界定自己作为组织学习推动者的职责、如何为知识创新做出自己的贡献,还包括非全日制工作人员如董事会成员、工会代表和顾问等对组织学习的影响,还探讨了不同推动者之间的相互作用如何促进或阻碍组织学习。(2)认为组织记忆是组织学习的一个至关重要的方面,探讨了将获取或创新的知识作为组织中的规则和规程而储存并记忆的过程。(3)组织之间学习和知识创新应该得到关注,跨国公司内的单位、公司之间的战略同盟和合资企业、客户——供货商之间的网络、区域网络、以及虚拟组织等,由于全球化使这些组织集群的重要性日益增强,这种增长趋势需要各种形式的协作,而这种协作形式则不断形成新的组织,从而使信息和知识得到分享。本书的结论部分还提出了作者们所看到的这一领域最显著的进展:研究更具有突破性和深刻性,开始超越组织内的学习过程而进入组织间学习领域;从对高层管理的注意转向组织学习所需要的对知识和力量的多种源泉的认识。

知识创新成为组织学习领域的一个重要维度和正在出现的挑战,必将在知识型企业理论研究和实践探索方面引起更大的关注。

2.4 管理激励及研发人员激励相关研究

2.4.1 管理激励

激励是指有机体追求某种既定目标的愿意程度。它具有激发动机,形成动力,从而使行为发生。而激励理论正是基于对人这种有机体的研究,专门研究人的动机和行为的理论。其本质在于促使员工去做某件事,条件是以满足员工的个人需求,一般而言,未被满足的需要容易产生紧张的心理状态,紧张刺激个人内在的驱动力,这些驱动力产生寻求特定目标的行为。如果目标达到,则需要得以满足,紧张心态也就降低。员工受到激励后,就处于紧张状态,为了缓解紧张,他们就会忙于工作。紧张程度越高,越需要做更多的工作来缓解紧张。所以,当员工努力工作时,认为员工是被他们所看重目标的实现欲望所驱动的。根据研究的侧重与行为关系的不同,管理学中的激励理论大体可分为内容型、过程型、强化型和综合型共四类激励理论,具体阐述如下:

2.4.1.1 内容型激励理论

需要是人类行为的原动力,对人的激励自然便要尽力满足人们的某些需要。因此,内容型激励理论通过分析人的各种需要,研究"是什么激发和驱动行为",即影响人行为的因素。其中代表性的有马斯洛的需要层次理论、奥德弗的 ERG 理论、麦克利兰的成就需要理论以及赫兹伯格的"激励—保健"双因素理论。

(1)马斯洛的层次需要论。美国人本主义心理学家马斯洛(A. H. Maslow，1943)在他所著的《人的动机理论》一书中首次提出了人的需要层次理论。他指出，人是有需要的动物，需要是人类行为的动因和源泉，并将人的需要分为五个层次，由低级到高级依次为：生理的需要、安全的需要、社交的需要、尊重的需要、自我实现的需要。五种需要像阶梯一样从低到高，逐级上升，一个层次的需要满足了，就会向上一个更高一层次发展，追求更高层次需要就自然成为了行为的驱动力，按照马斯洛的需求层次理论，如果要激励某个人，就必须知道其现在处在需要层次的哪一个水平上，然后通过满足这些需要来达到激励效量。同时，现代学者的研究表明，由于人的行为要受多种需要所支配，同一时期可能存在多种需要，可能有某一种需要会占支配地位。例如阿尔德曾在其著作中指出，人们可能同时被一个以上层次的需要激励着，并且如果生活环境发生了变化，也可能转向较低层次的需要；弗朗西斯科则认为，在国际化环境下，特定文化的环境因素和价值观，都会影响各种类型需求的重要性及期排序。作为最早的激励理论，马斯洛的需要层次尽管存在各种质疑，以及缺乏实证研究的支持，却给后来者研究铺下道路。很多企业也是根据这一理论，首先对员工处于不同需要层次的予以清醒认识，然后采取不同的激励方式，所谓"因材而励"。

(2)奥德弗的 ERG 理论。美国心理学家奥德弗(C. P. Alderfer，1969)在《人类需求新理论的经验测试》一文中对马斯洛的需要分类进行了修正提出了一种新的人本主义需要理论——"ERG"理论。这一理论将人的需要简要概括为生存(Existenee)需要、关系(Relatedness)需要和成长(Growth)需要这三种核心需要。该理论企图建立"组织环境中的人类需要"。与马斯洛的需要层次理论不同的是，奥德弗的"ERG"理论相对比较灵活，即认为人在同一时间可能有不止一种需要起作用;如果较高层次需要的满足受到抑制的话,那么人们对较低层次的需要的渴望会变得更加强烈。因此,这一理论表明,人们可以同时追求多种层次的需要满足,或当某种需要受到限制的时候,可以考虑各种需要之间相互转化。这为灵活的管理实践提供了理论依据。

(3)麦克利兰的成就需要理论。美国心理学家麦克利兰对马斯洛需要层次理论的普遍性提出了挑战,通过试验研究,归纳了影响人行为的三种需要,包括对成就的需要、对权力的需要和对归属的需要即通常所说的成就需要理论,并认为成就需要最重要,组织中具有高成就需要的人越多,它的发展就越快。成就需要是麦克利兰理论的核心概念,其将成就需要定义为根据适当的标准追求卓越、争取成功的一种内驱力。这种人的习惯思维方式是怎样使自己的工作做得更好些,他们喜欢具有挑战性的工作并从中得到成就感。麦克利兰认为,成就需要不是天生的,而是后天的,可以进行测定并通过培训使之提高。权力需要是影响和控制别人的一种欲望和驱动力。麦克利兰将组织中的权力区分为两个方面:一是个人权力,或称"个人化动机",这是权力的消极面,表现出围绕着个人需要而行使权力,以实现个人统治为核心。另一种是社会权力,或称为权力的"社会化动机",他们行使权力以众人的利益为依归,这是权力的积极面。友谊的需要是保持社会交往和人际关系和谐的重要条件,但是具体到每个人则对友谊的需要是不同的。由于人们对友谊需要或交往需要的程度不同,管理者可以根据不同的人安排不同的工作岗位。

(4)赫茨伯格的双因素理论。双因素理论是由美国的心理学家赫茨伯格(F. Herzberg,1959)所提出的。赫茨伯格将影响人工作积极性的因素分为两类:一类是激励因素,指和工作内容联系在一起的因素。这类因素的改善,或者使这类需要得到满足,能给员工以更大程度上的激励,并产生工作的满意感,从而有利于充分、持久地调动员工的积极性;即使不具备这些因素和条件,也不会引起员工太大不满意。由于这类因素的改善可以使职工获得满足感,产生强大而持久的激励作用,所以称为"激励因素",主要包括工作成就、认可、工作任务性质、职务上的责任感和晋升等。另一类为保健因素,指和工作环境或条件相关的因素。这类因素处理不当或者说这类需要得不到满足,会导致员工的不满,甚至会严重挫伤员工的积极性;反之,这类因素处理得当,能防止员工产生不满情绪,但不能使员工具有更高的积极性。由于这类因素带有预防性,只起保持人的积极性、维持工作现状的作用,因此这类因素被称为"保健因素",主要包括公司的政策和行政管理、工资、人际关系和工作条件等,它们一般与工作环境有关。保健因素的满足能减少工作的不满意感。根据这一理论可知,工作满意与不满意不是同一个维度的两个极端,而是两类性质截然不同的影响因素。满意的反面是没有满意,不满意的反面是没有不满意。所以说要使工作满意主要是针对上述的激励因素进行,比如说为员工提供具有挑战性的工作,扩大工作责任范围和工作的独立自主性。同时还必须保证员工保健因素的满足,以免导致员工工作的不满意,这些因素有给员工提供适当的工资、改善员工的工作环境和条件等。

2.4.1.2 过程型激励理论

过程型激励理论着重研究人从动机形成到行为实施的心理过程。该理论关注的是"如何"激励员工。其中比较有代表性的有弗鲁姆的期望理论、亚当斯(AdamS, 1965)的公平理论及洛克的目标设置理论。

(1)弗鲁姆的期望理论。在马斯洛和赫茨伯格研究的基础上,美国心理学家维克托·弗鲁姆(V. H. Vroom, 1964)在其《工作与激励》一书中提出了著名的期望理论。该理论又称为效价—手段—期望理论(viE),认为人的动机主要由三种因素决定,即期望、"功利性"或"工具性"、"效价"。因此动机激励水平取决于人们认为在多大程度上可以期望达到的预计结果,以及人们判断自己的努力对个人需要的满足是否有意义。用公式表示为 $M = V \times E$,其中 M(Motivation,激励力量)是指一个人受到激励的强度,V(Valence,目标效价)是指个人对某一行动成果的价值评价,它反映个人对某一成果或奖酬的重视与渴望程度;E(ExPeetancy,期望值)是指个人对某一行动可能导致特定成果的可能性或概率的估计与判断;激励力则是直接推动或使人们采取某一行动的内驱力量。根据期望理论,人的工作动机不仅取决于奖励的多少,而且取决于他们对奖励获得的可能性的判断。因此,利用期望理论对员工进行激励,只有当人们对某一行动成果的效价和期望值同时处于较高水平时,才有可能产生强大的激励力。如果其中一个变量处于较低水平,则目标就无法实现或毫无意义,例如,效价较高,而期望值较低时,对某人而言,虽然奖酬很有吸引力,但是要么目标太高超出其能力所能及,根本无法实现,所以,必然对产生不了多大的激励力。

(2)亚当斯的公平理论。公平理论美国行为科学家亚当斯(J. S. AdamS)在《工人关于工资不公平的内心冲突同其生产率的关系》(1962,与罗森合写)、《工资不公平对工作质量的影响》(1964,与雅各布森合写)、《社会交换中的不公平》(1965)等著作中提出来的一种激励理论。该理论为公平理论,又称社会比较理论,主要探讨了工资报酬分配的合理性、公平性对员工工作积极性的影响。基本内容是,当一个人获得了成绩并取得了报酬的结果之后,他不仅关心报酬的绝对量,而且还关心报酬的相对量。奖励与满足的关系,不仅在于奖励本身,还在于奖励的分配上。个人会自觉或不自觉地将自己付出与所得的报酬和心目中的参照系比较。

亚当斯的主要观点有两个:第一,个人会思考自己所得好处与所付出的投入是否相当,然后将自己的所得与付出比同相关他人的所得与付出比进行比较,如果觉得自己的比率与他人的比率相同,则可能产生公平感,其行为才会得到比较有效的激励;如果个人觉得自己的报酬低了,就会要设法消除这种不公平,如果不能做到,则会用减少付出的办法来求得心理平衡;第二,在许多情况下,个人往往会过高地估计自己的投入与他人的收入,而过低地估价自己的收入与他人的投入。

(3) 洛克的目标设置理论。美国行为学家洛克(E. A. Locke,1968)首先提出了目标设置理论,洛克认为,指向目标的工作意向是工作激励的一个主要源泉。也就是说,目标本身就可以告诉员工需要做什么以及需要做出多大的努力。洛克的目标设置理论是对美国著名管理学家德鲁克(P. Druker)提出的目标管理理论进一步的充实和发展,其基本观点是:对个人而言,有无目标则导致动机不同,目标高,自然动机大;个人对自己设置目标的过程是了解自己情况和环境情况的过程;中等偏难的目标对人激励作用最大;个人目标管理过程是控制时间(生命)过程,同时也是对个体行为激励鞭策的反馈控制过程。目标设置理论认为对于具有一定难度且具体的目标,一旦被接受,将会比容易达成的目标更能激发高水平的工作绩效。

2.4.1.3 强化型激励理论

强化型激励理论主要研究人的行为结果对目标行为选择的反作用,通过对行为结果的归因来强化、修正或改造员工的原有行为,使符合组织目标的行为持续反复地出现。具有代表性的理论有斯金纳(B. F. Skinner,1938)的强化理论和凯利(H. H. Kelley,1967)的归因理论。

(1) 斯金纳的强化理论。强化理论是由美国行为主义心理学家斯金纳(B. F. skilmer,1938)在《有机体的行为》一书中,通过大量的动物学习实验,在巴甫洛夫条件反射理论基础之上,提出了操作性条件反射的强化理论,这是一种新的激励理论,也称为行为修正理论。斯金纳认为,行为是行为结果的函数。因为无论是人还是动物,为了达到某种目的,都会采取一定的行动,这种行动作用于环境,当行动的结果对他或它有利时,这种行为就会重复出现,即行为的积极结果会增强行为;当行为的结果不利时,这种行为就会减弱或消失,即行为的消极结果会削弱行为。这就是环境对行为强化的结果。斯金纳将强化的种类分为四种：正强化是指奖励那些符合组织目标的行为，以便使这些行为得以进一步加强。有学者也将之称为积极强化。负强化是指惩罚那些不符合组织目标的行为，以便使这些行为削弱，甚至消失，从而保证组织目标的实现。有些学者用"消极强化"代替了"负强化"。应该注意，消极强化与负强化的定义不同，消极强化是指行为伴随着不愉快事件的中止或脱离而助长行为。也就是说，消极强化实际上是奖励了不良行为。惩罚是指用某种带有强制性的、危险的结果来消除某种行为重复发生的可能性。自然消退（忽视），即某种行为出现时不予理睬，不给以任何强化物而使行为消退。同时，斯金纳及其他前辈学者通过各种不同的方式表示，正强化应保持间断性，表现为间断的时间和不固定的数量；而负强化要维持其连续性，对每一次不符合组织目标的行为都应及时地给予处罚。

（2）凯利的归因理论。美国社会心理学家凯利（H. H. Kelley，1967）在《社会心理学的归因理论》一文中提出三维归因理论。凯利认为归因乃是指个人对环境中的事件，去觉察或推论其性质或原因的过程，这过程包括当事人对自己或他人行为原因的推论。此种由刺激事件推论原因的心理历程，会影响个体后来的行为，可视为事件与行为间的中介历程。对行为结果的不同归因必然会影响人们未来的行为选择。因此，根据归因理论，通过影响个体的归因，引导其选择组织所期望的行为。

2.4.1.4　综合型激励理论

综合型激励理论是在对内容型激励理论、过程型激励理论和强化型激励理论进行概括和综合的基础上产生的一种新型的激励理论。该理论主要是将上述几类激励理论进行结合，把内外激励因素都考虑进去，系统地描述激励全过程，以期对人的行为作出更为全面的解释，克服单个激励理论的片面性。代表性理论有罗伯特·豪斯（RobertHouse）的激励力量理论和波特（LP0rter）和劳勒（E.

Lawler)的期望几率理论。

（1）罗伯特·豪斯的激励力量理论。罗伯特·豪斯（Robert House）在双因素理论和期望理论基础上，通过一个整合模式把上述几类激励理论综合起来，把内外激励因素都归纳进去而提出了一个综合的激励理论，即激励力量理论。豪斯认为激励包括内在激励和外在激励两大部分。内在的激励因素包括：对任务本身所提供的报酬效价；对任务能否完成的期望值以及对完成任务的效价。外在的激励因素包括：完成任务所带来的外在报酬的效价，如加薪、提级的可能性。因此，综合激励模式表明，激励力量的大小取决于诸多激励因素共同作用的状况。

（2）波特和劳勒的期望机率理论。期望几率理论是由美国心理学家莱曼·波特（L. Porter）和劳勒（E. Lawler）于 1968 年在他们合著的《管理态度和成绩》一书中提出来的一种激励理论。该理论提出的"综合激励模式"认为激励是外部刺激诱因、个体内在因素、行为表现、行为结果的相互作用统一过程。不同类型的激励对不同的人具有不同的作用和效果。该模式意义在于："激励"导致一个人的努力及努力的程度。其中激励力量的大小取决于多方面的变化因素，涉及当事人对该项工作的成功、所获报酬、公平性、角色意识、个人技术能力以及相关影响的认识和评价。这个模式可从以下几个方面来理解：首先，工作的实际业绩，如任务的完成或目标的实现取决于他所做出的努力；其次，这种努力在很大程度上受两种因素的影响：一是角色概念是否明确，即对目标、所要求的活动和任务及其他要素的理解程度；二是技术与能力，即个人本身所具备的技术与能力水平；第三，工作业绩可带来两种报酬：一是内在报酬，诸如成就感、自我实现感；二是外在报酬，诸如工作条件和身份地位；第四，经过评价后，个人将得到相应的奖励和惩罚；最后一点则是，他用自己认为公正的原则对自己得到的奖励和惩罚加以衡量，得出满意或不满意的结论。

2.4.2 研发人员激励

国外关注研发机构、研发团队管理或研发项目的学者相对较多，真正涉及研发人员个人的研究并不多。总体来看，国外关于研发人员的相关研究主要集中在两个方面：薪酬激励和职业生涯管理。

（1）薪酬激励。Jing 和 Shu（2004）认为研发人员报酬结构的一个主要问题是公平感，研究发现，以技能为基础的报酬和以工作为基础的报酬能提高研发人员的公平感，这也与他们的个人绩效正相关。国际人力资源管理杂志（International Journal of Human Resource Management，2006）的一篇文章显示，在 EU 外围经济环境下，研发人员主要受到以经济报酬为主的外在奖励的激励。Kim 和 Oh（2002）的研究结果显示，薪酬满意和工作满意之间，以及测量满意与工作满意之间，薪酬满意和测量满意之间均显著积极相关。但是对工作有内在价值和没有内在价值的研发人员来说存在差异，对有内在价值的人来说，工作满意和薪酬满意之间显著相关，而对没有内在（价值）的人来说，工作满意与测量满意之间高度相关。他们因此推测，对工作满意度来说，内在价值和外在价值之间能互相强化。

（2）职业生涯管理。Younger 和 Sandholtz（1997）对新经济条件下研发人员的职业生涯阶段进行了重新划分，他们把生涯阶段划分为以下四个阶段：跟随期、自我领导期、地区/团队领导期和企业领导期。Chen、Chang 和 Yeh（2004）的研究发现研发人员的职业需求呈现多样化，在生涯不同阶段有不同的职业需求。职业开发项目与职业需求之间地差距越大，离职意愿越强，工作满意度越低。Debackere 和 Buyens（1997）的研究发现，研发人员的个人风格可以预测其职业偏好。Cordero 和 DiTomasu（1994）探索了技术生涯机会和管理生涯机会对研发人员影响以及与离职之间的关系。

国内有关研发人员的激励，学者们从不同的角度进行了大量研究，主要包括以下五个方面：对研发人员激励因素的考察；研发人员激励方法与激励原则的制定;研发人员报酬激励的优化设计;分析现有研发人员激励中存在的问题并给出相应对策;研发人员激励的实证研究。

2.4.2.1　激励因素

针对研发人员的需求特征及行为特征,Landis(1971)的研究发现,对于研发人员满足成就需要是最重要的激励因素,其次是货币需要与其他非货币需要,另外,诸如挑战性的工作、与领导的关系、责任感、公司形象以及工作条件和人际关系等均是对研发人员起到激励作用的因素。Balkin 等人(1984)的研究表明,在所有的激励因素中,物质激励是最主要的,他们建议用奖金或其他补偿方式激励研发人员。通过奖金或利润分享的方式作为对研发人员绩效的肯定能对研发人员起到很好的激励作用。Peter(1992)论述了研发人员最重要的四个激励因素,即物质激励(工资和发明奖),与社会地位相关的激励(得到赏识、信任、荣誉、声望等),与提高技能相关的激励(学习、考察)以及与工作灵活性相关的激励(自由安排上班时间、对于技术问题的自主决策权)。Bharat 和 Galttovle(1994)的研究认为研发人员的激励因素主要集中在报酬激励、提升激励、培训及解雇方面。首先应考虑包括薪酬与股权的物质激励,同时鉴于研发人员较高的工作自主性,实行专业职称及职务晋升或成果署名制将有利于激发研发人员较高的工作热情,另外,适当的知识培训与技术指导将在增强其自信心的同时实现对研发人员的技术激励。秦吉波等人(2000)提出了激励研发人员的框架:兴趣激励、报酬激励、工作环境激励、信任与位置激励以及产权激励。有研究者指出研发人员管理的两难问题:要么严格控制,要么提供创新的足够自主权。另外,在分析激励因素的基础上,有研究指出研发人员的个体特征将影响激励机制的效能。比如,个体的能力、成就需要以及价值观对现有激励机制将会产生潜在影响。最后,挑战性的工作也可能是最有效的激励因素。

2.4.2.2　激励方法与激励原则

对于研发人员的激励方法与激励原则,不同的学者给出了不同的方法与原则,有的研究者认为应综合采用竞争激励、目标激励、待遇激励与精神激励等方法。王小琴(2001)认为对科技人员的有效激励应建立在科学评价的基础上,通过建立一套完善的激励机制,合理利用考评结果,对科技人才进行动态激励考评,有利于增进员工绩效,促进企业发展。Koning(1993)提出激励研发人员应结合激励物、激励公正性、激励方式这三个方面。chester(1995)认为对研究开发人员应实施个人激励、团队激励、组织激励、非货币激励,并提出了激励原则。Gupta(1993)设计了一套激励体系(包括:人力资源计划、成果计划、报酬体系、职业管理),以保持高技术企业的创新活力。wilson(1994)详细论述了对研发人员的激励应以利益为出发点,即企业应注重对研发人员的经济激励。另有研究认为应遵循价值原则、市场原则以及公正原则对研发人员实施包括机会在内的组合激励。另外,恰当地处理绩效与报酬之间的关系以及员工的在职培训会显著提高研发人员的激励效果。针对智力资本的特征,芮明杰(2002)提出了激励智力资本的制度安排,并提出了适用于知识型企业的缔约规则——全员盟约激励。另外,在通过系统分析知识型员工特点的基础上,众多学者分别从不同的角度提出了相应的管理策略。需要指出的是,信息时代的到来使得对知识型员工的管理出现了新趋势,其主要体现在组织结构、知识资本、信息沟通以及教育培训方面。最后,通过对知识型员工行为特征的分析,有的研究者提出了基于心理契约的知识型员工行为激励模型,认为通过这种非契约的形式可能充分发挥研发人员的激励潜能。

2.4.2.3 薪酬激励优化设计

对研发人员薪酬如何优化的研究,其基本思路是在委托—代理的框架内对研发活动进行委托代理分析,将研发人员的风险态度与研发活动的观测精度考虑在内,在此基础上分析研发人员的最优理性行为与管理人员的最佳激励,具体包括:骆品亮(2002)运用激励机制设计理论,分析了 R&D 中的代理问题,优化设计了 R&D 机构和 R&D 人员间的利益分享规则,对 R&D 项目中每个 R&D 人员的报酬机制进行了 Pareto 改进。孙利辉(2002)等在实证调研的基础上分析了我国研发人员报酬激励存在的问题,结合激励理论与代理理论得出了适合于研发人员的报酬结构模型。邓玉林(2005)利用委托代理理论着重分析了知识型员工的风险态度与报酬激励之间的关系。林元庆(2002)重点分析了多目标 R&D 活动中研发人员工作努力的多维配置以及工作成果的多目标评价问题,通过建立委托代理模型并求解,获得了多目标之间最优激励的数量关系,得出了一些有别于单目标活动的结论。王宁(2006)通过对研发活动中委托代理问题的分析,设计了研发人员报酬激励机制,在此基础上给出相应的实践对策,提出建立动态绩效激励合约的思想。

2.4.2.4 激励问题与对策

针对研发人员的高流动率以及学历结构、专业结构以及年龄结构不合理现象,李纯青(2002)等分别给出了诸如加大软件蓝领的培训力度、结合员工特点的相应管理措施、多种方式并行等激励对策。顾琴轩(2002)等结合软件企业的发展现状及软件专业人员的特点,分析了软件人员流动的主要原因,在此基础上,研究提出了有效保留软件人员的方法,包括:赋予稳定的心理预期、提高招聘的有效性、加强招聘与职业技能开发、完善薪酬体系与重视企业文化等方面。苏涛(2003)等在对我国产业人力资源当前存在的问题及原因进行分析的基础上,提出国家和企业应如何培育、发展、管理我国人力资源的多重对策。孙利辉(2002)等针对研发人员在企业创新中的重要地位,提出了研发人员的组织激励对策,设计了分别从内外部环境、治理结构、研发部门、研发团队、研发人员的层次顺序的研发人员组织激励模式。孙理军等(2002)在研发人员行为特征的基础上,提出了相应的激励对策与激励机制,使其既符合研发人员的内在特性,又符合企业及研发部门的目标,并简要描述了企业激励研发人员的实施模式。另有学者对现有研发人员管理以及激励中存在的问题进行深入的剖析并提供相应建议。陶向南(2000)等分析了不同创新模式下高新技术企业所采用的组织形态特征,给出了不同企业高新技术企业人力资源管理所具有的典型特征。赵深微(2004)从战略人力资源管理的视角,针对各类知识员工的特点,提出了知识员工差异化雇佣管理模式,就该模式可能带来的问题进行了研究。

2.4.2.5 相关的实证研究

有关研发人员激励的实证研究方面,首先要从知识管理专家玛汉·坦姆仆的研究开始,玛汉·坦姆仆经过大量调查研究后认为:激励知识型员工的前四个因素依次为个体成长、工作自主、业务成就和金钱财富。与其他类型的员工相比,知识型员工更加重视能够促进他们不断发展的、有挑战性的工作,他们对知识、个体和事业的成长有着持续不断的追求;他们要求给予自主权,使之能够以自己认为有效的方式进行工作并完成企业交给他们的任务;与成长、自主和成就相比,金钱的边际价值已经退居相对次要地位。另外,安盛咨询公司分析了澳大利亚、美国和日本多个行业的 858 名员工(其中包括 160 名知识型员工)后得出了知识型员工的激励因素。名列前 5 位的激励因素分别是:报酬,工作的性质,提升,与同事的关系,影响决策。国内学者张望军、彭剑锋(2001)以我国的研发人员为研究对象也作了类似的实证研究,其结果表明我国知识型员工激励因素排前五位的分别为:

① 工资报酬与奖励——获得一份与自己贡献相称的报酬,并且使自己能够分享到自己所创造的财富。这种奖励制度既要适合公司的发展又要与个体的业绩相挂钩。

② 个人的成长与发展——存在使个人能够认识到自己潜能的机会,它证实了这样一个假设前提:知识型员工对知识、个体和事业的成长有着不断的追求。

③ 公司的前途——知识型员工既看重金钱财富和个人能力的发挥等要素,也看重公司的发展前景。这说明公司的发展与知识型

员工的个人成长是休戚相关的。

④ 有挑战性的工作——知识型员工希望承担具有适度冒险性和挑战性的工作，因为这是对他们个人能力的一种检验和考量，是体现出他们突出于常人的佐证。

⑤ 其他激励因素：晋升机会，有水平的领导，工作的保障性与稳定性等。研究者通过对知识经济时代的知识型员工的激励因素进行中外对比，以及对知识型员工与非知识型员工的激励因素进行对比，探讨了知识经济时代的知识型员工的报酬激励、文化激励、组织激励、工作激励四大激励模式。对我国企业人力资源管理实践提供了启示。另外，通过对脑力劳动者的需求及其工作满意度进行的实证研究，胡培（2003）等分析了影响脑力劳动者工作满意度的主要因素，研究脑力劳动者激励的主要程度，并提出强化激励机制，提高其工作满意度的对策和建议。

针对研发人员提出的激励模型各有差异，共同之处是它们的理论基础是经典的行为激励理论。不同在于考虑因素多少和侧重点不同，比较有代表性的是孙利辉等人在实证调查研究的基础上分析了我国研发人员报酬激励存在的问题，结合激励理论和代理理论提出了对研究开发人员进行报酬激励的原则和适合的报酬结构模型。认为对研究开发人员进行报酬激励时，应该采用一定量的信息对研究开发人员进行评价，在选取信息时，应遵循信息和成本原则。激励研究开发人员应遵循激励强度原则和平等补偿原则，保证激励效果和激励平等性。对研究开发人员进行激励的同时，应考虑到他们的基本生活情况。因此激励报酬应包括基本薪金、短期激励报酬和长期激励报酬。应该用多种长期激励措施诸如技术股份、普通股票、股票选购权、股票增殖权以及对研究开发人员的培训提升等。

从内容上看，经典的激励理论与研发人员激励模型都是从不同的侧面理解和解释复杂的激励问题，具有一定的片面性，缺乏对激励与相关因素的相互作用关系的分析研究，使模型缺乏系统性，从研究方法上看,受到传统的实证方法、统计方法和数理方法等研究方法的限制,难以表达行为激励的动态反馈过程建立真正的动态模型,期望值理论和公平理论以及以它们为基础的相关理论中的模型是比较典型的静态模型,强化理论以及综合了强化理论的激励理论强调行为激励的动态性,但是文字模型或图形模型难以将各因素的动态相关特性表达出来,静态特征依然是明显的。

2.4.3 人力资本产权及人力资本激励

2.4.3.1 人力资本产权

在人力资本产权中的所有权问题上,罗森、巴泽尔等人的有关论述佐证人力资本仅属于其承载者所有的观点。新劳动经济学的代表人物舍温·罗森则指出,人力资本的"所有权限于体现它的人",亦即人力资本产权归属人力资本的携带者而与多元的投资者无关,但他强调此种产权特性的前提条件是必须在"自由社会"里,其意是排除掉可以蓄奴的奴隶社会,因为既然奴隶是属于奴隶主的私有财产,那么奴隶的人力资本当然也是奴隶主的私人产权(舍温·罗森,1996)。美国经济学家巴泽尔根据其对奴隶制度的研究对罗森的上述观点进一步做出修正,从奴隶是一种能够控制其人力资本供给的"主动财产"的角度出发认为即使在奴隶制下人力资本仍然属于其承载。

在经济学上,较早把人力资本及其产权引进对现代企业制度的理解的是斯蒂格勒和弗里德曼(G. Stigle & C. Friedman, 1983),他们指出,大企业的股东拥有对自己财务资本的完全产权和控制权,他们通过股票的买卖行使其产权,而经理拥有对自己管理知识的完全产权和支配权,他们在高级劳务市场上买卖自己的知识和能力。因此,股份公司不是所有权和控制权的分离,而是财务资本和经理知识这两种资本及其所有权之间的复杂合约。

美国学者威茨曼在1984年提出了分享经济理论(马丁·L.威茨

曼,1986)。他认为传统的资本主义经济是工资经济,其特点是工人的工资是固定不变的,并且同企业利润无关,当整个经济处于不健康状况导致总需求下降时,会引起失业和通货膨胀并存。为此,他建议实行共享经济制,即工人通过集体谈判的方式同资本家确定一个"利润分享比率",同资本家共同分享利润。威茨曼认为,实行分享经济能够有效地抑制失业和通货膨胀的产生。显然,在威茨曼的分享经济中,工人投入到企业的人力资本被当成了投资,并同物质资本一起共同享有了企业所有权(主要是剩余索取权)。

美国学者艾勒曼在提出了"民主的公司制"理论(大卫·P.艾勒曼,1998)。他认为,在现代企业中每个人都应当拥有自我管理自己活动的不可让渡的权利,每个人都应当拥有占有自己劳动成果的不可让渡的权利,这是企业成员的基本权利。在现实中以上两项权利就是员工的参与管理权和剩余索取权,这两项权利都是企业产权必不可少的组成部分。

Thomas Ponaldson & Lee E. Perston 指出,"企业并非仅属于物质资本的集合体,物质资本除了投入物质资本外,对企业的价值增值没有什么贡献,企业的财富创造是企业其他利益相关者的合作结果。股东拥有实物资本,但不可能拥有人力资本和其他利益相关主体的专用性投资。企业必须倾听其他利益集团的声音,他们每一个都必须参与企业的发展方向"(Thomas Ponaldson,Lee E. Perston,1999)。Darias Palia & Frank Lichtenberg 从实证的角度分析了企业经理人力资本所有者与企业经营绩效的关系,指出经理所有权比重的变化将大大改变公司绩效并进而影响企业的市场价值。

知识经济的到来,使人力资本在企业发展中的地位越来越高,人力资本产权的形式也发生了巨大的变化,经理股票期权、员工持股等激励形式在发达国家不断推行。这有力的推动了西方学者在这一领域的深入研究。但目前在这一领域的研究仍然较为分散,很多分析研究是描述性的,系统和规范分析方面还不够。

2.4.3.2 人力资本激励

国内在企业人力资本激励方面的研究成果十分分散,我们从激励对象和激励方式两方面进行归纳后概述如下。

(1)激励对象。赵曙明认为企业治理结构最主要的是人力资本的激励机制和约束机制。建立激励机制的同时,要讨论如何建立一套约束机制问题。激励与约束实质上是一个问题的两个方面,有效的激励本身具有约束功能,而缺乏约束的激励很容易滋生与扩大道德风险。约束主要是两大方面:一是内部约束,就是出资人与职业经理人之间要形成相互约束关系和约束机制。主要有公司章程约束、合同约束、组织机构约束、偏好约束和激励性约束。二是外部约束,主要有:法律约束、市场约束、团队约束、道德约束和媒体约束(赵曙明,2001)。魏杰主张要加强人力资本(主要指职业经理人)的外部约束,具体包括法律约束、道德约束、市场约束、社会团体约束、媒体约束等(魏杰,2001)。付维宁提出企业家人力资本产权对企业绩效的乘数作用甚于企业家能力和企业家努力水平,只有完整的人力资本产权界定才能激发经营者工作的努力程度和监督其他团队成员的积极性(付维宁,2003)。该论述简化了人力资本产权和能力与努力之间的互动关系,过分夸大人力资本产权的作用。刘苹、陈维政等提出了人力资本的权变激励模式,认为投入企业的劳动和人力资本需要重新分类,在不同的权变因素下,应采用不同的权变激励模式。而且还进行了实证研究,但是该研究中的分类模式缺乏普遍性(刘苹、陈维政、程桂华,2003)。张宗益、张宁提出了人力资本具有多层次性,不同的人力资本应采取不同的激励措施(张宗益、张宁,2004)。张晓燕认为由于人力资本的边际贡献不同、对企业的主导作用不同,而只有边际报酬递增、对企业具有主导作用的异质型人力资本才应当成为企业长期合约的激励主体(张晓燕,2004)。王鲁捷、管永桦引入净经济增加值的评价指标,求出人力资本与物质资本的贡献率,并以此为基础创建公式,根据"二八原则"确定了异质型人力资本与同质型人力资本的股权分配比例,进一步构建了异质型人力资本"二元加权股权激励"模型(王鲁捷、管永桦,2005)。

(2)激励方式。赵息等通过分析新经济下人力资本的产权特性及实现方式的效率,论证了人力资本参与企业剩余收益分配的经济合理性。针对我国企业人力资本激励方式存在的主要问题,提出了我国国有企业改革与新经济发展的关键是明确人力资本的私有性,建立、强化与新经济和人力资本相适应的优秀的企业文化,增加人力资本激励方式的多样化与有效性,并结合我国实际情况介绍了基于经济增加值的人力资本激励模式、员工持股计划、股票期权等几种人力资本参与企业剩余收益分配的新方式(赵息、张林、商如斌,2001)。程远亮、黄乾认为应将人力资本产权纳入到企业改革和激励机制的设计中,以促进人力资本的投资、使用和配置(程远亮、黄乾,2001)。黄再胜认为企业显性激励固守"经济人"范式的理论逻辑,把货币性报酬当作激发企业人力资本积极性的主要手段。隐性激励则把企业人力资本看成是活生生的"社会人",注重发挥声誉、竞争、内部劳动市场和企业文化的隐性激励功能(黄再胜,2003)。隋广军、曹鸿涛提出股权激励是对拥有隐性人力资本的经营者的激励,而不是对只具有显性人力资本的经营者的激励,可以将其归结为一个一般性命题:"经营者能力资本化"——经营者隐性人力资本向企业所有权的转变(隋广军、曹鸿涛,2003)。杨有红认为股权奖励从表面上看是奖励方式的创新,实质上是企业所有权的重新安排,表明人力资本摆脱纯粹雇佣的地位、以所有者的身份参与剩余收益的分配。股权奖励的对象不是企业所有的人力资源,而是对企业的发展做出突出贡献的技术创新者和管理创新者。用于奖励的股份,其资金来源应该是盈余转入,具体表现为以前若干年度经调整的税后净利润扣除财务资本必要报酬后的超额收益。人力资本股份化后,股权参与收益分配的对象不应该是净利润,而应该是经济增加值(杨有红,2003)。王继康认为在我国建立企业家股票期权制度是实现企业家人力资本价值的有效形式,通过股票期权制确认企业家人力资本对企业价值创造方面的贡献,将有助于企业家和职业经理人阶层的成长(王继康,2004)。这种观点有一定的局限性,一是股票期权只是实现企业家人力资本价值的形式之一,二是对大量的非上市公司并不适用。

从以上国内关于人力资本激励方面的研究可以总结出,层次上重视对企业家或职业经理人人力资本的激励,途径上是通过所有权安排进而参与企业剩余收益分配,方式上主要强调股权、股票期权和企业文化等的激励。明显的不足是对其他类型人力资本的重视不够、如何进行所有权安排不够具体、对其他激励方式很少提及,另外人力资本激励方面比较深入且系统化的成果罕见。

2.5　小结

根据本章的文献综述,简要总结:

动机是一个动态的心理过程,它包含了发动的前因、发动状态以及发动后的表现。

以往研究往往仅涉及"发动的前因"或"发动的状态",很少有研究同时兼顾两者。之后有学者尝试整合,但结果都不够理想。很少有研究关注"发动后的表现"。同时,动机特质论的研究历程要求我们充分考虑个人特性和情境对工作动机的重要性。

对工作行为的综述说明,很少有学者从动机的角度探讨工作行为。而行为的决定因素主要是个人和情境。

对国内外研发人员的研究综述也说明,对研发人员工作动机及行为的研究也非常少。国外对技术人员的研究集中在工作满意度方面,考虑的是如何吸引、激励和保留核心技术人员,少有对具体工作行为的研究。

因此,本书把研究重点放在研发人员的工作动机"发动后的表现",或者说是从工作动机入手探讨研发人员的工作行为。我们关心的是通过哪些典型行为可以判断研发人员的工作动力状况，以及影响这些行为的个人和情境因素可能有哪些，从而帮助企业吸引和留住企业的核心研发人员，并激发他们更高的工作动力。

研发人员的组织支持感、组织氛围、组织激励等都与他们的创新行为密切相关。组织支持有助于研发人员创造力效能感的加强，进而有利于创新绩效的提升。组织培训、组织学习、知识共享和转化都有助于研发创新行为，如何构建组织支持感→创造力效能感→研发人员创新行为的激励机制？是研发组织需要面对的重要难题。

强化激励是提高研发人员工作积极性的有效措施，目前主要从薪酬和职业发展管理方面的激励还不能满足研发人员的个性化需求。而对研发人员人力资本产权的承认和激励有助于增强他们的组织公正感，也是调动研发人员可持续创新能力的保障。

3

基本理论和研究假说

3.1 工作动力行为

3.1.1 工作动力行为概念的提出和概念界定

动机的定义主要关注的是随着时间的发展，激发、引导和维持个人行为的因素或事件。动机理论都试图更准确的说明这三个因素的相互作用关系，以及如何决定组织中的行为（Steers，Mowday，Sharpiro，2004）。通过任务选择可以推断个体行为动机的方向、对象或目标；通过努力程度和坚持性可以判断个体动机强度的大小（郭德俊，2005）。而动机通过活动来表现，并通过活动获得或达到它们的目标。

动力是一个在日常生活和工作环境中经常使用的词，但是一直缺少对它的深入研究。因此在谈到动力的含义时，也只能谈谈对它的一般理解，很难找到对动力的严格定义。在陈俱生主编的《现代汉语辞海》中有对动力和动机两个词的解释。第 369 页对"动力"的解释有两种："（1）使机械作功的力量；（2）比喻推动人的活动的力量。"在同一页中对"动机"的解释是"（心理）激发和推动人去从事某种活动，并将活动导向某种目的的动力，它是行为的内部原因。"很明显，在这里本书使用的是动力的第二个解释，即比喻推动人的活动的力量。因此具体到工作，工作动力是比喻推动人工作的力量。而工作动机则是激发和推动人去工作,并将工作导向某种目的的动力,它是工作行为的内部原因。

动机心理学家普遍认为动机具有动力性的特征,而动力性指的是动机能激发、维持、调节和支配行为的强度(郭德俊,2005)。Mitchell(1982)曾说,许多非专业人士可能认为动机是个人多想,并且试图多努力做好某一特定任务或工作的程度。因此,动力可能仅仅涉及被激发后的状态,是静态的。从心理学的角度来看,动机并不是一个静态的心理结构,而是一个动态的(心理)过程(process),它是一种"发动、朝向目标的持续性历程"(Drucker,1954)。从两种定义的比较可以看出,心理学家对动机的定义更为复杂、全面,涉及了从激发到指引、再到持续的心理和行为过程;而一般非专业人士对动机的看法更多地来源于实践,是人们的口头用语,是对专业术语的简化,因而比较笼统、不够精确,但是相对来说更简单化从而更具有可操作性。鉴于研究视角主要是从工作场所来看工作动机,以及主要研究对象是研发人员工作行为,而且仅仅对动机的被激发状态(向往程度)以及外在表现形式感兴趣,因此本研究决定采用更为一般员工所熟悉的"工作动力"一词而不是选用"工作动机"这个心理学专业术语。

本研究认为工作动力是个体在组织环境中受到内在或外在因素的刺激而引发的一种与工作相关的积极的内在驱动力,是一种被激发的心理状态,反映了对目前和未来良好工作结果的向往程度,表现为愿意并且付出更多精力以便更好地完成工作。郭德俊(2005)认为,动机是人们不能直接观察的一种内部心理过程,但是,我们可以通过个体对任务的选择、努力的程度、对活动的坚持性和言语表达等外部行为间接地进行推断,推断出个体行为的方向和动机强度的大小。Bem(1967,1972)的自我感知理论(self-perception theory)认为,因为内在状态是弱的、模糊的、不易解释的,因此个人必须根据自己的行为以及行为发生时的情境来解释自己的态度和动机。在工作领域被激发的心理状态和内在驱动力同样也不易观察、难以衡量和直接解释。在现实生活中,工作动力这种心理状态最终往往都会直接(或间接)通过工作行为表现出来,所以我们选择工作动力的表现行为作为我们的主要研究对象,并在这里称其为"工作动力行为(work motivation behavior,WMB)"。因此本书说工作动力行为是工作动力在工作过程中的典型行为表现。认为在组织环境下,通过工作动力行为可以大体上判断一个人工作动力的情况。因为主要研究对象是国内研发人员,因此主要关心的也是国内研发人员的工作动力行为。我们定义研发人员的工作动力行为是研发人员的工作动力在工作过程中的典型行为表现。需要注意的是,考虑和观察的并不是某一种特定工作行为,而是那些在工作中表现出来的、能够比较好地反映个人内在驱动力和心理状态的一系列行为。同时,由于工作过程中工作行为的多样性,在本研究中仅考虑具体针对研发工作比较具有代表性的工作动力行为,而不可能穷尽所有能反映员工工作动力的行为,由于本次研究对象是本土研发人员,因此在本研究中,不考虑具体针对其他类工作人员的工作动力行为或其他工作行为。

与以往研究不同,这里主要研究的是工作动力的行为表现,以及这些行为表现的可能影响因素,不会深入探讨动机被激发的具体状态和过程。

3.1.2 工作动力行为的特点

工作动力行为应该具有以下特点:

(1) 工作动力行为是工作场所表现出来的一类工作行为。研究的是员工在工作场所的工作行为,因此,只有发生在工作场所的工作行为才是我们的研究对象。

(2) 工作动力行为是有目的的个体工作行为。员工表现出来的工作动力行为是他们满足获得、联系、学习或防卫驱力需要的形式。正是因为工作动力行为是有目的的行为,所以当目的没有达到时会对行为有一定的影响。

（3）工作动力行为是员工个人主动、自愿表现出来的行为。工作动力行为是员工为了实现自己的某个或一些目的而主动、自愿表现的行为。在本研究中驱动员工表现工作动力行为的驱力可以从广义上区分为趋向和回避，一般来说趋向的驱力比回避的驱力对行为的影响更大、时间更持久，而且趋向驱力的满足一般是越大越好；而回避驱力的满足则不一定是越大越好，有时可能刚刚达到临界点就可以。

（4）工作动力行为是在工作场所最能反映员工工作积极性的行为。工作动力行为是反映员工工作动力状况的行为，而工作动力是员工被激发的状态。一般来说，被激发的员工工作更有积极性和主动性。因此，工作动力行为应该是最能反映员工工作积极性的行为。

（5）不区分角色内或外的行为。也就是说员工的工作动力行为并不一定是角色外行为，它也有可能表现在员工完成本职工作的过程中。员工在完成他们基本工作要求的本职工作行为中也会表现出积极主动的行为。另一个原因是，在工作场所不同的人对角色外和角色内职责的划分可能并不相同，同一个人在不同的情境下的划分也有可能不同。

（6）工作动力行为是上级或组织认可或鼓励的行为。这一特点来自于研究方法的限制。我们所有的工作行为都是通过访谈或半开放式问卷得来的，又经过多次问卷测试。如果不是上级或组织认可或鼓励的行为，往往在测试过程中就会被删掉。如果不是上级或组织认可或鼓励的行为，也不可能长期、比较稳定地表现出来。

（7）工作动力行为是一种相对持久或经常表现的行为。相对持久或经常表现，才容易观察。如果只是暂时性的行为，可能往往被观察者忽略或者说不易观察，因此观察到的现象就有片面的可能性，不能代表个人的真实状态。因此选择相对持久的行为，或者说是习惯性行为。因此这类行为应该是经常发生的或是能维持较长时间的。

而一般关于工作动机的相关研究中,对行为的引发和指引研究较多,对行为的维持研究较少,部分的原因是一般认为维持仅仅是对初始选择的再次确认(March,Simon,1958)。选择相对持久的行为还有一个原因,对于有些组织鼓励的行为,员工可能会为了个人私利(self-serving)而暂时表现出这种行为,如为了给领导留下好印象。但是如果考虑相对持久的行为,则一般不会出现这种情况。

3.1.3 工作动力行为与组织公民行为的联系

工作动力行为是工作场所的一类工作行为,而组织公民行为是在组织领域被研究最多的工作行为,因此有必要探讨一下组织公民行为与工作动力行为的关系。

工作动力行为和组织公民行为的联系表现在以下几点:

——都是员工在工作场所表现出来的工作行为。

——都是员工自发的行为。

——都是上级或组织认可或鼓励的行为。

——都在一定程度反映员工的工作态度。

——从 OCB 的大范畴来说,工作动力行为可能属于 OCB。

鉴于组织公民行为涉及领域的不断扩大,目前 OCB 基本上已经涉及工作场所所有对组织有积极影响和作用的行为。因此,虽然工作动力行为的研究目的与 OCB 的不同,但是从涉及的行为来看,很可能属于 OCB 研究领域的一部分特殊行为。

3.1.4 工作动力行为与组织公民行为的区别

(1)概念产生的根源和目的不同。OCB 概念来源于 Katz(1964)提出的"创新和自发"(innovative and spontaneous)行为,目的是研究对组织有效性有积极作用的工作行为,并在工作场所鼓励这些工作行为;而工作动力行为概念则产生于对实践与理论之间理解的差异,目的是从动机的角度了解这些行为及其影响因素,探讨如何在满足员工的动机需求的同时鼓励员工这一类行为。

（2）行为动机不同。OCB 来源于积级的或非自利（non-self-serving）的动机（Bolin，Turnley 和 Niehoff，2004）；而员工表现工作动力行为的主要原因是为了满足自己的动机需要，是有一定目的的行为，因此是自利的。

（3）表现不同。表现出 OCB 的员工也被称为"好战士"（Bateman 和 Organ，1983），它类似于政治或公共领域的好公民行为（Graham，1991），因此 OCB 员工的典型表现是忠实、顺从、超越对组织的承诺和关心的忠诚的员工形象；而工作动力行为则仅仅反映个人工作动力的强弱，工作动力强的员工不一定是顺从的，因此也不一定是"好战士"，但他一定是积极的、上进的。

（4）角色定位不同。按照传统的 OCB 定义，它应该属于角色外行为；而工作动力行为只强调在工作场所发生的行为，并不关注它是角色外行为还是角色内行为。

（5）与组织奖酬的关系不同。按照传统的 OCB 定义，它应该不在组织奖酬范围之内；而工作动力行为由于是员工在工作场所的主动积极的工作行为，又是为组织所认可的，因此很可能属于组织奖励的范围。

（6）持续时间不同。OCB 并不强调行为的持续时间或频率，很多 OCB 可能仅是暂时的；而工作动力行为由于是观察到的行为，要求可观察性和代表性，因此一般是指员工表现的相对持久或经常表现的一类工作行为。

（7）影响组织效能的原理不同。Bolino、Turnley 和 Bloodgood（2002）基于企业资源基础说，认为公民行为通过加速组织内社会资本的开发从而加强了公司的功能；而工作动力行为除了通过加速组织内社会资本开发从而加强公司功能外（如助人行为），更重要的是通过激发员工的内在工作动力以及挖掘员工个人的潜能来促进公司的发展，期望员工会带着更高水平的个人资源（时间、精力和人力资本)到工作中来,产生更高水平的工作绩效。

3.1.5 研发工作的分类

经济合作与发展组织把研发(R&D)定义为(Mitchell,1982):为增加人类、文化和知识总量,以及利用这些知识总量创造新的应用而进行的系统创造性工作。研发人员是指在工作中应用理论和实践知识解决复杂问题的知识员工(Korczynski & Frenkel,2002。转引自关培兰,张爱武,2006),他们主要从事理论研究、产品开发、工程设计等创造性工作。

Leifer 和 Triscari(1987)把企业的创新/发明活动分成研究和开发两类。Drongelen 和 Cook(1997)把研发活动分成基础研究、应用研究和实验开发三类。Hauser(1998)把研发活动分成研究、开发和工程三类。Werner 和 Souder(1997)把研发活动分成基础研究、应用研究、产品开发和生产过程研发四类。Pappas 和 Remer(1985)把研发活动分成基础研究、探索研究、应用研究、开发和生产改善五类。Kim 和 Oh(2002)把研发活动分成基础、应用和商业研发三类。在OECD 的 Frascati 手册(OECD,1994)中,把研发活动分成三类。基础研究的特点是实验性的,研究者追求的是抽象的、理论的发现。基础研究需要花费很长的时间,而其结果有比较大的应用范围和用途。Kim 和 Oh(2002)认为他们的分类方式与 OECD(1994)的分类大体上是一样的,各类的特点也非常相似。

美国国家科学基金会把研发工作分为以下几类(杰恩·川迪斯,2005),并定义如下(Science and Engineering Indicators,1993):

基础研究:目标是"获得所研究事物更完备的知识或对事物有更好的理解,并且没有特定的应用目的。"对企业基础研究的定义是"增加新科学知识的活动,但没有特定的、直接的商业目的,但并排除这一研究可能会在当前或其他潜的领域具有商业价值。"

应用研究:是"获取有关事物的知识或对事物的理解,以确定满足某一特定的、明确需求的方法"。企业应用研究的定义还包含"旨在发展具有特定商业目的的科学知识的研究,这种特定的商业目的可以是新产品,也可以是新工艺或新的服务"。

开发:是"对研究获得的知识或者对事物理解的系统运用,目的是生产有用的原材料、设备、系统或者方法,原型与加工过程的设计开发"。

在本研究中,为了方便一般研发人员填写问卷,根据国内研发机构的习惯性分类方法,把研发工作分为一般研发、设计、研发支持和研发管理四类。

3.1.6　研发工作的特点

(1) 不同类型研发工作的特点:

经济合作与发展组织(OECD)手册对 R&D 的定义就在一定程度上反映了三类研发工作各自的特点:

表 3.1　OECD 手册对 R&D 的定义(OECD, 1994)(Kim, & Oh, 2002, P56)

特　　点	举例
基础研究(Basic research) 1. 主要目的在于获得有关现象或观察事物基本原理新知识的实验性或理论性工作,没有任何特定应用或利用方面的考虑。 2. 通过对事物或现象的性质、结构及与其他事物联系的分析来提出和检验假说、理论和规律。 3. 基础研究的结论通常不是被"售出",而是在科学杂志上公开发表在同行间交流。	在不同条件下某一类聚合反应的研究
应用研究(Applied research) 1. 也是为了获得新知识而进行的原创性研究。 2. 但是具有特定的应用目标或目的。 3. 应用研究的结果主要针对一件或一定数量的产品、操作、方法或系统。 4. 应用研究把思想或创意转化成可应用的形式,其中新的知识或信息往往以专利形式出现,也有可能是保密的。	尝试最优化化学反应以生产具有给定的物理或机械特性的聚合物

特　　点	举例
实验开发（Experimental development） 把从研究和实际经验中获得的现成知识用于生产新材料、产品或装置，设计新过程、系统和服务，或具体改善这些已经产生和建立的生产或设计成果的系统性工作。	把已经在实验室最优化的过程付诸实施，检验和评价生产聚合物的可能方法

Kim 和 Oh（2002）把三类研发工作的特点总结如表 3.2 所示：

表 3.2　不同类型研发工作的特点（Kim，& Oh，2002，P49）

	基础研究	应用研究	商业研究
特点	实验研究 观察事实 要求个人研究和专心	基于基础研究的 核心技术开发 商业产品的基础	商业产品开发 由市场成功来评价
时间框架（仅做参考）	超过 10 年	5 到 10 年	1 到 5 年
可应用性	高 一般的	中等	低 仅能应用于特定产品和过程

（2）研发工作的特点

总体来说，研发工作相对于其他工作具有以下特点：

① 创新性。这是研发工作的首要特点，也是研发人员的首要价值点，是为企业创造价值增值的主要方式，是企业实现长期持续发展的基础。

② 学习性。这是研发工作创新性的要求。所谓创新，创造的一定是新的东西。因此创新必然要掌握和使用新技术，还要能跟上技术和应用发展的前沿。这一要求只能通过学习来实现。

③ 合作性。杰恩川迪斯（2005）认为研发组织的成功需要集体

努力。研发工作一般都是团队合作的结果,任何一个新产品的开发都离不开他人的支持和帮助。尤其是大型的研发项目,更需要团队的精诚合作才有可能获得成功。因此,合作性也是研发工作的主要特点之一。

3.1.7 国内研发人员的特点

国内研发人员的特点表现在以下几点:

(1)年轻化。在关培兰、张爱武(2006)的研究中,研发人员样本中 30 岁以下的占 75%,而一般知识员工样本中只占 49%。我们的样本中 30 岁以下的研发人员有 63.1%。

(2)知识化。高学历比重大。关培兰、张爱武(2006)的研究中硕士及以上学历占 51%,一般知识员工样本中仅占 7.4%。我们的样本中占 25%。

(3)性别比例差异化。表现在研发人员中男性远多于女性。在我们的样本中,女性研发人员仅占 27.5%。

(4)高独立性、高敏感性。研究结果显示,我国科技发明者的共同人格特征是高独立性、高敏感性。表现在他们希望得到充分的信任和授权,拥有灵活、自主的工作环境和工作条件,强调工作中的自我引导、自我控制,而不愿意受太多的约束,对专业参照群体的意识非常敏感,对组织公正等也比较敏感。

(5)关注自我实现。我国企业研发人员的主要创造动因是自我实现和社会中心导向。创造者在动机、人生目的方向主要是指向工作和社会,而不是指向个人本身。我们认为对研发人员来说,物质需求必须被满足,但更重要的是工作本身以及完成创造性、挑战性工作所带来的成就感。

(6)流动性强。企业之间人才竞争中重要的一部分就是争夺成熟的研发人员,因为他们掌握本行业先进的专业知识,具有较高的研发能力,因而比较受欢迎。而对研发人员来说,他们比较关注自我实现。当一个组织不能满足其自我实现的要求时，就非常容易导致研发人员的离职。

3.1.8 工作动力行为研究的意义

（1）换个角度看激励。以往研究工作行为都是从"利组织"的视角来看问题。工作动力行为则是从员工的视角来看问题，关心的是员工的工作动力状况以及他们的需要是否得到满足、目标是否实现。从员工角度出发，充分考虑员工的需求，再结合组织的需要才能更好地引导员工行为，这样的行为才会持续和长久。而仅仅考虑组织需要员工表现什么样的行为，并通过激励引导员工表现这种行为，往往就会产生非期望的结果，比如前面提到的 OCB 的负面性以及对组织的负面影响。

（2）避开角色内或外的怪圈。即不考虑工作动力行为是角色内行为还是角色外行为。这样的好处在于：首先，明确区分角色内及角色外行为是一项非常困难的任务，任何对角色内外行为的区分都很难得到各方的认同。其次，从现有研究来看，并不能得出"只有角色外行为才能反映员工工作动力"的结论。对责任内工作，也许可以从个人完成工作的时间和工作结果判断个人是否具有工作动力。

（3）关注核心工作行为，兼顾核心绩效和关系绩效。OCB 在组织领域的蓬勃发展让人有一种误解，即在组织工作场所，角色外行为或者说关系绩效更重要。与此相对应的是，鲜有对组织内核心绩效或角色内行为的研究。难道责任内行为真的已经对组织不再重要？我们的回答是否定的。实际上责任内行为才是组织工作领域最重要的工作行为，因为正是这些责任内行为才保证了组织的有序运转。Van Scotter 和 Motowidlo(1996)发现，至少在上级评价任务绩效时，很难把任务绩效和动机截然分开。因此 Motowidlo 等(1996)认为也许把动机因素同时与任务和关系绩效相联系更为明智。因此他们认为，部分通过坚持和自愿表现的更有效地完成自己工作的动机就能够解释一部分任务绩效。而我们对工作动力行为的研究有助于员工在责任范围之内也表现出更大的工作动力。组织认可的个人工作绩效(即一般所说的任务绩效或核心绩效)标准可以是合格,也可以是良好,不同的组织会有不同的标准。工作动力行为并不排斥工作任务,因此如果组织认可的个人工作绩效是良好,那么可以说总是力争达到优秀的员工他的工作动力就比只是维持良好水平的员工的工作动力强(当然其中可能会受到能力以及外界环境因素的影响)。或者说在外界环境等没有发生变化的前提下,以前总是维持合格水平的员工他的绩效竟然达到了优秀甚至出色,也会推测说他目前的工作动力比以前强。这样可以在鼓励员工所谓角色外行为表现更好的同时,还可以鼓励员工在本职工作也表现得更好。基于工作动力的概念,我们提出"没有最好,只有更好"。而OCB只关注角色外行为,因此对核心绩效没有明显的影响,这一点也有一些实证研究支持。

(4)关注研发人员的非物质需求。Organ(1988)的基本定义中认为OCB是不会被组织所奖赏的行为。但是这里所说的奖赏只是一般意义上的物质奖赏,不包括非物质奖励。因此推测在OCB的相关研究中很少涉及或考虑员工的非物质需求。郑士贵(1998)发现我国企业研发人员的主要创造动因是自我实现。我们认为对研发人员来说,物质需求必须被满足,但更重要的是工作本身以及完成创造性、挑战性工作所带来成就感,以及如何满足员工的发展需求。而相应的精神奖励如认可、表扬、尊重等也应该引起企业的重视,并在工作中充分利用这些低成本的激励方式,甚至提供好的培训机会也能成为激发研发人员工作动力的良好方法,而这些才是很多知识性员工真正重视的。

(5)有助于鼓励研发人员不断提高自身能力。本研究显示,国内研发人员的典型工作动力行为表现为三种形式:助人行为、解决问题行为和自我发展。其中的解决问题行为和自我发展都是与个人能力密切相关的,解决问题行为鼓励员工提高能力,因为只有这样才能更好地解决问题；而自我发展本身就是自我能力提高的一种核心方式。此外，在 Kanfer 和 Ackerman(1989)提出的包括远端动机过程（distal motivational processes）和近端动机过程（proximal motivational processes）的动机整合框架中有一个额外努力的能力——动机交互作用模型。这个模型以个人能力水平为基础，认为远端因素影响付出努力的程度，而近端因素决定努力在任务、非任务和自我控制活动中的分配。而从工作动力行为的视角来看，如果涉及的活动是工作动力行为，则工作动力行为的意义就在于，它能够在一定程度上提高个人的能力水平，而这种提高必然也会对下一循环努力水平的决定和努力分配起作用。如果用以上分析过程来解释 Hunt(2002)提出的"泰勒式的工作"，就可以理解为什么对于像研发工作这一类典型的非"泰勒式的工作"来说，核心绩效和关系绩效之间并不是交替作用，也就是说，关系绩效高并不一定核心绩效就低。

3.2　工作驱力与工作动力行为

3.2.1　选择四驱力的原因

　　需求和驱力曾经被广泛地应用于实验心理学中有关动机的研究，它们往往被看作是特定的动机内容，并常常作为行动产生和方向的基础。马斯洛认为，动机研究在某种程度上说是对人类的终极目的、欲望或需要的研究。Maslow 的需求层次理论把需求分为五个层次。Alderfer(1972)在 Maslow 的需要层次理论基础发展包括存在、联系和成长需求 ERG 理论。在《动机与价格》中，马斯洛又将人的需求分为三大互相重叠的类别：意动需要（conative）、认知需要（cognitive）和审美需要（aesthetic）。在 Hull(1943,1952)的驱力（drive）理论中，驱力状态和刺激——反应过程被用于预测后续行为。他认为，最重要的行为是由内驱力激发的。Murry(1938)从心理的角度来看物质需求并把它们视为获得的而不是天生的。他把需求分为三类：成就（achievement）、权力（power）和关系（affiliation）。McClelland(1961)在 Murry 的基础上进一步发展了包括成就、关系、权力和自主需求成就需要理论。Deci 和 Ryan(1980,1985,1991)的自我决定理论（self-determination theory，SDT）把先天心理需求（innate psychological needs）作为激发不同目标内容和控制过程，以及由这些不同带来的预期的基础。他们认为先天心理需求包括竞争（competence）、联系（relatedness）和自主（autonomy）。Kanfer(1991)强调了需要作为内部紧张在影响导致行为变化的认知过程的调节作用。彭贺（2004）构建了个体的行为动力函数，认为个体的行为动力由内在需要、外在需要、关系需要和道德需要四个因素及之间的相互关系决定。

Laskey、Day 和 Crask(1989)提出，一个好的分类方案应该满足三个要求：首先，分类方案应当是相互独立的和无遗漏的分类；其次，分类方案应当能够在简洁的同时抓住对象之间含义上的差异；第三，分类方案必须可以操作(Law，Wong & Mobley，1998)。简单一点说，好的分类方案应该是独立和完整、简洁有效以及可以操作的。正是由于工作行为研究的复杂性要求我们在选择分类方案时能满足以三个条件，这样才能保证尽量在充分考虑完整的驱力的前提下确定在特定工作中的驱力情况。

就以上理论来说，很多分类都得到了比较广泛的应用，Maslow、Alderfer、Murry、McClelland 以及 Deci 和 Ryan 等的分类也都有不少实证研究支持。但是它们的缺陷在于 Murry、Alderfer、McClelland 以及 Deci 和 Ryan 的分类不满足独立和完整条件，Hull 的分类不满足简洁有效条件，Maslow 的需要层次理论对本研究来说可操作性不强，因为它的理论逻辑是先满足低层次需要然后才是高层次需要，而我们的研究不能涉及到这些方面，而它的第二种分类方法又不满足独立和完整条件。因此本研究选择了哈佛商学院的两位教授 Paul R. Lawrence 和 Nitin Nohria 于 2002 年提出的四驱力论。

　　Lawrence 和 Nohria(2002)认为人类选择背后隐藏着四种驱力(drive),它们分别是:获得驱力、联系驱力、学习驱力、防卫驱力。每个人都同时拥有这四种基本驱力。由于人类受到外界环境与情境的作用和影响,因此这四种基本驱力很少能同时实现,这就需要个人根据当时的情境与环境进行选择,选出当前最具优势的驱力,并采取相应的行为努力实现它。当前具有优势的驱力确定以后,就决定了个人采取的行动。不同的行动和情感的结合,在外界因素的影响下,产生一定的结果,即驱力实现程度的高与低。其中驱力实现的情况可能会影响到下一次驱力的选择,而驱力的实现情况又会影响个人的情感。情感与行为之间也有一定的相互关系,有些情感可以帮助人努力实现驱力,而有些情感可能会起阻碍作用。驱力实现的情况和情感可能对与驱力相关的能力和四驱力产生影响,从而进入下一循环。四驱力论的优点在于:对任何人都适用,不受文化等因素影响;四驱力是一个完整的整体,不缺失任何一个重要的、广泛的、独立的人类驱力;四驱力是相互独立的。因此,四驱力论满足本研究的要求。

　　选择四驱力论面临的问题是:Lawrence 和 Nohria 是从人类选择的角度提出四驱力论,虽然他们也曾说过,四驱力同样适用于工作场所,但是目前并没有见到在企业的具体的应用;另外,因为没有现成的量表,选择四驱力论就意味着需要自己开发驱力量表。

3.2.2　工作驱力是什么

　　Lounsbury、Gibson 和 Hamrick(2004)提出了工作驱力(work drive)的概念,他们认为工作驱力是个人在需要的时候长时间工作并尽力满足工作需要和获得工作成功的个性。他们把工作驱力视为个人的个性或特点,认为它反映个人在工作中的典型行为(characteristic behavior)以及不局限于某一特定工作的一般工作定向,是一种相对持久的个人特质。他们还开发了包含有 9 个题目的工作驱力量表。他们提出的工作驱力并没有明确的基础理论,虽然认为工作驱力反映个人在工作中的典型行为,但是对工作驱力的研究并不是基于工作中的典型行为,而是从个人特性的角度来研究一般工作的工作驱力。他们的研究显示,工作驱力与职业满意、工作满意以及生活满意正相关。

本研究对工作驱力的理解和解释以人类选择的四种基本驱力为基础。认为个人在特定的工作环境下面临选择时,也同时面临四种工作驱力:

获得驱力是指寻求、取得、控制和保留对个人有价值的物体和个人体验的动力。人类通过获得的物体和有益的体验来认识自己,并因此形成一种"拥有"的感觉,因此获得驱力非常重要,它是人最基本的两种驱力之一。一般来说人们期望获得的物体包括物质物体(如食品、服装、房屋以及吃、喝、玩等令人愉快的活动)和地位性物体(包括在社会层级中的地位或认知)等。由于期望获得的物体和体验具有稀缺性,这种驱力往往会把人引入与他人的竞争之中。这种超越他人的竞争性驱力是人们在工作场所无尽动力的最大来源。如果这是起作用的唯一驱力,就可能会导致一场拼尽全力的针对所有人的竞争。由于资源的稀缺性,获得驱力通常是赢—输游戏。

联系驱力是一种归属的需要,是一种形式广泛的、至少能维持一定时间的持久的、积极的和重要的人与人之间关系的驱力(Baumeister 和 Leary,1995)。人类所体验到的许多最强烈的情感,无论是积极的还是消极的,都与归属有关。联系只有在两个人都愿意时才能实现。在工作中,联系意味着团结和互相支持帮助。联系可以实现双赢。

防卫驱力是当人们发现自己以及对自己来说重要的东西面临危险时,主动进行防卫的驱力,这是一种避免威胁的驱力。防卫驱力来源于人与生俱来的安全需要。作为人类最基本的两种驱力之一,它的出现甚至先于获得驱力。防卫驱力与其他驱力相区别的主要特征是,它总是反应性的。与防卫驱力不同,其他驱力通常是前摄性的。

学习驱力也是人与生俱来的驱力。通过学习驱力,人们满足了自己的好奇心,了解、理解、欣赏周围的事物,不断加深自己的理解力,了解周围的环境,以及通过反映过程表现自己。现有知识和新知识之间的缺口激励着人们寻找与新的现象相适应的新的认识,这种新的获得过程就是学习过程,这一学习过程需要对原有知识进行重新整理。学习驱力有可能对提供方基本上没有成本,对接受方来说有所收益,但是也不能保证这种结果一定实现。

虽然对每个人来说面临选择时的四种基本驱力是相同的,但是在不同的工作特点和环境中的具有优势的工作驱力会有一定的差异。例如,每个人都有学习驱力,但是对不同职业来说,对学习驱力的要求会存在一定的差异。优秀的教授和科学家一般具有极强学习驱力,而流水线工人相对来说对学习驱力的要求就要低一些;社会工作者和销售人员的联系驱力应该比一般职业更高,因为他们的职业要求他们不断地与人打交道,不仅对熟识的人,就是对陌生人也要热情相迎,而对会计来说,对联系驱力的要求相对就没有那么高。此外可能对在同一个组织从事类似工作的人来说,由于个人生命周期或职业生涯阶段的不同,每种驱力的强度也会有所不同。甚至可能对于同一种驱力,也会有不同的典型表现。比如,以获得驱力为例,获得的对象可以是物质或金钱,也可能是名誉或地位,或者是成就。对不同的职业类型中的优秀者来说,这些获得物的重要性可能也不同。以往也有过类似研究,如 Stahl(1986)的研究显示,高绩效的科学家和工程师的成就需求高于低绩效者。非管理型工程师和计算机科学家的成就需求最高,但是他们的关系需求比较低。因此我们认为不同职业对四种驱力的要求可能存在差异,这也直接导致真正能够适应目前工作要求从而稳定下来的员工的工作驱力也受到这些因素的影响,从而也有相应的变化,这一点对招聘合适的员工非常有应用价值。因此我们对工作驱力定义就是人类选择的四种基本驱力在特定工作中的典型表现。相信有针对性地研究特定工作的工作驱力具有比较强的实践意义。

3.2.3　工作驱力与工作动力

本研究工作动力的定义是：工作动力是个体在组织环境中受到内在或外在因素的刺激而引发的一种与工作相关的积极的内在驱动力，是一种被激发的心理状态，反映了对目前和未来良好工作结果的向往程度，表现为愿意并且付出更多精力以便更好地完成工作。

而工作驱力的定义是：人类选择的四种基本驱力在特定工作中的典型表现。它包括获得驱力、联系驱力、防卫驱力和学习驱力。

因此认为，工作驱力不等于工作动力。但是，工作驱力是工作动力的重要内因之一。工作动力的其他可能来源还包括个人兴趣、寻求乐趣、对奖励的反应、个人价值观甚至个人能力等。

因此获得驱力、联系驱力、防卫驱力和学习驱力是工作动力的重要来源之一。

3.2.4　工作驱力与工作动力行为

工作动力行为是工作动力在工作过程中的典型行为表现。而工作驱力是工作动力的重要内因之一，其中获得驱力、联系驱力、防卫驱力和学习驱力是工作动力的重要来源之一。因此工作驱力是工作动力行为的重要内因和重要来源之一，而获得驱力、联系驱力、防卫驱力和学习驱力也是工作动力行为的重要来源之一。

3.2.5　研究假说

因为工作驱力是工作动力行为的重要内因和主要来源之一，因此提出以下假说：

假说1：工作驱力与工作动力行为显著正相关。

因为获得驱力、联系驱力、防卫驱力和学习驱力是工作动力行为的主要来源之一，因此我们提出以下四点假说：

假说1A：获得驱力对工作动力行为有显著的积极作用。

假说1B：联系驱力对工作动力行为有显著的积极作用。

假说1C：防卫驱力对工作动力行为有显著的消极作用。

假说1D：学习驱力对工作动力行为有显著的积极作用。

根据我们的初步实证探索，显示研发人员的工作动力行为主要表现在解决问题行为、助人行为和自我发展三个方面。其中解决问题行为是指有利于解决个人、团队或组织工作中出现问题的行为，包括发现问题、寻找解决问题的方法、采纳建议以及具体付诸实施等。助人行为是指员工在工作中自发表现的帮助、协助同事以及与同事合作的行为。助人行为是关系促进行为，它能加强人际关系，能促进人与人之间的合作。自我发展是指员工主动积极寻找学习和提高的机会并积极投入的行为。具体包括搜集和利用工作信息、寻找并充分利用培训课程、了解本领域前沿，以及学习新技术、使用新设备和新方法等。

人们期望获得的既有实体（如物质物体），也有抽象物（如地位、名誉）。根据问卷开发结果显示，真正比较显著并最终留在问卷中的都是抽象的获得物，并以成就感为主。联系驱力期望建立人与人之间相对持久的关系。防卫驱力是避免威胁的驱力，它是反应性的。由于防卫驱力与安全需要有关，因此防卫驱力要求个人不要从事不安全或者可能带来威胁的事。当防卫驱力占据主导时，个人可能只愿意做份内的事而不愿意做份外的事，不愿意做任何可能带来风险的事，不愿意做任何可能带来不确定性的事。学习驱力是人们满足自己的好奇心，了解、理解、欣赏周围的事物，不断加深自己的理解力，了解周围的环境，以及通过反映过程表现自己的途径。因此我们认为，解决问题行为主要来源于获得驱力，防卫驱力则起到消极的作用，其他驱力的影响都不突出；助人行为主要来源于联系驱力，防卫驱力则起到消极的作用,其他驱力的影响都不突出;自我发展主要来源于学习驱力,其他驱力的影响都不突出。基于此,提出以下三个假说:

假说 1E:解决问题行为与获得驱力显著正相关,与防卫驱力显著负相关,与其他驱力没有显著的相关性。

假说 1F:助人行为与联系驱力显著正相关,与防卫驱力显著负相关,与其他驱力没有显著的相关性。

假说 1G:自我发展行为与学习驱力显著正相关,与其他驱力没有显著的相关性。

3.3　个人特质、个人对情境因素的感知与工作动力行为

3.3.1　动机的特质——情境说

组织研究中的主流观点一般认为在决定个人在组织中的行为方面,个性没有情境重要(Mitchell,1979)。对特质研究持反对意见的人认为组织属于强情境,而强情境会限制个人的态度和行为,因此特质对组织变量的影响可以忽略不计,也不必对其进行深入研究(Davis-Blake 和 Pfeffer,1989)。但是,在过去近 20 年间,越来越多的社会学家开始呼吁重新澄清特质在决定工作动机和工作绩效中的作用(如 Carver 和 Scheier,1981;Kanfer,1990;Kanfer 和 Heggestad,1997;Kuhl,1984;Pervin,1983;Revelle,1989;Staw 和 Ross,1985),因为他们越来越清楚地认识到情境不能与人分离(Schneider,1987),不考虑个性而孤立地谈论情境没有任何实际意义,因为特质倾向会赋予情境特殊的意义。心理学领域关于个人——情境旷日持久的争论也由于有越来越多的实证研究支持情境和特质的重要性(George,1992)而渐渐平息。过去的几年,对 work motivation 的研究开始关注特性在被激发的行为中的作用(Austin

和 Klein，1996；Kanfer 和 Ackerman，2000；Vandewalle，1997；Vandewalle，Brown，Cron 和 Slocum，1999）。

Kanfer（1987）提出包括远端（distal）和近端（proximal）两个元素的动机资源分配框架。她把影响付出努力决定的动机因素叫做远端，把决定在任务、非任务和自我控制活动中努力分配的因素叫做近端。Kanfer 和 Ackerman（1989）又提出了动机的整合框架，其中主要包括两个动机过程：远端动机过程（distal motivational processes）和近端动机过程（proximal motivational processes）。一般认为远端是与个人相关的，如特性和认知能力；而近端则是与任务和特定情境相关的，如任务的复杂性。

社会认知理论认为，完全了解人需要研究三个因素：人、情境和行为（Bandura，1986）。Lewin 认为，行为是个体和周围环境的函数。组织中的个体行为的不同反应主要取决于两个方面的影响：一是作为行为反应的个人主观上的各种特征；二是个体所处的环境的各种特征。McGregor 认为（转引自孙彤，1998），任何一个组织中的个人的工作绩效是两类因素的函数：一类是个人本身的特性，一类是他所处的客观环境因素。其中个人主观特征包括知识、技能、动机和态度等；环境特征包括工作性质、奖酬、群体、领导以及社会环境等。

LePine 和 Van Dyne（1998）认为，学者一般选择以个人为中心的变量（如情感、能力、个性）或以情境为中心的变量（如工作特性、社会环境）来预测人的行为。近来学者开始认识到大多数人类行为受到许多独立因素的影响，因此它们之间关系会根据情境的不同而发生系统性变化，反之亦然（如 Brockner，1988；Ekehammer，1974）。因此在开发预测模型时就需要考虑与理论相关的个人和情境变量的独立关系和联合关系（Hattrup 和 Jackson，1996）。

与此类似，心理学和组织行为领域的交互主义认为内部、外部控制和情境三者共同作用于个人，反之亦然（Bowers，1973；

Schneider，1983)。Magnasson 和 Endler(1977)认为,个人和环境之间动态交互作用的特点是交互因果关系。因此,个人、环境和行为在持续地相互影响(Bandura，1986)。

根据上述分析可知,影响个体工作动力行为的主要因素可以从个人特性变量和情境变量两个方面来考虑,其中情境变量主要包括工作变量和组织变量。个体工作动力行为的结果主要包括工作态度、个人发展以及工作结果等。由于本文是关于工作动力行为的探索性研究,而且受到研究方法的限制,因此仅考虑所选择变量与工作动力行为之间的相关性,为下一步的研究打基础,基本不考虑变量之间更复杂的关系。

3.3.2　研究变量的选择

工作动力行为是员工为了满足自利动机而表现的行为,因此工作动力行为应该与员工的个人特质以及需求或驱力相关。因此需要考虑员工的个人特质变量和需求或驱力变量。同时,由于个人的行为不仅由动机决定,还与个人的能力有关,因此还需要考虑与员工能力相关的变量。情境变量主要包括工作变量和组织变量和更大范围的社会变量。其中一般研究中最常使用的工作变量是工作特性,我们感兴趣的是工作自我效能,因为它不仅与工作相关,还与员工的能力相关;而目前最受关注的组织变量是组织公正和组织支持。另外,由于本研究采用的是自评法,因此选择的组织变量更确切地说是个人对组织变量的感知,这是个人变量与组织变量相结合的一种变量,这一点需要引起注意。

（1）动机特性

Latham 和 Pinder(2005)指出,以需要为基础的理论解释了为什么一个人必须行动,但是它们不能解释为什么在特定的情境下为了达到特定目的会选择特定的行为,也不能解释个人之间的差异。因此,随着对需求越来越重视,也重新燃起了对个人之间差异的兴趣,并开始考虑个人特质对员工动机的影响。在 Mitchell 和 Daniels (2003)的报告中认为对个人特质的研究是动机文献中发展最快的领域。在对预测因素进行的文献综述中，Schmitt(2003)也认为个人特质是动机成分的主要预测因素。

既然个人特质对工作动机如此重要，而动机特性则无疑是与工作动机关系最密切的个人特性。此外，以往研究显示，研发人员的动机特性与科学家和工程师更为相近，他们都以成就动机突出为特点，而动机特性就是以成就动机的趋和避为基础建立的。因此考虑选择动机特性作为特质变量。

自从 Atkinson 区分了趋向成功动机和回避失败动机后，成就动机方面的理论和研究就很少考虑动机的回避定向（焦虑）面（Eric Donovan Heggestad，1997）。而 Kanfer 和 Heggestad(1997)的动机特性理论则同时考虑了成就动机的趋和避两个方面。因此决定选择 Kanfer 和 Heggestad(1997)的动机特性作为研究对象。

Kanfer 和 Heggestad(1997)动机特性的主要内容：

个人掌控（personal mastery）：力求个人任务控制的一种努力。具体包括学习意愿和目标掌控两个维度。

学习意愿（desire to learn）：学习新技术或获得知识的愿望。

目标掌控（personal mastery）：个人目标设定和代表持续任务改进或控制定向（即使不是必须的）的其他成就背景。

竞争卓越（competitive excellence）：相对别人更卓越的一种努力。具体包括参照他人目标和寻求竞争两个维度。

参照他人目标（other reference goals）：与其他人（如同事或同龄人）比较，目的在于建立个人绩效表现的社会参照背景。

寻求竞争（competition seeking）：与他人比较个人绩效，主要关注与同事或同龄人竞争或希望表现得更好。

动机焦虑（motivational anxiety）：面对不确定性时的情绪和回避失败威胁的状态。具体包括焦虑和情绪性两个维度。

焦虑（anxiety）：与绩效评价相关的情绪。

情绪性（emotionality）：在绩效背景下对评价忧虑的其他方面。

（2）工作自我效能

Dawis 等（1989）认为激励行为发生需要的三种条件是能力（capability）、机会（opportunity）和需要（requirement）。自我效能是个人对自己成功完成特定任务的能力的信心（Bandura，1977，1978）。效能期望决定了个人将会在一项任务中付出多少努力，以及这种行为将会持续多久（McDonald 和 Siegall，1992）。自我效能是个人对自己组织和执行一系列活动能产生即定结果的能力的信心（Bandura，1997）。他认为自我效能在组织行为中是个重要的构念，因为它影响动机过程以及目标的实现。特别地，人类行为通常取决于个人对自己表现能力的主观信念，而不是客观条件。Mitchell 等（1994）总结说，"很清楚，自我效能指的是具体到特定任务，个人相信自己能做些什么。"有研究显示，自我效能比过去的绩效更好预测个人行为（Bandura，1977；Bandura 和 Adams，1977）。有研究认为自我效能与行为反应，如工作绩效积极相关（如 Wood 和 Bandura，1989）。因此，Royle、Hall 等（2005）认为员工对自己完成工作能力的感知会影响他们的关键行为结果，并把工作自我效能作为责任心（accountability）和 OCB 的调节变量（moderator）加以研究。他们认为对工作自我效能强的人来说，责任心提高能增加 OCB。也有研究把自我效能作为中介变量（mediator）来研究，如 Martocchio 和 Judge（1997）的研究中，自我效能在责任意识和绩效之间起完全中介作用，但是在 Phillips 和 Gully（1997）的同一项研究却没有发现这种关系。因此，这些关系似乎不太稳定，有可能还有其他影响因素。

工作自我效能对研发人员工作行为也非常重要，并选择它作为研究变量之一，但是由于工作动力行为是首次用于实证研究，因此只考察工作自我效能对工作动力行为的解释情况，并不准备考虑它的交互作用或中介作用,这一工作留待对工作动力行为研究相对成熟再去做比较恰当。

自我效能可以分为三个层次:一般自我效能(general self-efficacy)、特定任务的自我效能(task-specific efficacy)和特定领域的自我效能(domain-specific self-efficacy)(Bandura,1997;Maurer,2001)。一般自我效能是指个人对自己全部能力的信仰(Eden 和 Kinnar,1991)。特定任务的自我效能是个人对自己在某一狭窄范围内的能力的信仰(Perrewe 和 Spector,2002)。这也是自我效能研究最多的部分。特定领域的自我效能指的个人在即定情境下,对自己所拥有的,与一般功能表现相关的能力的信仰(转引自 Royle 等,2005)。工作自我效能属于特定领域的自我效能。

(3) 组织公正感

组织公正感是指员工对组织内公正情况的个人主观感知,一般主要涉及分配公正(distributional justice)、程序公正(procedural justice)和交互公正(interactional justice)等。

分配公正是人们对分配结果的评价,侧重于人们所接受的决策结果。程序公正是对决策所依据的正式过程的评价,它涉及分配过程的正式规章制度,侧重于人们对组织系统的评价。Leventhal (1980)提出了程序公正的六条原则:没有偏见;分配的一致性;收集到准确的决策信息;错误决定的可以纠正;考虑到所有相关人员的利益;基于道德和商业伦理。交互公正是在决策过程对于人际间相互对待程度评价,它关注的是程序执行过程中决策者所表现出来的行为问题,或者说在程序执行过程中人们所受到的人际对待问题。交互公正实际上主要涉及的是上级与员工之间的相互作用,与上级信任评价非常密切,它关注的是上级的行为。

Folger 和 Konovsky(1989)发现分配公正感与人们的薪酬满意度相关,而对增加薪酬方面程序公正的感知对组织承诺和对上司独立的影响。Folger 和 Cropanzano(1998)认为,一项决策过程由两部分构成,一部分是组织中正式结构框架,需要遵循 Leventhal(1980)的六条公正原则;另一部分则是决策者和接受者之间非正式的互动关系,也就是交互公正。Marterson、Lewis、Goldman 和 Taylor(2000)的研究发现,交互公正通过领导成员交换变量(LMX)影响与"回避"相关的结果,而程序公正则通过对组织支持变量的感知影响与组织相关的产出。同时,根据 Lind 和 Tyler(1988)的群体价值模型(或称关系模型),程序公正可以增强群体成员之间的团结,保障群体地位,满足人们对长期归属的需要。

Organ(1988,1990)就认为组织公正感是预测 OCB 的一个重要的解释变量。因为基于 Adams(1963,1965)的公平理论,OCB 是员工对获得超过付出的一种反应。Moorman 等(1998)发现,程序公正通过感知组织支持对 OCB 产生显著影响。Moorman(1991)、Williams、Pitre 和 Zainuba(2002)发现交互公正对 OCB 有显著影响。Kim 和 Mauborgne(1996)针对跨国公司下属机构高层管理人的研究表明,程序公正可以通过支持决策承诺态度这一中介变量影响下属机构高管员的角色外行为,程序公正的实施鼓舞了管理人员超出他们自身职责去从事各种创新活动、自发合作以及代表组织的创造性行为。由此可知,组织公正感与工作行为密切相关,因此选择组织公正感作为研究变量。

(4)组织支持感

POS 由美国心理学家 Eisenberger 等基于"社会交换理论"(social exchange theory)提出,并定义为"员工感受到的组织珍视自己的贡献和关心自己福利的程度"(Eisenberger 等,1986)。他们发现员工感受到来自于组织方面的支持(如感觉到组织对其关心、支持、认同)时,会受到鼓舞和激励,从而在工作中就会有好的表现。George 和 Brief(1992)认为,组织支持感有助于角色外行为的出现,包括帮助组织避免风险,提出建设性意见,获得有益于组织的知识和技能等。基于互惠原则,员工一般选择组织公民行为(利组织行为)

来作为对组织支持的回报,而不选择提高效率。这是因为提高效率还要受到能力、工作进度和工作设计等因素的影响。凌文辁等(2006)认为组织支持感是员工知觉到的组织对他们工作上的支持,对他们的利益的关心和对他们价值的认同。他们的研究结果显示,我国员工对组织的支持感是一个三维的心理结构:包括工作支持、员工价值认同和关注员工利益。

Rhoades 和 Eisenberger(2002)在元分析的基础上总结出了影响POS 的四大类前因:待遇的公正性(fairness of treatment)、主管的支持(supervisory support)、个人特征(personal characteristics)和受POS 影响的七类结果:组织承诺、工作相关的情感、工作投入、绩效、疲劳感(strains)、留在组织的愿望、退出行为(withdrawal behavior)。员工认为 POS 表现了组织愿意对员工付出更多努力提供回报以及满足员工对表扬和赞同的需求的意愿。

Eisenberger 等(1986)认为 POS 实际上反映的是员工对组织在各方面对自己的支持程度的一种期望。这些期望包括组织对员工未来生病、犯错误、上级绩效、工作的意义、支付公平薪酬等的态度。POS 会提高员工对自己努力—结果的期望,也会满足员工对表扬和赞同的需要,因此有利于员工形成对组织积极的情感联系,员工会通过提高出勤率和绩效的方式付出更多努力以实现组织的目标。组织支持感的意义在于认识到组织对员工的关心和重视才是导致员工愿意留在组织中为组织继续做贡献的主要原因。因此认为组织支持感对工作行为非常需要,因此考虑选择它作为研究变量。

在选择研究变量时,曾在组织公正感和 PSS(主管支持感)之间犹豫不决,后来因为发现许多学者在对 PSS 进行研究时,只是简单地把组织支持感中的"组织"一词替换成"主管"一词(Eisenberger 等,2002)。同时还发现 PSS 是组织支持感的重要前因变量,而且员工往往把主管对自己的支持归结为组织的支持,因此最后决定选择组织支持感作为研究变量。

（5）个人工作绩效

工作动力行为的结果可能会涉及工作态度、个人发展以及工作结果等。其中关于工作态度的研究比较矛盾，有学者认为它是行为的结果，也有人认为它是行为的原因；而个人发展需要通过纵向研究才可能实现，而且作为行为结果纵向研究一般历时比较长；工作结果一般是研究比较多的一种行为结果，但一般也有两个角度——个人和组织。因此决定选择工作结果作为结果变量。同时由于研究方法的限制，决定选择个人工作结果作为最终的研究变量。

一般可以把工作绩效分为关系绩效和任务绩效两大类。Borman 和 Motowidlo（1993）提出了关系绩效（contextual performance）的概念，以与任务绩效（task performance）相区别。Motowidlo 等（1997）认为任务绩效通过执行技术过程或维持和服务于技术需求而直接与组织的核心技术相关。而关系绩效则维持核心技术正常运转所需要的组织、社会科学及心理环境。它包括促进社会和组织网络的生存，以及提高与核心技术密切相关的心理气氛的活动。这些活动包括助人和与他合作，即使对个人来说并不方便也会遵守组织规则和程序，保证、支持以及保卫组织目标，付出更多努力以完成自己的任务，以及主动承担非份内的工作。有些相关研究就用 OCB 来代替关系绩效（Organ，1997）。

Lounsbury 等（2004）的研究中曾以直接上级评价员工个人总工作绩效作为工作驱力（个性角度）的结果变量，并发现工作驱力对农业、轮胎业、汽车行业、银行以及各行业的管理者组成的样本均显著相关（.01 水平），相关性从 .24 到 .49 不等。因此选择用任务绩效来代表个人工作绩效。

3.3.3 研究模型

综上所述，提出工作动力行为的研究模型（如图 3.1）。

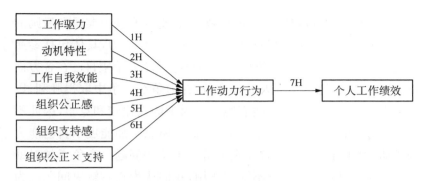

图 3.1　工作动力行为的研究模型

3.3.4　研究假说

个人掌控反映成就束,即反映接近、追求和获得奖励和激励的动机强度的不同。个人掌控是力求个人任务控制的一种努力,具体包括学习意愿和目标掌控两个维度。在 Kanfer 和 Heggestad(1997)建立动机特性构念时,成就束中曾经有第三个维度"努力工作(work hard)",后来被并入了个人掌控。因此可以认为个人掌控也包括个人努力工作的意图在内。个人掌控高的人与自己以前的成绩为标准来评价自己是否取得了进步。他们会为自己设定越来越高的成就目标,甚至在面对障碍时也是这样。因为个人掌控高的人期望自己完全控制任务,因此他需要对周围的人与事有一定的控制和影响力,这也要求他自己有出色的能让别人信服的能力,而助人行为能够在一定程度上加强自己对他人的影响力,解决问题行为能够表现出能力,也能施加影响力,自我发展则是开发能力的一种常见途径。

基于以上分析,提出四点假说:

假说 2A:个人掌控对工作动力行为有显著的积极作用。

假说 $2a_1$:个人掌控对助人行为有显著的积极作用。

假说 $2a_2$:个人掌控对解决问题行为有显著的积极作用。

假说 $2a_3$:个人掌控对自我发展有显著的积极作用。

竞争卓越也反映成就束,即反映接近、追求和获得奖励和激励的动机强度。竞争卓越是相对别人更卓越的一种努力,具体包括参照他人目标和寻求竞争两个维度。竞争卓越强的人希望自己在各方面都比别人强,也愿意与别人展开竞争,并力争在竞争中取得胜利,以胜利来证明自己的能力。他们愿意与周围的人比较和竞争,因此不会投入过多时间和精力去帮助他人;他们愿意参加能展示自己能力的活动,因此可能会尝试解决别人解决不了的问题。竞争卓越对助人行为和解决问题行为有不同的作用,我们认为它对解决问题行为的影响要大于对助人行为的影响,因此假设它对工作动力行为的影响是积极的。

基于以上分析,提出三点假说:

假说 2B:竞争卓越对工作动力行为有显著的积极作用。

假说 $2b_1$:竞争卓越对助人行为有显著的消极作用。

假说 $2b_2$:竞争卓越对解决问题行为有显著的积极作用。

动机焦虑反映焦虑束,属于回避动机,它会激励个体避免失败威胁的状况或任务。动机焦虑是面对不确定性时的情绪和回避失败威胁的状态。动机焦虑实际上反映了个人在面对失败时的不同反应。动机焦虑高的人在面对可能失败的目标或情境时容易表现出焦虑—情绪反应,他们相对于一般人更害怕失败,因此不喜欢挑战性的任务,也不喜欢面对具有不确定可能的情境。

基于以上分析,提出三点假说:

假说 2C:动机焦虑对工作动力行为有显著的消极作用。

假说 $2c_1$:动机焦虑对助人行为有显著的消极作用。

假说 $2c_2$:动机焦虑对解决问题行为有显著的消极作用。

Dawis 等(1989)认为激励行为发生需要的三种条件是能力(capability)、机会(opportunity)和需要(requirement)。自我效能是个人对(自己完成)特定任务的能力的信心(Bandura,1977;转自 Gist,1987)。工作自我效能是指个人对自己拥有的、能成功完成相关工作的能力的感知,是对自己从事某种工作的信心。可以把工作自我效能看作个人感知的能力。感知的能力主要受过去的绩效表现的影响(Bandura,1977;Carver 和 Scheier,1982;Kanfer 和 Ackerman,1989),过去成功的绩效表现会让他相信类似的行为也会成功(Bandura,1977)。同时,拥有高水平自我效能的人更愿意参加任务并付出努力,并能坚持这种努力付出的行为,从而能够成功地完成任务(Phillips 和 Gully,1997),而这些经历又反过来提高他们的自我效能。

基于以上分析,提出四点假说:

假说 3:工作自我效能对工作动力行为有显著的积极作用。

假说 3A:工作自我效能对助人行为有显著的积极作用。

假说 3B:工作自我效能对解决问题行为有显著的积极作用。

假说 3C:工作自我效能对自我发展有显著的积极作用。

分配公正研究的是员工对分配结果的认知,与人们所接受的决策结果相关(如收入满意,Folger、Konvsky,1989)。到目前为止,研究人员还没有发现分配公正与工作行为(主要指 OCB)之间显著相关。我们认为这可能与分配公正的性质有关。一般认为分配公正是与 Adams(1963,1965)的公平理论关系最密切。目前一般对分配公正的研究采用的都是利克特量表,无论是 5 级还是 6 级、7 级,其实质都是一样的。可能分配公正并不适合用利克特量表来进行衡量。因为分配公正的感知程度越高,并不能说明就越公平。因为分配公正只有公平与不公平,不公平包括报酬/贡献比过高与过低,而报酬/贡献比高并不等于分配公正感知程度高,这是两个完全不同的概念,它仍属于不公平。所以对分配公正来说有两种不公平的情况:报酬/贡献比过高以及报酬/贡献比过低。这一点与程序公正、交互公正甚至信息公正等都不一样。以前学者的假设都是把两者视为同一概念了。本研究在设计过程中也犯了同样的错误,因此在这里并不能假设由于分配公正感知程度高,个人会因为感到不公平,因此需要采取一些行为来消除这种不公平带来的紧张,因此会表现出较多的助人行为。这一逻辑是错误的,在这里需要认真考虑分配公正感知程度高的真正涵义。因此,假设 4A 为空。

程序公正评价的是组织系统、机构和权利(Lind、Tyler, 1988),是员工对制定分配决策的过程的认知。程序公正感知程度高说明个人对分配决策的制定过程以及对组织的系统、机构的评价较高。因为程序公正感知程度高,个人相信组织系统、机构是最有利于组织发展的,一切都非常规范。这样的组织一般会有好的工作气氛和士气,因此助人行为会比较多;这样的组织一般会鼓励员工积极创新和解决组织中、团队中甚至自己工作中和他人工作中出现的难题,因此解决问题行为会比较多;这样的组织因为希望持续健康发展,有健全的机制,因此会积极鼓励员工挖掘潜力,积极学习,因此自我发展行为会比较多。

基于以上分析,提出四点假说:

假说 4B:程序公正感对工作动力行为有显著的积极作用。

假说 $4b_1$:程序公正感对助人行为有显著的积极作用。

假说 $4b_2$:程序公正感对解决问题行为有显著的积极作用。

假说 $4b_3$:程序公正感对自我发展有显著的积极作用。

交互公正关注的是程序执行过程中决策者所表现出来的行为问题,或者说在程序执行过程中人们所受到的人际对待问题。交互公正感实际上主要涉及的是上级与员工相互作用,与上级信任评价非常密切,它关注的是上级的行为。交互公正感知程度高的人对上级比较信任,相信上级会在自己需要时帮助自己。因此当上级或同事有事时,也比较愿意出手相助。看到组织、团队、上级或同事遇到难题时,也愿意尽力帮助,而且相信即使自己高估了自己的能力上级也不会为难自己。相信在这个组织或团队中自己会有好的未来,也不希望自己令上级或同事失望,因此也会努力上进。

基于以上分析,提出四点假说:

假说 4C：交互公正感对工作动力行为有显著的积极作用。

假说 $4c_1$：交互公正感对助人行为有显著的积极作用。

假说 $4c_2$：交互公正感对解决问题行为有显著的积极作用。

假说 $4c_3$：交互公正感对自我发展有显著的积极作用。

组织支持感是指员工感受到的组织珍视自己的贡献和关心自己福利的程度（Eisenberger 等,1986）。他们还发现员工感受到来自于组织方面的支持（如感觉到组织对其关心、支持、认同）时,会受到鼓舞和激励,从而在工作中就会有好的表现。员工认为 POS 表现了组织愿意对员工付出更多努力提供回报以及满足员工对表扬和赞同的需求的意愿。POS 实际上反映的是员工对组织在各方面对自己的支持程度的一种期望。这些期望包括组织对员工未来生病、犯错误、上级绩效、工作的意义、支付公平薪酬等的态度。POS 会提高员工对自己努力——结果的期望,也会满足员工对表扬和赞同的需要,因此有利于员工形成对组织积极的情感联系,员工会通过提高出勤率和绩效的方式付出更多努力以实现组织目标。

基于以上分析,提出四点假说：

假说 5：组织支持感对工作动力行为有显著的积极作用。

假说 5A：组织支持感对助人行为有显著的积极作用。

假说 5B：组织支持感对解决问题行为有显著的积极作用。

假说 5C：组织支持感对自我发展有显著的积极作用。

Rhoades 和 Eisenberger（2002）的元分析总结出四大类影响 POS 的因素,其中第一位就是待遇的公正性（fairness of treatment）。凌文轮等（2006）的研究显示,公平,特别是程序公平会影响员工组织支持感的形成。Moorman 等（1998）通过实证研究说明,程序公正通过组织支持感对 OCB 产生显著影响。我们认为,对组织公正感知程度高低对组织支持感有影响,因此也会对工作动力行为有影响。组织公正关注的是组织中成员对组织决策结果和决策过程等是否公正的感知判断。一般来说,如果员工相信自己被公平对待,他们将更可能对自己的工作、工作结果以及上司持有积极的态度,因此更容易感知组织对自己的支持,从而表现出更多的工作动力行为。根据这一解释,提出以下假说:

假说 6:组织公正感对组织支持感和工作动力行为之间的关系有调节作用。组织公正感对组织支持感和工作动力行为之间的关系有加强作用。

分配公正是组织成员对组织资源配置结果公正程度的感知。分配公正研究的是员工对分配结果的认知,与人们所接受的决策结果相关(如收入满意,Folger 和 Konvsky,1989)。分配公正感知程度高的人对自己的分配结果公平感评价较高,对收入比较满意;分配公正感知程度低的人对自己的分配结果公平感评价较低,对收入比较不满意。我们认为组织支持感的增强能加强积极的情感和关系,也能削弱消极的情感和关系。因为本研究并没有对分配公正做出任何假设,因此只能提出假说如下:

假说 6A:分配公正感对组织支持感和工作动力行为之间的关系有调节作用。如果两者的关系是正的,则分配公正能加强这种关系;如果两者的关系是负的,则会减弱这种关系。

假说 $6a_1$:分配公正感对组织支持感和助人行为之间的关系有调节作用。如果两者的关系是正的,则分配公正能加强这种关系;如果两者的关系是负的,则会减弱这种关系。

假说 $6a_2$:分配公正感对组织支持感和解决问题行为的关系有调节作用。如果两者的关系是正的,则分配公正能加强这种关系;如果两者的关系是负的,则会减弱这种关系。

假说 $6a_3$:分配公正感对组织支持感和自我发展之间的关系有调节作用。如果两者的关系是正的,则分配公正能加强这种关系;如果两者的关系是负的,则会减弱这种关系。

程序公正是组织成员对组织资源配置结果的决策过程公正程度的感知。程序公正评价的是组织系统、机构和权利(Lind 和 Tyler,

1988)，是员工对制定分配决策的过程的认知。程序公正感知程度高的人对组织系统和组织机构等的评价也比较高；程序公正感知程度低的人对组织系统和组织机构等的评价也比较低。程序公正感知程度越高的员工越容易感知到较高的组织支持；而程序公正感知程度越低的员工越不容易感知到较高的组织支持。根据这一解释，提出了下四点假说：

假说 6B：程序公正感对组织支持感和工作动力行为之间的正向关系有调节作用。程序公正能加强组织支持感和工作动力行为之间的正向关系。

假说 $6b_1$：程序公正感对组织支持感和助人行为之间的正向关系有调节作用。程序公正能加强组织支持感和助人行为之间的正向关系。

假说 $6b_2$：程序公正感对组织支持感和解决问题行为的正向关系有调节作用。程序公正能加强组织支持感和解决问题行为之间的正向关系。

假说 $6b_3$：程序公正感对组织支持感和自我发展之间的正向关系有调节作用。程序公正能加强组织支持感和自我发展之间的正向关系。

交互公正是组织成员对上司在执行程序或决策结果时是否给予其应有尊重的感知。交互公正关注的是程序执行过程中决策者所表现出来的行为问题，或者说在程序执行过程中人们所受到的人际对待问题。交互公正感知程度高的个人认为自己在程序执行过程中受到较公平的人际对待；交互公正感知程度低的个人认为自己在程序执行过程中受到较不公平的人际对待。交互公正感知程度越高的员工越容易感受到较高的组织支持，而交互公正感知程度越低的员工越不容易感受到较高的组织支持。根据这一解释，提出以下四点假说：

假说 6C：交互公正感对组织支持感和工作动力行为之间的正向

关系有调节作用。交互公正能加强组织支持感和工作动力行为之间的正向关系。

假说 $6c_1$：交互公正感对组织支持感和助人行为之间的正向关系有调节作用。交互公正能加强组织支持感和助人行为之间的正向关系。

假说 $6c_2$：交互公正感对组织支持感和解决问题行为的正向关系有调节作用。交互公正能加强组织支持感和解决问题行为之间的正向关系。

假说 $6c_3$：交互公正感对组织支持感和自我发展之间的正向关系有调节作用。交互公正能加强组织支持感和自我发展之间的正向关系。

工作动力行为是个人受到内在或外在因素刺激而引发的与工作相关的积极的内在驱动力的典型行为表现。这种行为表现了对目前和未来良好工作结果的向往，也表现出个人愿意而且实际付出了更多精力更好地完成工作。工作动力行为主要包括三类行为：助人行为、解决问题行为和自我发展。这三类行为在某种程度上分别与组织目前和未来绩效相关，或与个人目前和未来绩效相关。其中助人行为有利于组织和其他个人，解决问题行为有利于组织和个人，自我发展行为从长期来说有利于组织和个人。但是如果一个人的精力有限，则助人行为则有可能会影响个人工作绩效。个人工作绩效就是一般所说的角色内绩效或核心绩效。总的来说，即使助人行为对个人工作绩效有消极作用，相对于工作动力行为对个人工作绩效的积极作用来说，总的作用应该还积极。

基于以上分析，提出三点假说：

假说 7：工作动力行为对个人工作绩效有显著的积极作用。

假说 7A：助人行为对个人工作绩效有显著的消极作用。

假说 7B：解决问题行为对个人工作绩效有显著的积极作用。

3.4 本章研究假说总结

本章提出的假说总结在表 3.3 中。

表 3.3　研究假说总结

假说序号	假 说 内 容
假说 1	工作驱力与工作动力行为显著正相关。
假说 1A	获得驱力对工作动力行为有显著的积极作用。
假说 1B	联系驱力对工作动力行为有显著的积极作用。
假说 1C	防卫驱力对工作动力行为有显著的消极作用。
假说 1D	学习驱力对工作动力行为有显著的积极作用。
假说 1E	解决问题行为与获得驱力显著正相关,与防卫驱力显著负相关,与其他驱力没有显著的相关性。
假说 1F	助人行为与联系驱力显著正相关,与防卫驱力显著负相关,与其他驱力没有显著的相关性。
假说 1G	自我发展行为与学习驱力显著正相关,与其他驱力没有显著的相关性。
假说 2A	个人掌控对工作动力行为有显著的积极作用。
假说 $2a_1$	个人掌控对助人行为有显著的积极作用。
假说 $2a_2$	个人掌控对解决问题行为有显著的积极作用。
假说 $2a_3$	个人掌控对自我发展有显著的积极作用。
假说 2B	竞争卓越对工作动力行为有显著的积极作用。
假说 $2b_1$	竞争卓越对助人行为有显著的消极的作用。
假说 $2b_2$	竞争卓越对解决问题行为有显著的积极的作用。
假说 2C	动机焦虑对工作动力行为有显著的消极作用。
假说 $2c_1$	动机焦虑对助人行为有显著的消极作用。
假说 $2c_2$	动机焦虑对解决问题行为有显著的消极作用。
假说 3	工作自我效能对工作动力行为有显著的积极作用。
假说 3A	工作自我效能对助人行为有显著的积极作用。
假说 3B	工作自我效能对解决问题行为有显著的积极作用。

假说序号	假 说 内 容
假说 3C	工作自我效能对自我发展有显著的积极作用。
假说 4A	空（分配公正）
假说 4B	程序公正对工作动力行为有显著的积极作用。
假说 $4b_1$	程序公正对助人行为有显著的积极作用。
假说 $4b_2$	程序公正对解决问题行为有显著的积极作用。
假说 $4b_3$	程序公正对自我发展有显著的积极作用。
假说 4C	交互公正对工作动力行为有显著的积极作用。
假说 $4c_1$	交互公正对助人行为有显著的积极作用。
假说 $4c_1$	交互公正对解决问题行为有显著的积极作用。
假说 $4c_1$	交互公正对自我发展有显著的积极作用。
假说 5	组织支持感对工作动力行为有显著的积极作用。
假说 5A	组织支持感对助人行为有显著的积极作用。
假说 5B	组织支持感对解决问题行为有显著的积极作用。
假说 5C	组织支持感对自我发展有显著的积极作用。
假说 6A	分配公正对组织支持感和工作动力行为之间的关系有调节作用。分配公正能加强组织支持感和工作动力行为之间的关系。
假说 $6a_1$	分配公正对组织支持感和助人行为之间的关系有调节作用。分配公正能加强组织支持感和助人行为之间的关系。
假说 $6a_2$	分配公正对组织支持感和解决问题行为的关系有调节作用。分配公正能加强组织支持感和解决问题行为之间的关系。
假说 $6a_3$	分配公正对组织支持感和自我发展之间的关系有调节作用。分配公正能加强组织支持感和自我发展之间的关系。
假说 6B	程序公正对组织支持感和工作动力行为之间的正向关系有调节作用。程序公正能加强组织支持感和工作动力行为之间的正向关系。
假说 $6b_1$	程序公正对组织支持感和助人行为之间的正向关系有调节作用。程序公正能加强组织支持感和助人行为之间的正向关系。
假说 $6b_2$	程序公正对组织支持感和解决问题行为之间的正向关系有调节作用。程序公正能加强组织支持感和解决问题行为之间的正向关系。

假说序号	假说内容
假说 $6b_3$	程序公正对组织支持感和自我发展之间的正向关系有调节作用。程序公正能加强组织支持感和自我发展之间的正向关系。
假说 6C	交互公正对组织支持感和工作动力行为之间的正向关系有调节作用。交互公正能加强组织支持感和工作动力行为之间的正向关系。
假说 $6c_1$	交互公正对组织支持感和助人行为之间的正向关系有调节作用。交互公正能加强组织支持感和助人行为之间的正向关系。
假说 $6c_2$	交互公正对组织支持感和解决问题行为的正向关系有调节作用。交互公正能加强组织支持感和解决问题行为之间的正向关系。
假说 $6c_3$	交互公正对组织支持感和自我发展之间的正向关系有调节作用。交互公正能加强组织支持感和自我发展之间的正向关系。
假说 7	工作动力行为对个人工作绩效有显著的积极作用。
假说 7A	助人行为对个人工作绩效有显著的消极作用。
假说 7B	解决问题行为对个人工作绩效有显著的积极作用。

研究方法和过程

4.1　研究设计

本研究属于实证调查研究（survey research），采用问卷形式获得相关数据资料。

4.1.1　问卷开发方法

主要涉及两个量表的开发，分别采用了归纳法、推理法，以及一个量表的本土化，需要进行翻译和优化。详见 4.3、4.4 和 4.5。

4.1.2　问卷发放方法

主要是决定通过邮件等形式发放问卷还是采用电话访谈形式获取问卷。Krosnick（1999）在一篇对调查研究（survey research）所做的文献综述中，曾以 Visser 等（1996）的研究为例，说明邮寄形式的调查研究虽然比电话访谈形式调查研究的问卷回收率低，但是平均误差率（average error）也低得多（分别为 1.6％和 5.2％）。同时结合被试的实际情况，决定选择通过邮寄的形式发放问卷。问卷具体发放形式参见 4.8.4。

4.1.3　研究方法

主要涉及是采用多被试还是单一被试（自评方法）回答问卷，以及采用纵向(longitudinal)研究还是截面(cross-sectional)研究。

(1) 研究性质的影响

首先考虑多被试还是单一被试。

我们进行的是探索性研究,因此主要需要考虑的是工作动力行为的具体表现,要保证它的典型性、有效性,以及工作动力行为量表的开发,这也是我们研究的基础。

因为涉及量表的开发,正式测试时还需要进行探索性因素分析(explortory factor analysis,EFA)和验证性因素分析(confirmatory factor analysis,CFA)。一般认为如果变量的相关性比较强,在探索性因素分析中样本超过 150 就足够(Guadagnoli,Velicer,1988)。对验证性因素分析来说,建议最小样本量为 200(Hoelter,1983)。而一般来说对正式测试进行探索性和验证性因素分析需要把样本随机分为数量均等的两组,因此正式测试至少需要 400 份有效问卷。采用自评量表能够达到这一有效样本量,而如果采用多类被试对工作动力行为进行评价(如除自评外再包括上级评价同事评价),除了测试要求比自评高得多以外,最关键的是要求所能掌控的样本量也要远远超出自评形式。以上级评价为例,涉及上级和下级的问卷配对,同时要求一个上级最好只能与一个下级配对(否则同一上级回答的问卷之间就具有相关性,违反样本独立的研究前提,同时还可能导致严重的共同方法偏差)。根据所能掌控样本的实际情况来看,不可能达到 400 对的有效样本量(至少 400 个上级)。因此决定采用自评形式。同时由于工作动力行为也可以采用他评(包括上级评价和同事评价)形式,自评和他评的结果是否有区别还需要今后进一步采用多被试法研究确认。这样做的意义在于,通过此次对工作动力行为问卷的检验以及对前因和后果变量进行初步探索,后续研究选择多被试方法就不需要那么大的样本量,同时也能对此次研究结果进行比较研究。

自评形式的局限:可能存在比较严重的共线性问题和共同方

法偏差,需要在研究中进行检验,并在统计分析时尽量控制负面影响。

（2）变量的影响

这里考虑的采用纵向研究还是截面研究。

选择的研究变量主要涉及成就动机特性、工作自我效能、感知的组织公正、感知的组织支持、个人工作绩效以及工作驱力和工作动力行为。其中动机特性、工作自我效能、感知的组织公正、感知的组织支持属于预测变量,因此可以在同一时间点考察。而工作动力行为则属于对员工的行为研究,一般来说很少有研究采用纵向研究分别考察行为的解释变量和行为,因此认为也可以在同一时间点考察。当然,如果想了解不同时间点变量和行为之间的关系变化就可以选择纵向研究。

最后需要考虑个人工作绩效。一般来说,对个人工作绩效的考察最好是通过他人评价,而且最好是不在同一时间点的滞后研究。因为在本研究中考虑个人工作绩效主要是想了解工作动力行为是否与个人工作绩效有关,但这并不是本研究的主要关注点。另外,考察个人工作绩效时的他评和滞后研究实际上是为了保证考察结果的客观性、可比性以及考虑绩效的滞后性。因此如果能选择既能反映个人的工作成果,同时这种成果也具有一定的客观性和可比性,同时还具有一定的稳定性的个人工作绩效测量方法,也许能减少采用截面研究考察绩效的局限。在研究中,尝试采用与工作团队（或小组）中其他员工比较的方法考察五个绩效点。这种绩效测量方法基本满足以上要求。因此决定采用截面研究方法。后续研究如果需要了解不同时间点变量和行为之间的关系变化,或者需要了解行为与后续工作结果之间的关系,就可以采用纵向研究以获得更有说服力的结论,同时还可能与本研究进行比较分析。

截面法的局限:变量之间的关系并不能反映变量之间明确的因果关系,它只能反映变量之间的相关性。如果需要考察变量之间的因果关系,需要设计纵向研究,而且在进行测试时需要事先测试或控制自变量,然后再测试因变量。这一局限会影响到本研究中统计分析方法的选择和使用。

因此本研究最终选择的研究方法是截面研究方法,被试采用自评形式回答问题。

4.1.4 统计工具及统计方法

(1) 统计工具的选择

本研究主要选择使用 SPSS11.5 和 LISREL8.7 统计软件,Excel2003 为辅助工具。

(2) 问卷开发的统计方法

选择采用 SPSS11.5 中的因素分析法进行问卷维度和题目的判断和选择以及探索性因素分析,并运用 SPSS11.5 进行量表信度和效度的统计检验,在进行量表的效度检验时采用了偏相关分析协助进行分析。因为涉及不同模型的比较和选择,选择 LISREL8.7,采用结构方程模型进行模型的拟合比较来对量表进行验证性因素分析最恰当,结果也最有说服力。

(3) 相关数据的分析方法

本研究选择采用截面研究方法,因此不能对变量之间的因果关系进行分析。在这种情况下使用 SPSS 就可以满足要求,不需要使用结构方程模型对研究模型进行拟合分析。涉及的统计分析方法包括因素分析、相关分析、ANOVA、多重回归分析、优势分析等相结合的统计方法,根据假说对调查数据进行假设检验和分析。

由于选择了自评量表,在具体分析过程需要考虑控制可能存在的共线性问题和共同方法偏差问题。

本研究的总体研究设计如图 4.1 所示。

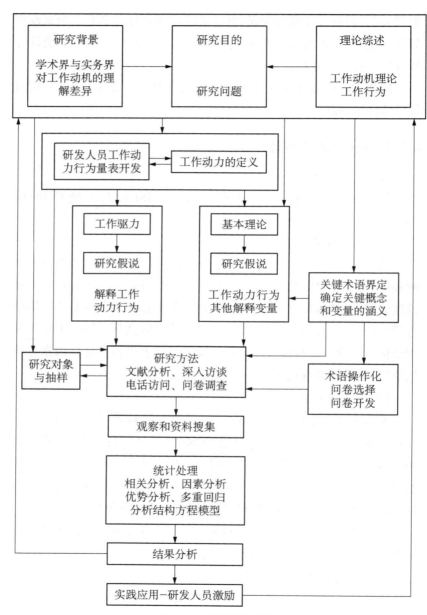

图4.1 总体研究设计

4.2 量表选择

（1）工作动力行为量表（WMBS）

需要自行开发。具体过程见本章4.4。

（2）工作驱力量表（WDS）

决定以 Paul R Lawrence，Nitin Nohria（2002）的四驱力论为理论基础，但由于没有配套的量表，也需要自行开发。具体过程见本章4.5。

（3）动机特性量表（SMTQ）

决定采用 Kanfer 和 Heggestad（1997）的动机特性量表（简版，SMTQ），需要进行修订及本土化。具体过程见本章4.6。

（4）工作自我效能量表（JSES）

没有找到具体针对研发人员的工作自我效能量表。可以参考的量表有 Jones，G. R.（1986）的工作自我效能量表（job self-efficacy），Riggs、Warka、Babasa、Betancourt，and Hooker（1994）的个人效能信仰量表（Personal efficacy beliefs scale）以及 McDonald、Siegall（1992）的技术性自我效能（Technological Self-efficacy）量表。需要从中选择并组合成符合需要的国内研发人员工作自我效能量表，并证明整合后的量表优于原量表。

（5）组织公正感量表（POJS）

选择使用皮永华、宝贡敏（2006）开发的组织公正量表。原量表有30道题目和三个公正维度，分别是分配公正、程序公正和交互公正。原量表的题目数量过多，需要根据需要进行删减，并进行预测试。

（6）组织支持感量表（POSS）

选择使用 Eisenberger、Huntington、Hutchison、Sowa（1986）开发的组织支持感调查表（survey of perceived organizational support，SPOS)。原量表有 36 道题目，其中 18 道正向题，18 道反向题，为单一维度量表。由于量表过长，需要根据需要进行选择，并进行预测试。

(7) 个人工作绩效量表（WPES)

没有找到具体针对研发人员个人工作绩效的量表。由于对研发人员来说，工作绩效对不同的工作岗位甚至于不同组织同一岗位的差别比较明显。因此需要寻找能够代表一般研发人员绩效情况的绩效评价指标。

4.3 研发人员工作动力行为量表的开发

我国研发人员 WMBS 的开发要解决的是"具体针对我国研发人员来说，在工作场所是否存在典型的工作动力行为"，以及"这些工作动力行为的典型表现形式如何"的问题。

工作动力是个体在组织环境中受到内在或外在因素的刺激而引发的一种与工作相关的积极的内在驱动力，是一种被激发的心理状态，反映了对目前和未来良好工作结果的向往程度，表现为愿意并且付出更多精力以便更好地完成工作。

4.3.1 WMBS 开发方法的确定

构念（constructs)就是用一个可观察的行为维度来代表看不见的事物，构念越抽象，就越难以测量（Nunnally，1978)。因此工作动力行为构念就是用一组可以观察的行为维度来代表看不见的事物——工作动力。

题目开发成功的关键是建立一个能清楚表示测量内容范围的理论基础。同时，范围抽样理论认为，不太可能完全测量出感兴趣的构念，但重要的是从潜在题目中抽取的题目足以代表所研究的构念（Ghiselli、Campbell & Zedeck，1981)。

从题目产生来看,主要有两种方法:推理法(deductive)和归纳法(inductive)(Hinkin,1998)。推理法要求对所要研究的现象有足够的了解,并对相关文献进行全面回顾然后再建立研究构念的理论定义(Hinkin,1998)。如果构念的概念基础没有容易辨识的维度,并据此产生题目,可能就比较适合使用归纳法(Hinkin,1998)。

因为 WMB 的构念比较抽象,没有足够的理论基础来说明WMB,也没有容易辨识的构念维度,因此选择归纳法开发问卷。

4.3.2 WMBS 的开发过程

(1) 个人深度访谈

对象:一共选择了 38 名访谈对象。以 R&D 人员为主,还包括一些本领域的学者、管理人员(特别是以前从事 R&D 目前从事管理工作的相关人员)。主要涉及汽车、IT、金融、建筑以及教育等行业。年龄范围从 26 岁到 68 岁。企业性质包括国有企业、事业单位、民营企业、合资企业以及外资企业。访谈对象主要分布在上海、长春和北京。教育程度从博士到本科。既有男性也有女性。如果访谈对象不是 R&D 员工,问题主要涉及访谈的前 4 个问题;如果访谈对象是R&D 员工,是包括全部 6 个问题。

形式:面对面访谈或电话访谈。

时间:30 分钟至 60 分钟。

访谈指导(interview guide):(1)对工作动力的理解?(2)如何判断一个人是否具有工作动力?(3)对工作动力行为的具体描述?(4)哪些工作动力行为对组织有积极影响,哪些有消极影响?(5)具体到 R&D 员工,他们最常见的工作动力行为表现是什么?(6)这种行为对个人工作绩效和组织绩效有什么影响?

访谈结果初步证实被试对工作动力的理解差别不大,基本上理解为促进个人积极工作的力量。

访谈结果初步说明基本上可以通过个人行为来判断个人工作动

力的情况。大多数被试认为工作动力指的是工作中积极的方面,因此有助于个人绩效和组织绩效。

根据访谈结果剔除雷同的,初步整理出 47 个常见的工作动力行为表现。

(2)半开放式问卷

对象:复旦大学管理学院 2006 届沪港班 IMBA 学员以及复旦大学管理学院在校博士生和已经毕业的博士。要求至少 2 年工作经验。发出问卷 260 份,回收有效问卷 143 份,回收率为 55%。为了保证匿名性,本次问卷没有设计个人人口变量。

半开放式问卷主要内容:给出工作动力以及工作动力行为的定义,请有一定工作经验的被试根据各自经验列举至少 5 个他们认为能反映个人工作动力的典型行为,以及工作动力强的人和弱的人在工作态度或个人情绪上的表现以及工作结果的差异。

根据半开放问卷并结合访谈结果整理出 124 个常见的工作动力行为表现。

(3)工作动力行为的初步评估

对象:各类研发人员 20 名。

过程:让被试针对上述工作动力行为在工作场所出现的情况对每一行为打分。一共有 4 个选项:1 表示没有见过,2 表示曾经见过,3 表示经常见到,4 表示不确定。

根据被试打分情况排除了超过 10 人表示没有见过或不确定的行为。最后剩余 85 个常见工作行为表现。

(4)问卷预测试一

被试:抽取长春市一家大型企业的研发机构为样本,发出问卷 150 份,收回有效问卷 132 份。

量表:在上一步的基础上形成一份 85 道题目的预测量表。采用 6 级李克特量表,其中 1 代表"从来不这样",6 代表"总是这样"。

分析过程:

各个问题中答案出现的频率,如有某一答案出现频率在 45% 以上,则排除:排除 19 个行为。

根据问题对整体问卷的贡献度,排除贡献度在 0.3 以下的问题:排除 13 个行为。

然后再使用主因素分析法抽取因素,采用斜交法旋转。根据旋转后的因子矩阵,有可能属于两因素、三因素或四因素模型。以各个问题在主因素上的负荷大于等于 0.5 且在其他因素上的负荷小于等于 0.3 为基本要求,综合考虑两因素、三因素和四因素模型,排除在几个模型中均不满足基本要求的 15 个行为。

结果:最后剩余 38 个常见工作行为表现。

(5) 问卷预测试二

这是对 WMB 进行的第二次预测试。具体过程和人口统计变量情况见预测试二部分的描述(N=159)。

根据问题对整体问卷的贡献度,排除贡献度在 0.3 以下的问题:排除 7 个行为。

然后再使用主因素分析法抽取因素,采用斜交法旋转。根据因素分析结果,认为 WMB 为三因素模型。根据旋转后的因子矩阵,各个问题在主因素上的负荷大于等于 0.5 且在其他因素上的负荷小于等于 0.3 为基本要求。不满足的则排除,排除 21 个行为。

结果:最后剩余 17 个常见工作行为表现。

(6) 问卷预测试三

问卷预测试二后保留了 17 个行为,在对剩余行为进行分析后发现,有一些明显属于三维度中某一维度的典型行为被删除,因此又加入 4 个行为。

具体过程和人口统计变量情况见预测试三部分的描述(N=114)。

使用主因素分析法抽取因素,采用斜交法旋转。根据因素分析结果,认为 WMB 为三因素模型。根据旋转后的因子矩阵,各个问题在主因素上的负荷≥0.5且在其他因素上的负荷≤0.3为基本要求。不满足的则排除,排除6个行为。

结果:最后剩余15个常见工作行为表现。

(7)正式测试

共有661名被试。根据研究需要,随机将被试数据分成两部分,分别进行了探索性因素分析和验证性因素分析。

4.3.3 WMBS 的信度检验

WMBS各次测试的信度值(reliability)见表4.6。总的来说,经过多次测试,WMBS各个维度的信度最低为.7012,因为量表各维度基本都是4到5题,而且为自己开发的问卷,因此都达到可以接受范围。此外,由于这是本问卷第一次用于正式测试,我们选择了题目随机排列的方式。一般来说,随机排列的题目信度会明显低于成组排列的题目,这一点也可以通过我们对本次研究所有问卷的信度汇总表看出来。同样是WMBS,正式测试中采用随机排列,其信度分别是.7987、.8660、.7012,而验证测试中采用成组排列,其信度则分别为.8601、.8465、.8640。成组排列的结果明显要稳定,而且效果更好。

4.3.4 WMBS 的内容效度检验

以20名在读MBA学员为测试对象。采用小样本的学生被试,是因为这一过程是一个不需要了解所测试现象的认知任务(Anderson 和 Gerbing,1991;Schriesheim, et al.,1993)。问卷第一部分为对WMB三个维度的定义解释,第二部分中随机排列的15道题目,要求被试把每道题目归入4类:1代表属于解决问题行为,2代表属于助人行为,3代表属于自我发展行为,4代表不能确定。Schriesheim 等(1991)认为,这种方法提供了"内容足够"的证据。

结果显示,绝大多数被试都把题目放归入了正确的维度,每一维度最低正确率达到 80％。说明内容效度达到要求。

4.3.5　WMBS 的辨别效度检验

为了验证 WMB 是与 OCB、关系绩效以及"努力"不同的量表并初步确定 WMB 和这几个工作行为量表之间的关系,进行了下面的验证性测试。被试以及量表选择详见 4.7.5。

（1）量表间相关关系分析

根据 CP 的概念含义以及量表构念,它应当与 OCB 之间显著相关,CP 与 EFF 以及 WMB 之间虽然也应当相关,但相关性应该明显小于和 OCB 之间的相关性。

由于 OCB 是一个涵盖相当广的构念,它应当与验证性测试中验证的所有工作行为之间都显著相关。同时根据各量表构念及含义我们推测,OCB 应当与 CP 之间的相关性最强,其次是 WMB 与 EFF,这两者与 OCB 之间的相关性都应当达到显著水平。

根据 EFF 的概念含义及量表构念,它应当与 OCB 和 WMB 之间有比较显著的相关性,与 CP 之间也可能在一定的相关性,但要远远小于与 OCB 和工作动力行为之间的相关性。而且我们推测由于与工作动机有关,努力与工作动力行为之间的相关性应当大于和 OCB 之间的相关性。

根据 WMB 的构念及原理,它应当与 OCB 有中等程度的相关,与 EFF 有中等程度的相关,与 CP 也应当相关,但这种相关性应当明显小于 WMB 与 EFF 之间的相关性。由于相对来说 EFF 与工作动机的关系更为密切,而 OCB 只是员工主动自愿的行为,并不一定与工作动机相关,因此 WMB 与 EFF 的相关性应当高于与 OCB 的相关性。

从个人工作绩效的角度来看,这些工作行为中与个人工作绩效相关性最强的应当是 EFF,其次是 WMB 和 OCB,CP 可能与个人工作绩效之间仅有微弱相关性或没有相关性。由于 WMB 既包括角色内行为也包括角色外行为,因此它与个人工作绩效之间的关系应该弱于 EFF 与个人工作绩效之间的关系;同时 WMB 与个人工作动机相关,而 OCB 不一定与工作动机相关,因此 WMB 与个人工作绩效之间的关系应该强于 OCB 与个人工作绩效之间的关系。

(2)结果

因为 WMB 与 OCB、努力以及 CP 有一定程度的相关性,任何两个变量之间的关系中已经夹杂了其他变量的影响,这时两个变量之间的相关系数已经不能反映两个变量之间的纯相关关系,因此不能直接使用因素之间的相关系数矩阵来表示因素之间的关系。本研究决定采用偏相关系数矩阵。偏相关系数是在排除其他变量影响的条件下,两个变量之间的相关程度。因素之间的偏相关系数矩阵见表 4.1。

由偏相关系数矩阵可知:

CP 和 OCB 之间高度相关,偏相关系数高达.806,说明 CP 与 OCB 是近似的构念,而 EF 和 WMB 均与 CP 仅有一定程度的相关(均小于.1),而且这种相关关系并不显著,说明 WMB 和 EF 是与 CP 明显不同的构念。

OCB 与 CP 高度相关,与 EF 和 WMB 均显著相关,但是与 WMB 的相关性要大于和 EFF 之间的相关性。OCB 和 CP 之间的相关性与努力和工作动力行为之间相关性的差异已经达到显著水平(分别为.472** 和.403**),从这个角度也能说明 EF 和 WMB 是与 CP 明显不同的构念。

努力与 CP 之间的相关性不显著,与 OCB 之间的相关性已达显著水平,与 WMB 之间的显著水平也达到显著水平,而且 WMB 与 EF 的相关性要高于 OCB 与 EFF 之间的相关性,但是 WMB 和 OCB 与 EF 之间的相关性差异并不显著(.012)。

工作动力行为与 CP 之间的相关性不显著,与 OCB 和 EF 之间的相关性显著,相关性为中等相关。但是 WMB 和 OCB 之间的相关性略大于和 EFF 之间的相关性,但是与两者之间相关性的差异未达显著水平(.057)。达到验证性测试的目的。

从个人工作绩效来看,EF 与个人工作绩效之间的相关性最强最显著,其次是 WMB,达到. 134,但尚未达到显著水平。OCB 与个人工作绩效之间也略有相关。CP 与个人工作绩效之间的相关性比较弱,且为负相关。虽然 WMB 与个人工作绩效之间的相关性还没有达到显著水平,但也比较明显,且高于 OCB 与个人工作绩效之间的关系。基本达到验证性测试的目的。

总的来说,验证性测试说明 WMB 是与 CP、OCB 和 EF 量表不同的量表,具有辨别有效性;同时,WMB 又与 OCB 和 EFF 量表有中等程度的正相关关系,符合 WMB 的构念,其内容有效性也得到进一步的验证。在排除其他因素影响的前提下,WMB 与个人工作绩效之间的纯相关关系虽然没有达到显著水平,但也比较明显,且高于 OCB 与个人工作绩效之间的关系,基本上达到验证性测试的目的。分析后认为因为回归关系受样本量影响,增加样本量可能会使 WMB 与个人工作绩效之间的纯相关关系达到显著水平。这一点要留到正式测试中进行验证。

表 4.1　效度检验的各量表偏相关关系矩阵

	AS	AO	AE	AW	AP
AS	1	.806**	.087	.096	−.063
AO	.806**	1	.334**	.403**	.095
AE	.087	.334**	1	.346**	.308**
AW	.096	.403**	.346**	1	.134
AP	−.063	.095	.308**	.134	1
M	5.945594	5.836691	5.076259	5.671181	5.142446
SD	.5311213	.6156349	.9211353	.6512398	.8925601

** Correlation is significant at the 0. 01 level (2 − tailed).

* Correlation is significant at the 0. 05 level (2 − tailed).

这几个工作行为构念之间的关系可以用下图来表示：

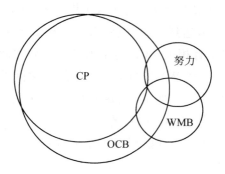

图 4.2　效度检验构念间关系图

4.3.6　WMB 构念的结构分析

Law、Wong & Mobley(1998)对多维构念的定义是："包括多个相关属性或维度，并存在多个维度领域（的构念）"。WMB 包括解决问题、助人和自我发展三个维度（领域），因此，WMB 是一个多维度构念。由于维度丰富（同时也限制）了我们对总的多维度构念的理解，一个定义充分的多维度构念就要求界定整个构念和维度之间的关系(Law、Wong & Mobley, 1998)。关于维度与总构念之间关系的信息非常重要，因为结果很大程度上取决于所展示的这种关系(Law & Wong, 1999)，因此，针对 WMBS 进行多维构念的结构分析。

根据 Law、Wong & Mobley(1998)的分类，多维度构念可以根据关系的层次和关系的形式分为潜在模型(latent model)、聚合模型(aggregate model)和剖面模型(profile model)三类。一般在区分多层构念的结构类型时，首先确认多层构念是否和维度处于同一层次，如果不是，则属于潜在模型；如果是，则需要根据第二个标准关系类型进行进一步的划分，如果构念的所有维度聚合起来完全可以代表构念，则属于聚合模型，如果不可以，则属于剖面模型。他们还把没有清楚界定总构念和维度之间关系的多维构念归入第四类——未分类（unclassified）模型。他们把 OCB 归入了第四类——未分类模型，也就是说该构念在定义时（甚至到目前）并未清楚界定总构念与维度之间的关系。

能否用总构念代表所有维度：如果构念的所有维度不能用一个总构念来代表，那么这个构念就可能是剖面模型。根据 WMB 的构念来看，一个总的 WMB 就可以代表它的三个维度。此外，剖面模型只能从各个剖面特点来说明总维度，而且为了更好地说明各个维度，还应该对各个维度分级，这样，不同的个体由于在各个剖面上属于不同级别而被区分开来，而 WMB 的各个维度并不适合进行分级说明。因此 WMB 不属于剖面模型。

所有维度是否拥有共同因素，是否能用所有维度暗含的共同因素来代表总构念：根据 WMBS 的验证性测试中 OCB 与 WMB 构念间维度关系图可以看出，在 WMB 三个维度之间的纯相关性中并不存在共同因素（或共同因素比较小），因此也不能用共同因素代表总构念。此外，潜在模型与聚合模型的另一个区别是，潜在模型的各个维度之间应该相关，而聚合模型的维度之间可以相关，也可以不相关。因此如果构念的维度之间存在不相关关系，就不可能是潜在模型。从 WMBS 的验证性测试中 OCB 与 WMB 构念间维度关系图可以看出，WMB 的三个维度中至少有两个（INI 和 HEL）是不相关的。因此 WMB 也不属于潜在模型。

所以，WMB 属于聚合模型。工作动力行为能够用总的 WMB 构念来替代各个维度，而且 WMB 是各个维度的代数组合（这种关系可以是线性的或非线性的）。

4.4　WDS 的开发

4.4.1　WDS 的开发方法

（1）开发方法

由于有理论基础——Lawrence 和 Nohria 的四驱力论，因此选择推理法来开发 WDS。

（2）题目的产生

问卷的题目产生主要有两种方法：参考已有相关问卷的题目，以及两位作者自己编写的题目。一共得到 73 个有效题目。

4.4.2　WDS 的开发过程

（1）问卷预测试三

这是本量表的第一次预测试，被试的人口统计学变量参见 SMTQ 编制过程（N＝179）。

根据问题对整体问卷的贡献度，排除贡献度在 0.3 以下的问题：排除 22 个题目。

然后使用主因素分析法抽取因素，采用斜交法旋转。根据旋转后的因子矩阵，各个问题在主因素上的负荷大于等于 0.5 且在其他因素上的负荷小于等于 0.3 为基本要求。不满足的则排除，排除 23 个题目。

最后还剩 28 个题目。

（2）问卷预测试四

这是本量表的第二次预测试，被试的人口统计学变量见预测试二部分的描述（N＝114）。

然后使用主因素分析法抽取因素，采用斜交法旋转。根据旋转后的因子矩阵，各个问题在主因素上的负荷大于等于 0.5 且在其他因素上的负荷小于等于 0.3 为基本要求。不满足的则排除，排除 8 个题目。按照特征要大于 1 的原则和最大变异法斜交法旋转进行因素抽取，初步得到四因子结构模型。

最后得到 20 个题目的量表。

4.4.3　WDS 的信度和效度

（1）WDS 的信度

WDS 各次测试的信度值见表 4.6。总的来说，经过多次测试，

WMBS 各个维度的信度最低为.7106,因为量表各维度基本都是 4 到 5 题,而且是自己开发的问卷,因此都达到可以接受范围。因为这是本问卷第一次用于正式测试,选择采用了题目随机排列的方式。如果测试采用成组问题,所得信度应该会更高些。基于这些,认为量表的信度达到要求。

(2) WDS 的效度

基于以上的问卷开发过程,以及探索性因素分析和验证性因素分析的结果,说明量表分为四维度最佳,符合理论基础;同时,各维度之间有中等程度的相关性。因此认为 WDS 具有良好的内容效度和结构效度。

4.4.4 WDS 构念的结构分析

多层构念(获得驱力、联系驱力、防卫驱力和学习驱力)与总维度(工作驱力)处于同一层次,因此排除潜在模型。

不能用总的工作驱力构念来替代各个维度(获得驱力、联系驱力、防卫驱力和学习驱力),即不能说总的工作驱力高,因此获得驱力高、联系驱力高、防卫驱力和学习驱力也高。因此排除聚合模型,可能是剖面模型。

只有从各个剖面特点来说明才能更好地说明总维度,即只有分别从获得驱力、联系驱力、防卫驱力和学习驱力四个剖面来说明,才能更好地说明个人的工作驱力状况,因此确定工作驱力构念是剖面模型(profile model)。

4.5 SMTQ 的中国化

4.5.1 原始量表

MTQS(short form of MTQ),48 道题,3 个维度:个人掌控

(Personal Mastery)、竞争卓越(Competitive Excellence)和动机焦虑
(Motivation Anxiety)。每个维度又下分两个子维度：个人掌控又分
为学习意愿(Desire to learn)和目标掌控(Mastery goal)，竞争卓越
又分为参照他人目标（Other reference goals）和寻求竞争
(competition seeking)，动机焦虑又分为忧虑(Worry)和情绪性
(Emotionality)。

表 4.2 SMTQ 原始量表的相关数据

维度	子维度	Cronbach Alpha
个人掌控	学习意愿	0.81
	目标掌控	0.83
竞争卓越	参照他人目标	0.85
	寻求竞争	0.89
动机焦虑	忧虑	0.88
	情绪性	0.79

4.5.2 SMTQ 的翻译过程

（1）SMTQ 的初译：

本研究选择了 6 个在校相关专业英语比较好的博士研究生做
SMTQ 的英译汉工作。6 份翻译收回后，随机两两配对，检查翻译的
一致性，不一致的请两个负责翻译的博士生就翻译的内容达成一致
性意见，然后对形成的三组翻译结果进行对比，就不一致性的地方让
三个组的博士生进行讨论和分析，最终达成一致意见。

由于原问卷使用的语言非常简单易懂不容易理解错误，因此整
个问卷翻译过程非常顺利，除了一个词有一个博士生与其他 5 人明
显不同，经过大家讨论分析他认为是自己理解错误外，没有发生比较
明显的理解不一致问题，因此最终比较容易地达成了一致意见，形成
了最终的 SMTQ 翻译结果。

（2）SMTQ 的回译

请了一个英语专业英语语言方向的博士研究生负责 SMTQ 翻译问卷的回译工作。

（3）SMTQ 回译文与原文的比较与修改

SMTQ 回译文与原文的比较工作由本研究者负责,并与负责回译工作的博士生保持密切联系,随时就可能存在的问题展开讨论。比较的结果是两份问卷意思基本保持一致,在他的建议下,仅对其中一个词做了修改,并修改了该词在翻译问卷中的用法,以及转换了个别词的表达方式。因此最终回译文与原文的比较结果也比较理想。

4.5.3　SMTQ 的修订过程

（1）问卷预测试三

对在国内某一大型国有企业培训中心进行培训的技术人员和生产一线工作人员进行测试。发放问卷 213 份,回收有效问卷 179 份,有效率为 84%。

表 4.3　预测一试的 SMTQ 初始信度值（N＝179）

维度	子维度	原始问卷的 Cronbach Alpha	预测试一的 Cronbach Alpha
个人掌控	学习意愿	0.81	.7542
	目标掌控	0.83	.6878
竞争卓越	参照他人目标	0.85	.6997
	寻求竞争	0.89	.5790
动机焦虑	忧虑	0.88	.5810
	情绪性	0.79	.6913

SMTQ 在第一次预测试中出现的问题：

首先,大部分的反向题结果都不好。

其次,预测试各个维度的信度都不太好,尤其是寻求竞争和忧虑。

发生以上现象的可能原因：

翻译工作不充分，没有完全体现出原始问卷的内容和精神。比如，原问卷的简单易懂不容易理解错误方面做得非常好，中国化后的问卷可能在语言方面可以进行进一步的改善，使问卷更容易理解，并更好地反映原始问卷的精神。

样本的问题。此次预测试所选的被试总体来说学历水平相对较低，从事的工作的复杂性也相对较低，且女性员工比例较低。

中美文化的差异。如寻求竞争维度，在美国追求个人成长和发展，鼓励竞争的文化环境与我国传统文化中的"和、谦让、团结、鼓励集体性思维"等方面的环境下，一般员工更倾向于避免竞争性的局面而不是积极参与竞争。

为了尽可能解决以上问题，保证问卷的质量，下一步需要做更深入的预测以及问卷的修订工作。

问卷的再修订：

包括题目的简化、易理解化。尽可能地简化问题的说法，尽量使任何教育程度的被试都能够很好地理解问题。

反向题目的处理。一般处理的方法有两种：一种是把所有的反向题目都按原意必为正向题目，另一种就是改变反向题目的说法，按我国人的传统思维方式来表述题目本身的意思。第一种是最常见的处理方法，好处是比较好处理，但是对本研究来说缺点是在本量表中，大多数反向题目本身都有一个非常类似的正向题目与其对应，因此把反向题目改为正向题目并不非常适合。基于此，选择第二种方法，按我国人的传统思维方式改变问题的问法，看结果是否有所改善，好处是还可以在一定程度上验证是否真的存在文化差异问题，缺点是对题目原意以及对我国传统思维方式的把握是否能做得好。

寻找新的样本，观察样本的变化是否对问卷有影响。

（2）问卷预测试四

这是 SMTQ 修订后的第一次测试，因此本次测试仍然使用的是

SMTQ 的 48 道题目,而不是使用优化后剩下的题目。

此次测试是在一家国有企业进行,并根据企业员工实际情况进行抽样,其中有 114 份有效问卷。

表 4.4 预测试四的 SMTQ 信度值(N＝114)

维度	子维度	原始问卷的 Cronbach Alpha	第一次测试的 Cronbach Alpha	第一次测试优化后的 Cronbach Alpha	第二次测试的 Cronbach Alpha	第二次测试后优化的 Cronbach Alpha	第二次测试进一步优化后的 Cronbach Alpha
个人	学习意愿	0.81	.7542	.7542	.833	.856	.837
掌控	目标掌控	0.83	.6878	.7077	.645	.744	.744
竞争	参照他人目标	0.85	.6997	.7043	.773	.780	.758
卓越	寻求竞争	0.89	.5790	.6059	.604	.804	.804
动机	忧虑	0.88	.5810	.7166	.787	.858	.811
焦虑	情绪性	0.79	.6913	.7035	.761	.793	.774

量表优化方法:

把修正后的问题与全部问题的相关性(Corrected Item-Total Correlation)<0.4 的题目全部删除,则保留 31 道题目。又因为各维度题目数量差异较大,最少的只有 3 道题,最多的有 7 道题,因此需要对题目数量进行进一步的处理,保证各维度题目数量差别不太大,最多的 5 道题,最好是 4 道题。处理的方法是选择各维度中相关性最高的题目,结果保留 27 道题目。

综合考虑以上过程,初步得到 27 道题目的 SMTQ 量表。

4.5.4 SMTQ 的信度与效度

(1) SMTQ 的信度

修订后 SMTQ 的信度值如表 4.5 所示:

表 4.5　SMTQ 修订后的最终信度值

维度	子维度	原始问卷的 Cronbach Alpha	最终问卷的 Cronbach Alpha
个人掌控	学习意愿	0.81	.801
	目标掌控	0.83	.798
竞争卓越	参照他人目标	0.85	.747
	寻求竞争	0.89	.770
动机焦虑	合		.819
	忧虑	0.88	
	情绪性	0.79	

（2）SMTQ 的效度

因为作者已经对 MTQ 进行了严格的效度检验，以成就束为例，作者选用了 Helmreich 和 Spence(1978)的工作家庭定向量表(the work and family orientation questionnaire，WOFO）和 Tellegen (1982)的 MPQ 来检验量表的聚合有效性(convergent validity)。其中 WOFO 包括了控制(mastery)、工作定向(work orientation)、竞争性(competitiveness)和个人冷淡(personal unconcern)。因为我们只是对题目进行了精简，并未涉及量表维度及构念的改变，因此我们虽然没有进行再一次的效度检验，我们仍然认为经中国化和精简后的量表仍具有良好的内容效度（content validity)、辨别效度(discrimination validity)和聚合效度(convergent validity)。

4.5.5　SMTQ 构念的结构分析

在动机特性构念中，个人掌控和竞争卓越属于成就动机中的"趋向"动机，而动机焦虑则属于成就动机中"回避"动机。同时，就目前相关学者的研究结果来看，个人掌控和竞争卓越也是两个独立的维度。此外，动机特性总构念并不能代表它的三个维度个人掌控、竞争卓越和动机焦虑。要更好的了解个人动机特性的情况，就必须分别从个人掌控、竞争卓越和动机焦虑三个方面来看。因此，SMTQ 也属于剖面模型。

4.6　术语的操作化(operationalized)

(1) 研发和设计人员

研发人员是指在工作中应用理论和实践知识解决复杂问题的知识员工(Korczynski 和 Frenkel，2002。转自张爱武，2006)，他们主要从事理论研究、产品开发、工程设计等创造性工作。本研究的主要研究对象是国内研发人员。在本研究中要求必须至少有一年的研发工作经验，并且目前从事研发工作。

(2) 工作动力

工作动力是个体在组织环境中受到内在或外在因素的刺激而引发的一种与工作相关的积极的内在驱动力，是一种被激发的心理状态，反映了对目前和未来良好工作结果的向往程度，表现为愿意并且付出更多精力以便更好地完成工作。

(3) 工作动力行为

工作动力行为是工作动力在工作过程中的典型行为表现。

研发人员工作动力行为是指研发人员工作动力在工作过程的典型行为表现(如无特殊说明，以后本研究中所用的工作动力行为均指研发人员工作动力行为)。我们的研究显示，我国研发人员工作动力行为主要包括三类典型行为：

助人行为：员工在工作中自发表现出的帮助或协助同事的行为。

解决问题行为：产生、采纳以及实施有利于解决组织、团队或个人工作中出现问题的新想法的行为。

自我发展：员工主动自觉寻找学习和提高的机会并积极投入的行为。

量表共 15 道题，在正式测试中 15 道题目随机排列。采用利克特7级量表测量,1表示完全不符合,7表示完全符合。

(4) 动机特性(motivational traits)

动机特性是"稳定的、跨情境的、并与目标导向的趋向和回避努力相关的个人差异"(Heggestad,Kanfer,2000)。

采用的是经过我们中国化和修订后的由 Ruth Kanfer 和 Eric Donvan Heggestad(1997)开发的动机特性量表(motivational traits questionnaire,MTQ)。具体过程参见本文 SMTQ 中国化部分。该量表包括个人掌控、竞争卓越和动机焦虑三个维度,每个维度下又包括子维度:

个人掌控(personal mastery):力求个人任务控制的一种努力。具体包括学习意愿和目标掌控两个维度。

学习意愿(desire to learn):学习新技术或获得知识的愿望。

目标掌控(personal mastery):个人目标设定和代表持续任务改进或控制定向(即使不是必须的)的其他成就背景。

竞争卓越(competitive excellence):相对别人更卓越的一种努力。具体包括参照他人目标和寻求竞争两个维度。

参照他人目标(other refence goals):与其他人(如同事或同龄人)比较,目的在于建立个人绩效表现的社会参照背景。

寻求竞争(competition seeking):与他人比较个人绩效,主要关注于与同事或同龄人竞争或希望表现得更好。

动机焦虑(motivational anxiety):面对不确定性时的情绪和回避失败威胁的状态。

修订后的 SMTQ 中文版共有27道题目,在正式测试中所有题目随机排列。采用利克特7级量表测量,1表示极不正确,7表示完全正确。

(5) 工作驱力(work drive)

工作驱力是指驱动个人努力工作的内在力量。主要包括四个维度,分别是:

获得驱力(drive to acquire)：寻求、取得、控制和保留对人有价值的物体和个人经验的驱力。

联系驱力(drive to bond)：是一种归属的需要，是一种形式广泛的、至少能维持一定时间的持久的、积极的和重要的人与人之间关系的驱力。

防卫驱力(drive to defend)：当人们发现自己以及对自己来说重要的东西面临危险时，就会主动进行防卫。这是一种避免威胁的驱力。

学习驱力(drive to learn)：获得对个人有价值的物体和经验的驱力。

该量表有 20 道题目，在正式测试中 20 道题目随机排列。采用利克特 7 级量表测量，1 表示极不重要，7 表示非常重要。

(6) 工作自我效能(job self-efficacy)

工作自我效能是指个人对自己拥有的、能成功完成相关工作的能力的感知，是对自己从事某种工作的信心。在这里，工作自我效能指个人对自己拥有的、能成功完成研发工作的能力的感知，是对自己从事研发工作的信心。

研发人员工作自我效能量表是以 Jones，G. R. (1986)的工作自我效能量表(job self-efficacy)为基础，结合 Riggs、Warka、Babasa、Betancourt，and Hooker (1994) 的个人效能信仰量表 (Personal efficacy beliefs scale) 和 McDonald、Siegall(1992) 的技术性自我效能(Technological Self-efficacy)量表开发出来的。共有 9 道题目，其中包括 Jones，G. R. 的工作自我效能量表中的 5 道题，Riggs、Warka、Babasa、Betancourt，and Hooker 的个人效能信仰量表中的 2 道题，以及 McDonald、Siegall 的技术性自我效能量表中的 2 道题。没有选择现有量表而自己组合量表的原因有：现在的量表都不是针对研发人员的工作自我效能的；任何一个量表都不能包括目前已经考虑到的对我国研发人员的工作自我效能非常重要的因素；组合后的量表的信度要比原量表好。采用利克特 7 级量表测量,1 表示极不正确,7 表示完全正确。

(7) 组织公正感(perceived organizational justice)

组织公正感是指员工对组织内公正情况的个人主观感知。本研究主要关注的组织公正主要是分配公正(distributional justice)、程序公正(procedural justice)和交互公正(interactional justice)。

本研究使用的是皮永华、宝贡敏(2006)开发的组织公正量表,原量表共有 30 个题目。有三个公正维度,分别是分配公正、程序公正和交互公正。在预测试一中对该量表进行了检验,因为本研究中使用的量表比较多,题目也比较多,因此考虑从原量表中选择一些题目进行测试。最后使用的是包括 13 道题目的组织公正感量表,在正式量表中 13 道题目成组排列(即相同维度的问题在一起)。量表包括三个维度:分配公正、程序公正和交互公正。采用 7 级利克特量表,1 代表极不同意,7 代表完全同意。

(8) 组织支持感(perceived organizational support)

组织支持感是指员工感受到的组织珍视自己的贡献和关心自己福利的程度(Eisenberger、Huntington、Hutchison、Sowa,1986)。

本研究使用的是由美国心理学家 Eisenberger、Huntington、Hutchison、Sowa(1986)开发的感受组织支持调查表(survey of perceived organizational support,SPOS)中的部分题目。原量表共有 36 道题目,其中 18 道正向题,18 道反向题,为单一维度量表。由于量表过长,在后来的许多研究中(包括作者本人)均节选其中因子负荷较高的部分项目组成新量表进行测量,而且节选量表的效度也比较好。根据我国研发人员的具体情况,参考了周明建的博士论文的研究结果,选择了其中的 8 道题目作为我们的正式量表。采用利克特 7 级量表测量,1 表示极不同意,7 表示完全同意。

(9) 个人工作绩效(work performance of employee)

个人工作绩效指与个人核心工作直接相关的个人工作结果。本研究的主要对象是研发人员,因此个人工作绩效主要指与研发人员核心工作直接相关的个人工作结果。

因为工作绩效对不同的工作岗位甚至于不同组织同一岗位的差别比较明显。因此在这里选择了一般研发人员通用的绩效评价指标,并选择了与同事比较为基础的员工自我评价的工作绩效。量表共有 5 道题目,采用利克特 7 级量表测量,1 表示最差,7 表示最好。

我们把本研究中使用的量表的信度总结如表 4.6 所示:

表 4.6　本研究量表的信度总结

量表 (维度)	题目数	Cronbach Alpha 值				
		效度检验 (N=139)	预测试二 (N=159)	预测试四 (N=114)	EFA (N=330)	整体 (N=661)
工作动力行为						
助人行为	4	.8601	.7807	.7940	.7956	.7987
解决问题行为	6	.8465	.7870	.8510	.8753	.8660
自我发展	5	.8640	.7628	.7937	.7071	.7012
工作驱力						
联系驱力	4		.7741	.7106	.7338	
获得驱力	4		.7530	.7187	.7275	
防卫驱力	6		.8941	.8358	.8466	
学习驱力	6		.8006	.8248	.8322	
成就动机特性						
学习意愿	4		.8369	.8011	.7745	
个人掌控	5		.8080	.7981	.7807	
竞争卓越	3		.7475	.7700	.7717	
参考他人目标	5		.8038	.7469	.7521	
动机焦虑	6		.8631	.8194	.8263	
工作自我效能	9	.8507	.9044	.8351	.8522	.8447
组织公正感						
分配公正	5		.9509[a]	.9633	.9559	.9542
程序公正	4		.9124[a]	.8702	.8286	.8300
交互公正	4		.9204[a]	.9051	.8920	.8938

量表 （维度）	题目数	Cronbach Alpha 值				
		效度检验 （N＝139）	预测试二 （N＝159）	预测试四 （N＝114）	EFA （N＝330）	整体 （N＝661）
组织支持感	8			.9416	.9220	.9158
个人工作绩效	5	.9330	.9373	.9011	.9050	.9028

注：a：是经过选择后组织公正感的 Cronbach Alpha 值，具体过程见量表选择部分。原量表的 Cronbach Alpha 值分别为.9582、.9279、.9294 和.9565，其中最后一个维度是信息公正，在本研究正式测试中并没有采用。

预测试四的信度结果说明，各量表的信度值都达到有效水平，可以进行正式测试。

4.7　主要预测试过程和结果

4.7.1　预测试一

目的：对通过前面步骤获得的有效行为进行筛选。

被试：

抽取长春市一家大型企业的研发机构为样本，发出问卷 150 份，收回有效问卷 132 份，有效问卷比例为 88%。样本的人口学统计变量分布情况见表所示。

表 4.7　预测试一的人口变量统计分布（N＝132）

变量	类别	数量（人）	比例（%）
性别	男	110	83.3
	女	21	15.9
	缺失	1	.08
年龄	≤25	5	3.8
	26—30	67	50.8
	31—35	33	25.2

变量	类别	数量（人）	比例（%）
	36—45	22	16.7
	46 以上	5	3.8
教育程度	博士及以上	3	2.3
	硕士	63	47.7
	本科	64	48.5
	专科	2	1.5
	高中及以下	0	0

量表：在深度访谈、半开放式问卷和工作动力行为初步评估的基础上形成的 85 个有效行为。

结果：形成用于下一步测试的个有效行为。

4.7.2　预测试二

目的：初步对开发的工作动力行为量表进行验证，同时尝试通过前摄个性、工作自我效能和组织公正感来解释工作动力行为。

被试：

国内某大型生产型国有企业的 223 名员工参加了我们的问卷测试。回收问卷 183 份，其中有效问卷为 159 份，回收率为 79.2%，其中有效问卷所占比例为 76.6%。其中男性 89.3%，女性 10.7%。被试平均年龄为 32.3 岁，平均工龄 11 年。专业教育程度有 58.8% 为专科及以上学历，有 41.2% 为高中及以下学历。有 82.5% 的员工工作性质是生产一线技术人员，17.5% 属于专业技术人员或管理人员。

量表：

工作动力行为量表：自己编制的量表。共 17 题。

前摄个性量表：使用了经 Seibert、Crant、Kraimer(1999) 改编的 Bateman 和 Crant(1993) 前摄个性量表的简版。一共有 10 道题目，使用 7 级利克特量表，1 代表"完全不同意"，7 代表"完全同意"。

在本研究中,前摄个性量表的内部一致性系数 α 为 0.8346。

工作自我效能量表:与正式测试完全一样。

组织公正量表:皮永华、宝贡敏(2006)开发的组织公正量表,30个题目,三个公正维度,分别是分配公正、程序公正和人际公正。7级利克特量表,1 代表"完全不同意",7 代表"完全同意"。

个人工作绩效量表:与正式测试完全一样。

结果:

表 4.8 预测试一研究变量的描述性统计结果 ($n = 159$)

变量	mean	S.D	1	2	3	4	5	6	7	8	9	10	11	12
1. 助人行为	45.86	5.86	1	.608**	.663**	.854**	.336**	.414**	.157*	.152	.230**	.173*	.210**	.362**
2. 创新行为	36.16	6.24		1	.741**	.892**	.479**	.537**	.157*	.136	.257**	.149	.205**	.492**
3. 自我发展	28.70	5.72			1	.904**	.505**	.500**	.141	.167*	.341**	.264**	.258**	.456**
4. WMB	110.7	15.74				1	.498**	.549**	.172*	.172*	.311**	.219**	.253**	.496**
5. 工作绩效	30.81	6.18					1	.541**	-.008	-.054	.108	-.005	.007	.209**
6. 工作效能	73.29	10.66						1	-.005	-.082	.098	.027	.004	.438**
7. 分配公正	52.73	10.75							1	.655**	.411**	.490**	.817**	.050
8. 程序公正	35.19	8.46								1	.621**	.666**	.886**	.015
9. 交互公正	38.62	6.98									1	.755**	.793**	.178*
10. 信息公正	159.3	27.60										1	.837**	.207**
11. 组织公正	32.70	6.91											1	.121*
12. 前摄个性	59.29	7.06												1

注:** $P < 0.01$,* $P < 0.05$,下同。

工作动力行为量表初步得到验证。通过表 4.8 可知,也可能通过前摄个性、工作自我效能和组织公正感来解释工作动力行为。结果显示,前摄个性与工作动力行为的三个维度均显著正相关,但是由于所使用量表为单一维度量表,并不能充分反映个人特性对工作动力行为的影响。考虑尝试其他个性量表。

4.7.3　预测试三

目的:初步对翻译的 SMTQ 进行验证,并初步对 WDS 量表进行问题选择。

被试:

与预测试一在同一家大型企业,被试不同。发放问卷 250 份,回收问卷 192 份,其中有效问卷为 179 份,回收率为 76.8%,其中有效问卷所占比例为 71.6%。其中男性 91.1%,女性 9.9%。被试平均年龄为 35.1 岁,平均工龄 13 年。专业教育程度有 61.7% 为专科及以上学历,有 38.3% 为高中及以下学历。有 76.7% 的员工工作性质是生产一线技术人员,23.3% 属于专业人员、专业技术人员或管理人员。

量表:经第一次翻译的 SMTQ。

结果: SMTQ 部分不太理想,说明需要对 SMTQ 进行重新翻译和修订,需要进行再次测试。WDS 删除了部分题目,也需要进一步测试。

4.7.4　预测试四

目的:在正式测试前对所用量表进行最后一次预测试。

被试:为上海某一大型企业集团的一个研发部门。共发放问卷 150 份,回收有效问卷 114 份,有效问卷比例为 76%。被试的人口统计学变量情况如表 4.9 所示:

表 4.9　预测试四被试人口统计学变量统计描述(N＝114)

变量	类别	数量(人)	比例(%)
性别	男	90	78.9
	女	20	17.5
	缺失	4	3.5
年龄	≤25	12	10.5
	26—30	47	41.2
	31—35	12	10.5
	36—45	27	23.7
	46 以上	12	10.2
	缺失	4	3.5
教育程度	博士及以上	0	0
	硕士	7	6.5
	本科	69	60.5
	专科	29	25.4
	高中及以下	5	4.4
	缺失	4	3.5
职称	高级	6	5.3
	中级	39	34.2
	初级	32	28.1
	其他	32	28.1
	缺失	5	4.4
工作性质	研发	44	38.6
	设计	27	23.7
	研发支持	15	13.2
	研发管理	23	20.2
	缺失	5	4.4
工作年限	≤1.5 年	10	8.8
	2—5.5 年	47	41.2
	6—10.5 年	23	20.2
	11—15.5 年	10	8.8
	16 年以上	16	14.0
	缺失	8	7.0

量表:

个人工作动力行为量表:自己编制。共 21 题。

工作驱力量表：自己编制。共 20 题。

动机特性量表：与正式测试完全一样。

工作自我效能量表：与正式测试完全一样。

组织公正感量表：与正式测试完全一样。

组织支持感量表：与正式测试完全一样。

个人工作绩效：与正式测试完全一样。

结果：

相关矩阵见附录四。各变量之间的相关性如下：

从工作动力行为来看，与其在 0.01 水平显著正相关的变量包括驱力中的获得驱力、联系驱力和学习驱力，动机特性中的学习意愿、目标掌控和竞争卓越，以及工作自我效能、工作绩效。与其在 0.05 水平显著正相关的变量有防卫驱力。

从工作绩效来看，与其在 0.01 水平显著正相关的变量包括工作动力行为、驱力中的获得驱力、动机特性中的学习意愿、目标掌控、竞争卓越，以及工作自我效能。与其在 0.01 水平显著相关的变量有驱力中的联系驱力、动机特性中的动机焦虑（负相关）以及组织公正感中的分配公正（负相关）。

从工作自我效能来看，与其在 0.01 水平显著正相关的变量包括工作动力行为、驱力中的获得驱力、联系驱力、防卫驱力和学习驱力以及动机特性中的学习意愿、目标掌控和竞争卓越，以及工作绩效。

组织支持感与组织公正感中的分配公正、程序公正和交互公正在 0.01 水平显著正相关。

4.7.5　效度检验测试

目的：验证 WMB 的辨别效度，同时检验在前人基础上综合形成的研发人员工作自我效能量表的性能。

被试：与预测试一为同一家企业的同一家研发机构，但不能保证被试完全一致。发出有效问卷 150 份，回收有效问卷 139 份，有效问卷比例为 92.7%。被试的人口学统计变量分布如表 4.10 所示。

表 4.10 效度检验的人口变量统计分布(N=139)

变量	类别	数量(人)	比例(%)
性别	男	116	83.5
	女	23	16.5
年龄	≤25	6	4.3
	26—30	71	51.5
	31—35	35	25.2
	36—45	20	14.4
	46 以上	7	5
教育程度	博士及以上	3	2.2
	硕士	65	46.8
	本科	68	48.9
	专科	3	2.2
	高中及以下	0	0

量表:

组织公民行为(OCB)量表:我们选择的是皮永华(2006)在樊景立(Farh et al.,2004)开发的中文组织公民量表的基础上修订的 OCB 量表。选择这个量表是因为这一份量表是为数不多的针对我国情境开发的组织公民量表,并经过皮永华的再一次验证性测试,因此相对于国外量表来说,更适合我国的情境。原量表共有 10 道题目,分为两个维度:个人角度 OCB(即 OCBI)和组织角度的 OCB(OCBO)。原量表两个维度的信度分别为.8086 和.7219。

努力(EF)量表:我们选择了 Brown 和 Leigh(1996)在 Naylor 等(1980)的基础上开发的量表。包括两个维度:时间承诺(time commitment)和工作强度(work intensity)。时间承诺反映的是持续性(persistence)而工作强度反映的是单位时间付出的能量(energy exerted per unit of time)。该量表测量的是员工把长时间工作和努力工作作为成功的手段而不在一个特定时期的行为。共有 10 道题,每个维度各 5 道。采用利克特 7 点量表,1 表示极不同意,7 表示完全同意。原量表两维度间系数为. 64 和. 59,两个维度的信度为. 86 和. 82。

关系绩效(contextual performance,CP)量表:我们选择的是 Borman 和 Motowidlo(1993)的关系绩效量表。量表共有 16 道题目,没有划分维度。采用利克特 7 点量表,1 表示极不同意,7 表示完全同意。原量表的信度为. 95。

工作动力行为(WMB)量表:使用的是我们自己开发的工作动力行为量表,与正式测试的完全相同。

个人工作绩效(WPE)量表:使用的也是我们自己开发的量表,该量表与正式测试的完全相同。

研发人员工作自我效能(JSE)量表:主要包括两部分内容。一部分是在原有量表基础上综合选择得到的包括 9 个问题的研发人员工作自我效能量表,该量表是以 Jones,G. R.(1986)的工作自我效能量表(job self-efficacy)为基础,结合 Riggs、Warka、Babasa、Betancourt,and Hooker(1994)的个人效能信仰量表(Personal efficacy beliefs scale)和 McDonald、Siegall(1992)的技术性自我效能(Technological Self-efficacy)量表开发出来的,其中包括 Jones,G. R. 的工作自我效能量表中的 5 道题,Riggs、Warka、Babasa、Betancourt,and Hooker 的个人效能信仰量表中的 2 道题,以及 McDonald、Siegall 的技术性自我效能量表中的 2 道题;第二部分就是 Jones,G. R.(1986)的工作自我效能量表中没有被我们选择的 3 道题目。目的是比较本研究综合的研发人员工作自我效能量表和 Jones(1986)的工作自我效能量表。采用利克特 7 级量表测量,1 表示极不正确,7 表示完全正确。

结果:证明 WMB 是与 OCB、努力以及关系绩效不同的量表。同时,也说明经过我们综合后的研发人员工作自我效能量表比 Johns (1986)的工作自我效能量表信度要好,同时也更适用于研发工作。

4.8 正式测试

正式研究主要以问卷形式进行,问卷为自陈式量表,采用匿名形式。本研究正式抽样涉及上海、北京的 33 个研发中心和其他研发人员,共投放问卷 1000 份,回收问卷 696 份,有效问卷 661 份,问卷回收率为 69.6%,有效问卷率为 66.1%。无效问卷主要有两种情况:答卷不完整和严重不正常问卷。

4.8.1 被试

被试选择目前在国内从事研发工作的相关人员。其中整体被试的人口变量统计描述见表 4.11。因为在研究中分别进行了探索性研究和验证性研究,因此被试被随机分为两组,探索性研究和验证性研究的被试人口变量统计描述见表 4.12 和表 4.13。

表 4.11 整体被试人口变量统计描述(N=661)

变量	类别	数量(人)	比例(%)
性别	男	479	72.5
	女	182	27.5
年龄	≤25	139	21.0
	26—30	278	42.1
	31—35	123	18.6
	36—45	93	14.1
	46 以上	28	4.2
教育程度	博士及以上	33	5.0
	硕士	131	19.8
	本科	458	69.2
	专科	36	5.4
	高中及以下	3	0.5
职称	高级	82	12.4
	中级	185	28.0

续　表

变量	类别	数量(人)	比例(%)
	初级	190	28.7
	其他	204	30.9
工作性质	研发	309	46.7
	设计	214	32.4
	研发支持	67	10.1
	研发管理	71	10.7
研发设计工作年限	≤1.5 年	156	23.6
	2—5.5 年	287	43.4
	6—10.5 年	118	17.9
	11—15.5 年	41	6.2
	16 年以上	58	8.8
	缺失	1	0.2
单位性质	国企	396	59.0
	事业单位	100	15.1
	民营企业	65	9.8
	合资企业	25	3.8
	外资企业	51	7.7
	其他	24	3.7
行业	IT	138	20.9
	汽车	382	57.8
	金融	17	2.6
	电子	6	0.9
	建筑	14	2.1
	通讯	7	1.1
	石化	28	4.2
	应用化学	34	5.1
	中医药	20	3.0
	其他	15	2.3
工作地点	上海	320	48.4
	北京	29	4.4
	长春	275	41.6
	其他	37	6.0

表 4.12　探索性研究被试人口变量统计描述（N＝330）

变量	类别	数量（人）	比例（%）
性别	男	244	73.9
	女	86	26.1
年龄	≤25	68	20.6
	26—30	134	40.6
	31—35	72	21.8
	36—45	40	12.1
	46 以上	16	4.8
教育程度	博士及以上	17	5.2
	硕士	69	20.9
	本科	223	67.6
	专科	19	5.8
	高中及以下	2	0.6
职称	高级	43	13
	中级	94	28.5
	初级	89	27.0
	其他	104	31.5
工作性质	研发	154	46.7
	设计	106	32.1
	研发支持	36	10.9
	研发管理	34	10.3
研发设计工作年限	≤1.5 年	76	23
	2—5.5 年	144	43.6
	6—10.5 年	60	18.2
	11—15.5 年	23	7.0
	16 年以上	27	8.2
单位性质	国企	202	61.2
	事业单位	48	14.5
	民营企业	34	10.3
	合资企业	12	3.6
	外资企业	23	7.0
	其他	11	3.3
行业	IT	66	20.0
	汽车	190	57.6

变量	类别	数量(人)	比例(%)
	金融	8	2.4
	电子	3	0.9
	建筑	2	0.6
	通讯	6	1.8
	其他	55	16.7
工作地点	上海	161	48.8
	北京	17	5.2
	重庆	1	0.3
	长春	133	40.3
	浙江	2	0.6
	广东	4	1.2
	其他	12	3.6

表 4.13　验证性因素分析被试人口变量统计描述(N＝331)

变量	类别	数量(人)	比例(%)
性别	男	235	71.0
	女	96	29.0
年龄	≤25	71	21.5
	26—30	144	43.5
	31—35	51	15.4
	36—45	53	16.0
	46 以上	12	3.6
教育程度	博士及以上	16	4.8
	硕士	62	18.7
	本科	234	70.7
	专科	17	5.1
	高中及以下	2	0.6
职称	高级	39	11.8
	中级	91	27.5
	初级	101	30.5

变量	类别	数量(人)	比例(%)
工作性质	其他	100	30.2
	研发	155	46.8
	设计	108	32.6
	研发支持	31	9.4
	研发管理	37	11.2
研发设计工作年限	≤1.5年	80	24.2
	2—5.5年	143	43.2
	6—10.5年	58	17.5
	11—15.5年	18	5.4
	16年以上	31	9.4
	缺失	1	0.3
单位性质	国企	194	58.6
	事业单位	52	15.7
	民营企业	31	9.4
	合资企业	13	3.9
	外资企业	28	8.5
	其他	12	3.6
	缺失	1	0.3
行业	IT	72	21.8
	汽车	192	58.0
	金融	9	2.7
	电子	3	0.9
	建筑	1	0.3
	通讯	1	0.3
	其他	56	16.0
工作地点	上海	159	48.2
	北京	12	3.6
	重庆	1	0.3
	长春	142	42.9
	浙江	4	1.2
	广东	2	0.6
	其他	10	3.0

4.8.2　地点

本研究问卷主要投发地点集中在上海、长春和北京。

4.8.3　问卷

详见本章 4.6 术语的操作化部分。

4.8.4　问卷发放形式

问卷主要以两种形式发放：在企业研发中心，统一发放的都是纸质问卷，在征得企业同意后委托企业人力资源部按照研发中心实际的人员比例抽样发放，每个研发中心投放问卷数控制在 30 份以内，抽样比例要求尽量做到小于 5：1；对个体研发人员，统一采用的是电子版问卷，主要原因是这一类研发人员集中于 IT 企业或企业 IT 部门，主要从事实验开发（OECD，1994），一般来说部门内研发人员较少，不适合抽样，同时这类研发人员一般不接受纸质问卷的形式。针对这两种情况，在正式问卷专门设计了内容说明并放在问卷首页，详细说明了本研究的目的以及被试的权利和义务，并郑重承诺保证研究结果的保密性，以减轻被试的怀疑态度。对企业研发中心，则在保留问卷首页的同时，要求企业人力资源部在发放问卷时口头承诺被试的权利和义务以及研究结果的保密性。研发中心纸质问卷都要求被试在完成问卷后将问卷密封于空白信封再交回企业人力资源部，由人力资源部统一回寄。电子问卷则要求被试直接把问卷结果以电子邮件形式回寄。

4.9　小结

最终确定本研究选择的研究方法是截面研究方法，被试采用自评形式回答问题,并选择通过邮寄的形式发放问卷。所选择的研究方法决定了变量之间的关系并不能反映变量之间明确的因果关系,以及在具体分析过程中需要考虑控制可能存在的共线性问题和共同方法偏差问题。

本研究主要选择使用 SPSS11.5 和 LISREL8.7 统计软件,Excel2003 为辅助工具。使用的统计分析方法包括了因素分析、相关分析、ANOVA、多重回归分析、优势分析等统计方法

本研究开发了工作动力行为量表(WMBS),与合作者共同开发了工作驱力量表(WDS),并初步完成了动机特性量表的翻译和本土化工作。

最后对整个研究的预测试过程和正式测试过程进行了描述。

正式测试结果

5.1 变量的描述性统计情况

本研究各变量描述性统计情况见表 5.1：

表 5.1 正式测试变量的描述性统计表

	N	Minimun	Maximum	Mean	Std.	Variance	Skewness		Kurtosis	
	Statistic	Statistic	Statistic	Statistic	Statistic	Statistic	Statistic	Std. Error	Statistic	Std. Error
INI	661	1.5000	7.0000	5.346823	.9282423	.862	−.763	.095	.938	.190
HEL	661	1.2500	7.0000	5.827912	.8162530	.666	−1.323	.095	3.858	.190
INO	661	1.5000	7.0000	4.995966	.8786567	.772	−.384	.095	.717	.190
SB	661	1.5556	6.8611	5.390234	.7207350	.519	−.892	.095	3.037	.190
BON	661	3.0000	7.0000	6.066188	.6090129	.371	−.950	.095	1.969	.190
ACH	661	1.5000	7.0000	5.233359	.9366825	.877	−.787	.095	.709	.190
DEF	661	1.1667	7.0000	5.254665	.9429147	.889	−.885	.095	.963	.190
LEA	661	3.0000	7.0000	6.008573	.6718940	.451	−1.053	.095	2.102	.190
DL	661	1.5000	7.0000	5.591906	.8132233	.661	−.694	.095	1.072	.190
MG	661	1.8000	7.0000	5.340091	.8056125	.649	−.615	.095	1.014	.190
RG	661	1.2000	7.0000	4.551891	.9379783	.880	−.411	.095	.264	.190
SC	661	1.0000	6.6667	3.853253	1.2192956	1.487	.134	.095	−.655	.190
MA	661	1.1667	6.6667	4.133132	1.0288809	1.059	−.230	.095	−.384	.190
EFF	661	1.8889	7.0000	4.852748	.9049379	.819	−.275	.095	−.165	.190
PER	661	1.0000	7.0000	4.969440	.8848752	.783	−.050	.095	.021	.190
DIJ	661	1.0000	7.0000	3.980030	1.4349197	2.059	−.117	.095	−.790	.190

	N	Minimun	Maximum	Mean	Std.	Variance	Skewness		Kurtosis	
	Statistic	Statistic	Statistic	Statistic	Statistic	Statistic	Statistic	Std. Error	Statistic	Std. Error
PRJ	661	1.0000	7.0000	4.091150	1.2609795	1.590	−.266	.095	−.335	.190
INJ	661	1.0000	7.0000	5.229955	1.0226021	1.046	−1.013	.095	1.448	.190
POS	661	1.0000	7.0000	4.822239	.9882985	.977	−.446	.095	.332	.190
Valid N (listwise)	661									

5.2　人口学统计变量

5.2.1　样本人口学变量统计分布表

表5.2　样本的人口学变量统计分布表(N=661)

变量	类别	数量(人)	比例(%)
性别	男	479	72.5
	女	182	27.5
年龄	≤25	139	21.0
	26—30	278	42.1
	31—35	123	18.6
	36—45	93	14.1
	46以上	28	4.2
教育程度	博士及以上	33	5.0
	硕士	131	19.8
	本科	458	69.2
	专科	36	5.4
	高中及以下	3	0.5
职称	高级	82	12.4
	中级	185	28.0
	初级	190	28.7
	其他	204	30.9
工作性质	研发	309	46.7

变量	类别	数量(人)	比例(%)
	设计	214	32.4
	研发支持	67	10.1
	研发管理	71	10.7
研发设计工作年限	≤1.5 年	156	23.6
	2—5.5 年	287	43.4
	6—10.5 年	118	17.9
	11—15.5 年	41	6.2
	16 年以上	58	8.8
	缺失	1	0.2
单位性质	国企	396	59.0
	事业单位	100	15.1
	民营企业	65	9.8
	合资企业	25	3.8
	外资企业	51	7.7
	其他	24	3.7
行业	IT	138	20.9
	汽车	382	57.8
	金融	17	2.6
	电子	6	0.9
	建筑	14	2.1
	通讯	7	1.1
	石化	28	4.2
	应用化学	34	5.1
	中医药	20	3.0
	其他	15	2.3
工作地点	上海	320	48.4
	北京	29	4.4
	长春	275	41.6
	其他	37	6.0

5.2.2　样本人口学统计变量的平均数方差比较

研究中采用 One-Way ANOVA 对样本各人口学变量进行方差

比较,并对年龄、职称和工作年限进行了方差趋势检验。比较时如果方差齐性假设满足,选择使用 Turkey 和 Scheffe 方法。使用 Turkey 法基于两个原因:一是因为本研究进行的是探索性两两比较;二是因为它相对比较保守,控制了所有比较中最大的一类错误概率不超过 α 显著性水平。选择 Scheffe 法是因为大多数比较组中各组人数并不相等。最后的显著性结果结合了两者的结论。比较时如果方差齐性假设不满足,则选择使用 Games-Howell 法,并以 Brown-Forsythe 法进行验证。

分析结果如下:

(1)性别

男性的解决问题行为、工作动力行为、学习意愿、目标掌控、寻求竞争、工作自我效能以及个人工作绩效都显著高于女性(在.01 水平显著),女性的动机焦虑明显高于男性(在.01 水平显著)。男性的组织支持感也明显高于女性(在.05 水平显著)。

(2)年龄

为了保证各组方差比较时有意义,我们把原来的 5 个年龄组分成了 4 个年龄组,即把原来的第 4 组和第 5 组合成了一个组。因此 4 个组分别是:1 为≤25 岁,2 组为 26—30 岁,3 组为 31—35 岁,4 组为≥36 岁。

表5.3 年龄的方差显著维度描述

		N	Mean	Std. Deviation	Std. Error	95% Confidence Interval for Mean		Minimu	Maximum
						Lower Bound	Upper Bound		
HEL	1	139	5.665468	.7350897	.0623495	5.542184	5.788751	3.2500	7.0000
	2	278	5.857014	.8243887	.0494435	5.759682	5.954347	1.5000	7.0000
	3	123	6.002033	.6987224	.0630017	5.877314	6.126751	4.0000	7.0000
	4	121	5.770661	.9544778	.0867707	5.598861	5.942461	1.2500	7.0000

		N	Mean	Std. Deviation	Std. Error	95% Confidence Interval for Mean		Minimu	Maximum
						Lower Bound	Upper Bound		
	Total	661	5. 827912	. 8162530	. 0317486	5. 765572	5. 890253	1. 2500	7. 0000
BON	1	139	6. 064748	. 6623534	. 0561801	5. 953663	6. 175833	3. 5000	7. 0000
	2	278	6. 162770	. 5304693	. 0318154	6. 100139	6. 225401	4. 0000	7. 0000
	3	123	5. 987805	. 6697914	. 0603931	5. 868251	6. 107359	3. 0000	7. 0000
	4	121	5. 925620	. 6179980	. 0561816	5. 814384	6. 036856	4. 2500	7. 0000
	Total	661	6. 066188	. 6090129	. 0236879	6. 019675	6. 112700	3. 0000	7. 0000
ACH	1	139	5. 228417	. 9210118	. 0781192	5. 073952	5. 382883	2. 0000	7. 0000
	2	278	5. 321043	. 9023323	. 0541183	5. 214508	5. 427579	2. 0000	7. 0000
	3	123	5. 274390	. 8367914	. 0754509	5. 125028	5. 423753	3. 0000	6. 7500
	4	121	4. 995868	1. 0873244	. 0988477	4. 800156	5. 191579	1. 5000	6. 7500
	Total	661	5. 233359	. 9366825	. 0364327	5. 161821	5. 304897	1. 5000	7. 0000
LEA	1	139	5. 989209	. 7306849	. 0619759	5. 866663	6. 111754	3. 1667	7. 0000
	2	278	6. 099520	. 5903079	. 0354043	6. 029825	6. 169216	4. 1667	7. 0000
	3	123	6. 037940	. 6754251	. 0609010	5. 917381	6. 158500	3. 5000	7. 0000
	4	121	5. 792011	. 7300688	. 0663699	5. 660603	5. 923419	3. 0000	7. 0000
	Total	661	6. 008573	. 6718940	. 0261336	5. 957258	6. 059888	3. 0000	7. 0000
MG	1	139	5. 375540	. 7608007	. 0645303	5. 247944	5. 503135	2. 8000	7. 0000
	2	278	5. 411511	. 7984714	. 0478891	5. 317238	5. 505784	2. 4000	7. 0000
	3	123	5. 346341	. 8736857	. 0787776	5. 190393	5. 502290	1. 8000	7. 0000
	4	121	5. 128926	. 7732440	. 0702949	4. 989747	5. 268105	2. 8000	7. 0000
	Total	661	5. 340091	. 8056125	. 0313347	5. 278563	5. 401618	1. 8000	7. 0000
MA	1	139	4. 346523	1. 0140051	. 0860068	4. 176461	4. 516584	2. 0000	6. 6667
	2	278	4. 095923	1. 0283737	. 0616778	3. 974507	4. 217340	1. 1667	6. 3333
	3	123	4. 207317	. 9877071	. 0890586	4. 031017	4. 383617	2. 0000	6. 1667
	4	121	3. 898072	1. 0438027	. 0948912	3. 710194	4. 085950	1. 8333	6. 3333
	Total	661	4. 133132	1. 0288809	. 0400188	4. 054552	4. 211711	1. 1667	6. 6667
EFF	1	139	4. 622702	. 9377301	. 0795372	4. 465433	4. 779971	2. 7778	6. 7778
	2	278	4. 822542	. 8975927	. 0538340	4. 716566	4. 928518	1. 8889	7. 0000
	3	123	5. 069557	. 7652383	. 0689992	4. 932967	5. 206148	3. 1111	7. 0000
	4	121	4. 966024	. 9555817	. 0868711	4. 794025	5. 138023	2. 0000	7. 0000
	Total	661	4. 852748	. 9049379	. 0351980	4. 783635	4. 921862	1. 8889	7. 0000

		N	Mean	Std . Deviation	Std . Error	95% Confidence Interval for Mean		Minimu	Maximum
						Lower Bound	Upper Bound		
WPE	1	139	4.595683	.7792481	.0660950	4.464994	4.726373	3.0000	6.6000
	2	278	4.879856	.9117508	.0546832	4.772209	4.987504	1.0000	7.0000
	3	123	5.276423	.7802985	.0703571	5.137144	5.415702	3.8000	7.0000
	4	121	5.292562	.8294743	.0754068	5.143262	5.441862	3.8000	7.0000
	Total	661	4.969440	.8848752	.0344177	4.901859	5.037022	1.0000	7.0000
PJ	1	139	4.467626	1.3114720	.1112376	4.247675	4.687576	1.0000	6.7500
	2	278	4.081835	1.2298202	.0737597	3.936634	4.227035	1.0000	7.0000
	3	123	3.969512	1.1649709	.1050419	3.761571	4.177453	1.0000	7.0000
	4	121	3.803719	1.2781035	.1161912	3.573668	4.033770	1.0000	6.2500
	Total	661	4.091150	1.2609795	.0490464	3.994844	4.187456	1.0000	7.0000
POS	1	139	4.977518	1.0225328	.0867301	4.806026	5.149010	1.5000	7.0000
	2	278	4.835881	.9560447	.0573398	4.723004	4.948758	1.0000	7.0000
	3	123	4.825203	.9304365	.0838946	4.659125	4.991281	2.1250	7.0000
	4	121	4.609504	1.0514834	.0955894	4.420244	4.798764	2.1250	6.8750
	Total	661	4.822239	.9882985	.0384404	4.746759	4.897719	1.0000	7.0000

从年龄来看方差显著的维度各组平均值变化趋势如表5.4所示。

表5.4　年龄的方差显著维度平均数变化趋势

维度	P值	变化趋势	两两比较显 著的组别	最高值	
				组别	年龄
HEL	<.01	二次曲线,倒U型	1与3	3	31—35
BON	<.01	类似二次曲线	2与4	2	26—30
ACH	<.05	类似二次曲线	2与4	2	26—30
LEA	<.01	类似二次曲线	4与2、3	2	26—30
MG	<.05	介于直线与二次曲线之间,第4 组最小	2与4	2	26—30
MA	<.01	类似直线,但第3组高于第2组	1与4	1	≤25
JSE	<.01	类似直线,但第3组高于第4组	1与3、4	3	31—35
WPE	<.01	类似直线	1与2、3、4,2与3、4	4	≥36
PJ	<.01	类似直线	1与2、3、4	1	≤25
POS	<.05	类似直线	1与4	1	≤25

从以上表 5.3 和 5.4 可以看出,25 岁以下的研发人员的动机焦虑程度最高,程序公正感和组织支持感也最强。26 到 30 岁的研发人员的联系驱力、获得驱力、学习驱力和目标掌控最高。31 到 35 岁的研发人员的助人行为表现最多,工作自我效能感最高。36 岁以上的研发人员个人工作绩效最好,31 到 35 岁的次之。

(3) 教育程度

为了保证各组方差比较时有意义,我们把原来的 5 个学历组分成了 2 个学历组,即把原来的第 1 组和第 2 组统称为硕士及以上学历组,而把原来的第 3 组、第 4 组和第 5 组统称为本科及以下学历组。因此在这里 1 代表硕士及以上学历,共有 164 人;2 代表本科及以下学历,共有 497 人。

结果显示,硕士及以上学历组的学习意愿要明显(P<.05)高于本科及以下学历组。其他各维度两组的差异并不显著。

(4) 职称

在这里,分组情况与原始问卷保持一致。即 1 代表高级职称,2 代表中级职称,3 代表初级职称,4 代表其他。

表 5.5　职称的方差显著维度描述

		N	Mean	Std. Deviation	Std. Error	95% Confidence Interval for Mean Lower Bound	Upper Bound	Minimu	Maximum
BON	1	82	5.893293	.6124108	.0676295	5.758731	6.027854	3.7500	7.0000
	2	185	6.033784	.6760714	.0497058	5.935717	6.131850	3.0000	7.0000
	3	190	6.143421	.5606321	.0406725	6.063191	6.223651	4.5000	7.0000
	4	204	6.093137	.5744151	.0402171	6.013840	6.172434	3.5000	7.0000
	Total	661	6.066188	.6090129	.0236879	6.019675	6.112700	3.0000	7.0000
DEF	1	82	4.876016	1.0192963	.1125624	4.652052	5.099980	2.0000	7.0000
	2	185	5.363964	.8900747	.0654396	5.234856	5.493072	2.5000	7.0000
	3	190	5.312281	.9273245	.0672752	5.179574	5.444987	2.0000	7.0000
	4	204	5.254085	.9409842	.0658821	5.124184	5.383986	1.1667	7.0000

		N	Mean	Std. Deviation	Std. Error	95% Confidence Interval for Mean Lower Bound	Upper Bound	Minimu	Maximum
	Total	661	5.254665	.9429147	.0366751	5.182651	5.326679	1.1667	7.0000
WPE	1	82	5.236585	.8368831	.0924183	5.052702	5.420469	3.6000	6.8000
	2	185	5.282162	.7822457	.0575118	5.168695	5.395630	3.8000	7.0000
	3	190	4.824211	.8702266	.0631329	4.699675	4.948746	1.4000	7.0000
	4	204	4.713725	.8961922	.0627460	4.590008	4.837443	1.0000	7.0000
	Total	661	4.969440	.8848752	.0344177	4.901859	5.037022	1.0000	7.0000
PJ	1	82	3.954268	1.1909691	.1315205	3.692584	4.215953	1.2500	7.0000
	2	185	3.935135	1.2379234	.0910139	3.755570	4.114700	1.0000	6.7500
	3	190	4.063158	1.3382689	.0970882	3.871642	4.254674	1.0000	6.7500
	4	204	4.313725	1.2111887	.0848002	4.146523	4.480928	1.0000	7.0000
	Total	661	4.091150	1.2609795	.0490464	3.994844	4.187456	1.0000	7.0000

方差显著维度各组平均值变化趋势如表5.6所示：

表5.6 职称的方差显著维度平均数变化趋势

维度	P值	变化趋势	两两比较显著的组别	最高值组别	年龄
BON	<.05	类似二次曲线	1与3	3	初级
DEF	<.01	类似二次曲线,第1组最低	1与2、3、4	2	中级
WPE	<.01	类似直线,第2组略高于第1组,第4组最低	1与3、4,2与3、4	2	中级
PJ	<.05	类似直线,第2组最低,略低于第1组	2与4	4	其他

由表5.5和5.6可知,拥有中级职称的研发人员防卫驱力最强,个人工作绩效最好。初级职称的研发人员的联系驱力最强。其他类研发人员程序公正感最强。

（5）工作性质

在这里,分组与原问卷保持一致,即1代表研发,2代表设计,3

代表研发支持,4 代表研发管理。

结果显示,设计组的学习驱力显著(P<.01)高于研发组,而研发支持组的工作自我效能显著(P<.01)高于设计组。其他各维度各组的差异并不显著。

(6) 从事研发工作年限

为了保证各组方差比较时有意义,把原来的 5 个工作年限组分成了 4 个工作年限组,即把原来的第 4 组和第 5 组合并为一个组。因此在这里 1 表示从事研发工作≤1.5 年,2 表示 2—5.5 年,3 表示 6—10.5 年,4 表示≥11 年。

表5.7　研发工作年限的方差显著维度描述

| | | N | Mean | Std. Deviation | Std. Error | 95% Confidence Interval for Mean | | Minimu | Maximum |
						Lower Bound	Upper Bound		
SD	1	156	5.567308	.8148551	.0652406	5.438432	5.696183	3.2500	7.0000
	2	287	5.294425	.9481692	.0559687	5.184262	5.404588	1.5000	7.0000
	3	118	5.319915	.8383730	.0771785	5.167067	5.472763	2.2500	7.0000
	4	99	5.171717	1.0765630	.1081986	4.957000	5.386434	1.7500	7.0000
	Total	660	5.345076	.9278579	.0361168	5.274158	5.415994	1.5000	7.0000
PS	1	156	4.845085	.8642879	.0691984	4.708392	4.981779	2.6667	6.8333
	2	287	4.976190	.8929243	.0527077	4.872446	5.079935	1.6667	7.0000
	3	118	5.138418	.8203562	.0755199	4.988855	5.287981	1.5000	7.0000
	4	99	5.114478	.8983629	.0902889	4.935303	5.293653	1.8333	7.0000
	Total	660	4.994949	.8789343	.0342125	4.927771	5.062128	1.5000	7.0000
MG	1	156	5.433333	.7413443	.0593550	5.316084	5.550583	3.6000	7.0000
	2	287	5.356098	.8079302	.0476906	5.262228	5.449967	2.4000	7.0000
	3	118	5.366102	.8372952	.0770793	5.213450	5.518753	1.8000	7.0000
	4	99	5.109091	.8282131	.0832385	4.943907	5.274275	2.6000	7.0000
	Total	660	5.339091	.8058130	.0313662	5.277501	5.400681	1.8000	7.0000
MA	1	156	4.363248	.9720995	.0778303	4.209503	4.516993	1.8333	6.6667
	2	287	4.134727	1.0484782	.0618897	4.012910	4.256544	1.1667	6.6667
	3	118	4.032486	1.0267686	.0945217	3.845291	4.219681	1.8333	6.1667

		N	Mean	Std. Deviation	Std. Error	95% Confidence Interval for Mean Lower Bound	Upper Bound	Minimu	Maximum
	4	99	3.883838	1.0040887	.1009147	3.683576	4.084100	2.0000	6.3333
	Total	660	4.132828	1.0296317	.0400784	4.054132	4.211525	1.1667	6.6667
JSE	1	156	4.626068	.9371391	.0750312	4.477853	4.774284	2.3333	6.7778
	2	287	4.800232	.8855385	.0522717	4.697346	4.903118	1.8889	6.8889
	3	118	5.145951	.7705812	.0709377	5.005463	5.286440	2.7778	7.0000
	4	99	5.005612	.9521658	.0956963	4.815706	5.195518	2.0000	7.0000
	Total	660	4.851684	.9052097	.0352352	4.782497	4.920870	1.8889	7.0000
WPE	1	156	4.525641	.8907316	.0713156	4.384765	4.666517	1.0000	7.0000
	2	287	4.935889	.8195606	.0483771	4.840668	5.031109	2.2000	7.0000
	3	118	5.355932	.7668943	.0705983	5.216116	5.495749	3.6000	7.0000
	4	99	5.294949	.8611068	.0865445	5.123205	5.466694	3.8000	7.0000
	Total	660	4.967879	.8846345	.0344344	4.900265	5.035493	1.0000	7.0000
DJ	1	156	4.348718	1.2895354	.1032455	4.144768	4.552668	1.0000	7.0000
	2	287	3.848780	1.4438162	.0852258	3.681031	4.016530	1.0000	7.0000
	3	118	3.942373	1.3302790	.1224621	3.699843	4.184903	1.0000	7.0000
	4	99	3.830303	1.6569861	.1665334	3.499823	4.160783	1.0000	7.0000
	Total	660	3.980909	1.4358300	.0558896	3.871166	4.090652	1.0000	7.0000
PJ	1	156	4.698718	1.1885604	.0951610	4.510738	4.886698	1.0000	7.0000
	2	287	3.927700	1.2185732	.0719301	3.786121	4.069280	1.0000	6.7500
	3	118	3.927966	1.2005615	.1105206	3.709086	4.146846	1.0000	6.7500
	4	99	3.800505	1.2792395	.1285684	3.545365	4.055645	1.0000	7.0000
	Total	660	4.090909	1.2619207	.0491202	3.994458	4.187360	1.0000	7.0000
IJ	1	156	5.455128	.9586142	.0767506	5.303516	5.606740	1.0000	7.0000
	2	287	5.186411	1.0503529	.0620004	5.064376	5.308446	1.2500	7.0000
	3	118	5.254237	.9331176	.0859004	5.084116	5.424359	2.7500	7.0000
	4	99	4.962121	1.0769877	.1082413	4.747320	5.176923	1.2500	7.0000
	Total	660	5.228409	1.0226048	.0398048	5.150249	5.306569	1.0000	7.0000
POS	1	156	5.076122	.8796047	.0704247	4.937006	5.215238	1.5000	7.0000
	2	287	4.756098	1.0105247	.0596494	4.638690	4.873505	1.0000	6.8750
	3	118	4.841102	.9698529	.0892822	4.664283	5.017920	2.1250	7.0000
	4	99	4.583333	1.0349443	.1040158	4.376917	4.789749	2.1250	7.0000
	Total	660	4.821023	.9885528	.0384794	4.745466	4.896580	1.0000	7.0000

方差显著维度各组平均值变化趋势：

表 5.8　研发工作年限的方差显著维度平均数变化趋势

维度	P 值	变化趋势	两两比较显著的组别	最高值	
				组别	年龄
SD	<.01	类似直线,第 2 组略低于第 3 组	1 与 2、4	1	≤1.5
PS	<.05	类似直线,第 1 组最低,第 4 组略低于第 3 组	1 与 3	3	6—10.5
MG	<.05	类似直线,第 3 组略高于第 2 组	1 与 4	1	≤1.5
MA	<.01	直线	1 与 4	1	≤1.5
JSE	<.01	类似二次曲线,倒 U 型	1 与 3、4 2 与 3	3	6—10.5
WPE	<.01	类似直线,第 1 组最低,第 4 组稍低于第 3 组	1 与 2、3、4 2 与 3、4	3	6—10.5
DJ	<.01	类似直线,但第 3 组高于第 2 组	1 与 2、4	1	≤1.5
PJ	<.01	类似直线,但第 3 组与第 2 组持平	1 与 2、3、4	1	≤1.5
IJ	<.01	类似直线,但第 3 组高于第 2 组	1 与 4	1	≤1.5
POS	<.01	类似直线,但第 3 组高于第 2 组	1 与 2、4	1	≤1.5

由表 5.7 和 5.8 可知,从事研发工作少于 1 年半的研发人员的自我发展表现最强烈,目标掌控最强,组织公正感(包括分配公正感、程序公正感和交互公正感)最高,组织支持感也最高,但是动机焦虑性也最强。从事研发工作 6 年以上 11 年以下的研发人员表现出最多解决问题行为,同时他们的工作自我效能感也最强,个人工作绩效也最高。这里比较有趣的是,从事研发工作年限和年龄所显示的结果有类似的地方,如年龄小于 25 岁的研发人员和从事研发工作少于 1 年半的研发人员均表现出较高的动机焦虑,对组织公正的感知程度也比较高;也有存在较大的差异的地方,如从年龄来看,个人工作绩效最好的是 36 岁以上的研发人员,而从从事研发工作年限来看,则是 6 年以上 11 年以下的研发人员。认为可能原因有两个:学历影响,即有的员工求学时间较长;以及转行的影响。但根据了解,从研发岗位转向管理岗位的比较多,从其他岗位转到研发岗位的比较少,

因为从事研发工作对知识技术要求比较高,进入壁垒比较高。因此认为学历的影响可能是主要因素。

(7) 单位性质

为了保证各组方差比较时有意义,我们把原来的 6 个组合并成了 3 个组,即把原来的第 3 组、第 4 组、第 5 组和第 6 组合并为第 3 组,并称为其他(主要包括民营企业、合资企业和外资企业)。因此在这里,1 代表国企,有 396 人;2 代表事业单位,有 100 人;3 代表其他,有 165 人。

结果显示:事业单位的助人行为明显(P<.01)少于国企和其他组,解决问题行为明显(P<.05)少于国企和其他组,联系驱力明显(P<.01)小于国企和其他组,竞争卓越特性明显(P<.01)弱于国企和其他组;但是事业单位的动机焦虑特性明显(P<.01)强于国企和其他组,对分配公正的感知也明显(P<.01)高于国企和其他组;事业单位总的工作动力行为明显(P<.01)少于国企,学习驱力明显(P<.01)低于国企,学习意愿和目标掌控特性明显(P<.01)弱于国企,工作自我效能和个人工作绩效也明显(P<.05)比国企差。其他维度各组的差异不显著。

(8) 行业

为了保证各组方差比较时有意义,我们把原来的 8 个行业组合并成为 3 个行业组,即把原来的第 3 组、第 4 组、第 5 组、第 6 组、第 7 组和第 8 组合并为第 3 组,称为其他(主要包括石化、应用化学、中医药、建筑、金融等)。在这里,1 代表 IT,有 138 人;2 代表汽车,有 382 人;3 代表其他,有 141 人。

结果显示:其他组的助人行为、创新行为和总的工作动力行为明显(P<.01)少于 IT 和汽车组,联系驱力、获得驱力、防卫驱力和学习驱力也都明显(P<.01)小于 IT 和汽车组,学习意愿、目标掌控特性明显(P<.01)弱于 IT 和汽车组,工作自我效能、感知的交互公正和组织支持感也明显(P<.01)低于 IT 和汽车组;其他组的参照他人目标特性明显(P<.01)弱于汽车组,汽车组又明显弱于(P<.01)IT

组;汽车组的竞争卓越特性明显(P<.01)强于 IT 和其他组;IT 组的动机焦虑特性明显(P<.01)高于汽车组和其他组;其他组的个人工作绩效明显(P<.01)比汽车组差,对分配公正的感知明显(P<.01)低于汽车组;IT 组对程序公正的感知明显(P<.05)高于汽车组和其他组。其他各维度在行业的差异并不显著。

(9) 工作地点

为了保证各组方差比较时有意义,我们仅保留了原来的 2 个地区进行比较,即 1 代表上海,有 320 人;2 代表长春,有 275 人。

结果显示:上海地区的助人行为明显(P<.01)多于长春地区,解决问题行为和总的工作动力行为也明显(P<.05)多于长春地区;上海地区的联系驱力获得驱力明显(P<.01)大于长春地区,学习驱力也明显(P<.05)大于长春地区;上海地区的竞争卓越特性明显(P<.01)强于长春地区,学习意愿特性明显(P<.05)强于长春地区,目标掌控特性也明显(P<.01)强于长春地区,动机焦虑则明显(P<.01)弱于长春地区;上海地区的工作自我效能和个人工作绩效均明显(P<.01)高于长春地区;上海地区感知的分配公正明显(P<.01)低于长春地区。其他维度上海和长春地区的差异不显著。

5.3 多重共线性、共同方法偏差的检验和控制

多重共线性(multicollinearity)指的是因变量之间存在近似关系,即某个因变量能近似地用其他因变量的线性函数来描述。一般情况下因变量之间很难做到完全独立,但一般程度的相关不会对结果带来严重的影响。但是当共线性趋势非常明显时,就会对模型的拟合带来严重的影响。

根据 Podsakoff、MacKenzie 和 Podsakoff(2003)的总结,共同方法偏差(common method variance,CMV)的可能来源从答题人角度来看,有共同答题人效应(common rater effects)、社会偏好(social desirability)、心情(mood state)等;从问卷题目角度来看,有题目的社会偏好、模糊问题、相同的量表格式、相同量表计分标准(scale anchors)、积极和消极语气等;从问卷本身角度来看,有问题暗示效应(item priming effects)、量表引发的心情、问卷长度等;此外还包括测量环境的影响等。

为了尽量避免共同方法偏差和多重共线性问题,在问卷的开发和发放过程中尝试做好以下方面:尽量削弱题目的社会偏好;尽量使用清晰的问题,语句尽量简单好理解;尽量使用客观的语气;在测试过程中,均把因变量放在问卷的最开始部分,避免答卷人形成问题之间的因果关系,且因为问卷比较长,也在一定程度上减弱了答题人根据上下文猜测题目逻辑关系的可能性;在问卷的卷首部分说明了本次研究的性质和对问卷结果的保密承诺,这都能在一定程度上削减答卷人的答卷压力,尽量保证他们诚实答卷;争取测试单位人力资源部的支持,并在发放问卷时承诺该问卷不会用于其他用途;对于纸质问卷做到注意发卷时的氛围,避免给答卷人压力。

同时,按 Price 和 Mueller(1986)的建议在自己开发的问卷中设计了一系列反向问题以减少被试的固定偏见(set bias)。但是在预测试过程中,所有反向问题全部因为表现不好而被删除。

5.3.1 多重共线性的检验和控制

(1) 检验方法

观察变量的相关系数。如果有超过 0.9 的变量,则会存在共线性问题,有超过 0.8 以上的变量,可能会有共线性问题。根据相关系数矩阵可知,没有变量之间的相关系数超过 0.7。

观察回归分析时的容忍度(tolerance)和方差膨胀因子(variance inflation factor,VIF)的大小。容忍度是某个因变量作为应变量对其他因变量进行回归分析时得到的残差比例,大小用 1 减决定系数来表示。该指标越小,则说明该因变量被其余因变量预测得越精确,共线性可能就越严重。如果某个因变量的容忍度小于0.1,则可能共线性问题严重。方差膨胀因子是容忍度的倒数,越大说明共线性问题可能越严重,一般是10为界限。在由表5.9可以看出,本研究变量的容忍度最小为.400,最大为.762,方差膨胀因子最大为2.501,说明共线性问题可能并不严重。

观察特征值(eigenvalue)和条件指数(condition index)。如果相当多维度的特征值约等于0,则可能有比较明显的共线性问题。当某些维度的条件指数大于30时,可能存在共线性。由共线性诊断表5.10可以看出,各个维度的特征值都不近似于0,但是有一个维度的条件指数大于30,因此判定可能存在共线性问题。根据共线性诊断表中右部的方差比例表可以粗略判断可能在组织公正感和组织支持感之间存在共线性,在工作驱力和常数项之间可能存在共线性。

(2)处理方法

本研究主要涉及变量之间的相关性,因此在回归时对有共线性可能性的变量采用层次回归分析,即先控制住可能与它有共线性的变量,再看变量与因变量之间的相关性。

进行路径分析时尽量去掉可能存在共线性的变量,对其他变量进行分析。

如有必要,可以采用岭回归分析,分析变量的岭迹,以确定最终采用的变量。

表 5.9　正式测试的系数表(Coefficients)

Model	Unstandardized Coefficients		Standardized Coefficients	t	Sig.	Correlations			Collinearity Statistics	
	B	Std. Error	Beta			Zero-order	Partial	Part	Tolerance	VIF
1 (Const.)	.987	.252		3.925	.000					
SD	.367	.044	.304	8.258	.000	.463	.307	.262	.744	1.344
MTQ	.137	.050	.109	2.742	.006	.408	.107	.087	.642	1.558

续　表

Model	Unstandardized Coefficients		Standardized Coefficients	t	Sig.	Correlations			Collinearity Statistics	
	B	Std. Error	Beta			Zero -order	Partial	Part	Tolerance	VIF
JSE	.195	.029	.244	6.735	.000	.399	.254	.214	.764	1.308
POJ	.079	.032	.107	2.426	.016	.222	.094	.077	.520	1.925
POS	.082	.033	.113	2.503	.013	.312	.097	.079	.494	2.024

a　Dependent Variable：SB

表 5.10　共线性诊断表（Collinearity Diagnostics）

Model	Dimension	Eigenvalue	Condition Index	Variance Proportions					
				(Const.)	SR	ST	EFF	POJ	POS
1	1	5.902	1.000	.00	.00	.00	.00	.00	.00
	2	.053	10.509	.00	.01	.01	.11	.19	.08
	3	.019	17.668	.07	.08	.02	.73	.00	.08
	4	.013	21.215	.00	.01	.00	.07	.74	.81
	5	.007	28.834	.26	.07	.92	.07	.01	.00
	6	.005	33.649	.67	.83	.04	.01	.07	.03

a　Dependent Variable：SB

5.3.2　共同方法偏差的检验和控制

（1）检验方法

选择使用 Harman 单一因素检验法（Harman's single-factor test）进行共同方法偏差检验。Harman 的单一因素检验法是目前应用最广的验证共同方法偏差的方法之一（Podsakoff，MacKenzie，Lee，和 Podsokoff，2003）。一般学者对所有研究变量进行探索性因子分析（exploratory factor analysis），检验未旋转的因素解以确定解释方差的变量数以及解释量。该方法认为，如果存在比较明显的共同方差偏差，则对问卷所有测量指标的因子分析会出现唯一的因子或者一个因子解释了大部分的方差。

　　本研究对包括 103 个题目的所有观察变量采用主成分分析法
(Principal Component Analysis)进行探索性因子分析。结果显示：
有 18 个因子的特征值大于 1,解释了总方差的 64.420%,其中解释
量最大的一个因子只解释了总方差的 17.095%,第二个因子解释了
总方差的 10.016%,说明在本研究中共同方法偏差并不明显,因此也
不会对研究结果产生严重影响。

表 5.11　正式测试的全部方差解释表(Total Variance Explained)

Component	Extraction Sums of Squared Loadings		
	Total	% of Variance	Cumulative %
1	15.727	17.095	17.095
2	9.215	10.016	27.111
3	5.713	6.210	33.321
4	5.164	5.613	38.934
5	3.294	3.580	42.514
6	2.903	3.155	45.669
7	2.413	2.623	48.292
8	1.875	2.038	50.330
9	1.579	1.716	52.047
10	1.551	1.686	53.732
11	1.459	1.586	55.318
12	1.424	1.548	56.866
13	1.284	1.396	58.262
14	1.247	1.355	59.617
15	1.191	1.294	60.912
16	1.129	1.227	62.139
17	1.075	1.169	63.307
18	1.023	1.112	64.420

Extraction Method: Principal Component Analysis.

(2) 处理办法

　　因为研究中采用了自评的方法,因此估计共同方法偏差问题会
比较严重,但是根据表 5.11 来看,共同方法偏差问题并不是非常严

重。当然也有可能是因为所采用的检验方法的限制。

原计划使用 LISREL8.7,采用结构方程模型判断研究模型的拟合度时选择使用 Podsakoff、MacKenzie、Lee,和 Podsokoff(2003)推荐的单一方法因素法(single-method-factor approaches)控制可能存在的共同方法偏差对研究结果的影响。后来因为研究方法的限制,使用结构方程模型评价研究模型没有显著的意义,故决定仅使用 SPSS 中的统计分析方法,因此并没有采用单一方法因素法。同时因为没有发现应用于一般统计方法中的控制共同方法偏差的方法,同时目前没有发现其他更好的检验共同方法偏差的方法,因此本研究在统计分析过程中并未对共同方法偏差做进一步的控制。

5.4 工作动力行为量表的检验

5.4.1 探索性因素分析

随机将样本分为数量均等的 2 部分,其中一份用于探索性因素分析(N=330),另一部分用于验证性因素分析(N=331)。下同。

使用主成分分析法进行探索性因素分析,按照特征要大于 1 的原则和最大变异法斜交法旋转进行因素抽取,得到三因子结构模型,该模型解释了总变异的 57.858%(未旋转解),KMO 值为.908,P<.001。各因子的载荷如表 5.13 所示(省略了小于 0.30 的载荷),因子相关矩阵如表 5.12。

表 5.12 工作动力行为的因素相关矩阵

Component	1	2	3
1	1.000	.427	.556
2	.427	1.000	.484
3	.556	.484	1.000

表 5.13　工作动力行为的因素载荷矩阵(N＝330)

	Component		
	1	2	3
P1	.925		
P2	.848		
P3	.766		
P4	.741		
P5	.671		
P6	.587		
H1		.829	
H2		.806	
H3		.687	
H4		.682	
H5		.596	
S1			.744
S2			.738
S3			.667
S4			.639
总变异解释量 (未旋转解)	39.334%	11.293%	7.231%

5.4.2　验证性因素分析

取用另一半被试数据进行验证性因素分析(N＝331)。

表 5.14　工作动力行为量表验证性因素分析模型拟合比较(N＝331)

Model	Chi-square	P	df	X^2/df	RMSEA	CFI	NNFI	GFI
单维模型	893.64	0.000	77	11.61	0.084	0.92	0.90	0.84
两维模型	302.80	0.000	89	3.40	0.085	0.96	0.95	0.89
三维模型	232.02	0.000	87	2.67	0.071	0.97	0.96	0.91

根据表 5.14 可知,三维模型的各项指标均好于单维模型和双维模型,且各项拟合指标均达到良好水平,因此拒绝单维模型和双维模

型,接受 WMB 的三维模型,如图 5.1 所示。

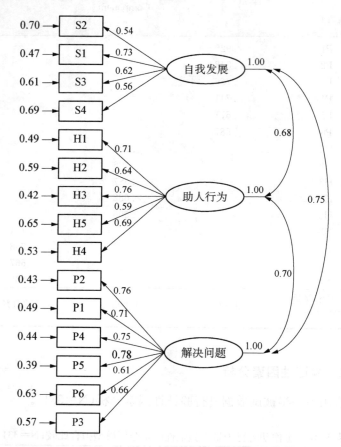

图 5.1   工作动力行为的三维度模型

5.5   工作驱力量表的检验

5.5.1   探索性因素分析

使用主成分分析法进行探索性因素分析,按照特征要大于 1 的原则和最大变异法斜交法旋转进行因素抽取，得到四因子结构模型，该模型解释了总变异的 57.951%（未旋转解）。KMO 值为.860，P<.001。各因子的载荷如表 5.15 所示（省略了小于 0.30 的载荷）。

表 5.15   工作驱力的因素载荷矩阵（N＝330）

	Component			
	1	2	3	4
D1	.775			
D2	.765			
D3	.754			
D4	.743			
D5	.722			
D6	.553			
L1		.756		
L2		.752		
L3		.750		
L4		.742		
L5		.653		
L6	.366	.619		
A1			.749	
A2			.702	
A3			.562	
A4			.488	
R1				.735
R2			.330	.722
R3				.712
R4				.513
总变异解释量（未旋转解）	31.386	12.128	8.061	6.340

表 5.16   各因素相关矩阵

Component	1	2	3	4
1	1.000	.379	.196	.420
2	.379	1.000	.044	.378

续　表

Component	1	2	3	4
3	.196	.044	1.000	.078
4	.420	.378	.078	1.000

根据表 5.15 可知,除了 L6 和 R2 外,其他题目基本上都是主要归属于一个因素。L6 和 R2 虽然同时归属于两个因素,但是因为与主因素和次因素之间的相关性相差比较大,因此认为也基本附合要求。表 5.16 说明 4 个因素之间的关系也基本附合预期。

5.5.2　验证性因素分析

工作驱力可能是单维模型、双维模型、三维模型和四维模型。分别对这四种模型进行检验。各模型的拟合指数见表 5.17。

表 5.17　工作驱力量表的验证性因素分析的模型拟合比较($N=331$)

Model	Chi-square	P	df	X^2/df	RMSEA	CFI	NNFI	GFI
单维模型	1873.14	.0000	170	11.02	.174	.84	.82	.64
双维模型	665.30	.0000	169	3.94	.094	.93	.92	.83
三维模型	657.26	.0000	167	3.94	.094	.93	.92	.83
四维模型	450.95	.0000	164	2.75	.073	.95	.95	.88

由表 5.17 可以看出,四维模型的各项指标明显好于单维模型、双维模型和三维模型,且各指标都达到可接受水平。因此拒绝单维模型、双维模型和三维模型,接受四维模型,即认为工作驱力为四维模型结构,结构方程模型见图 5.2。

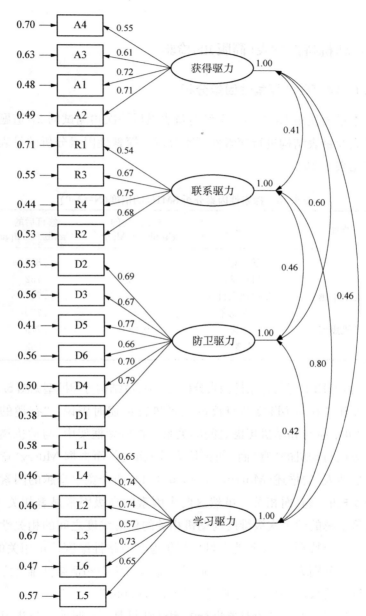

图 5.2　工作驱力的四维度模型

5.6 动机特性量表(简版)的检验

5.6.1 SMTQ 的探索性因素分析

本量表使用 LISREL8.7 针对量表最后一次预测试的 27 道题目的量表及量表结构进行探索性因素分析。探索性因素分析的量表信度值见表 5.18。

表 5.18 探索性因素分析 SMTQ 的信度(N=330)

维度	子维度	原始问卷的 Cronbach Alpha	修订后的 Cronbach Alpha
个人掌控	学习意愿	0.81	.817
	目标掌控	0.83	.752
竞争卓越	参照他人目标	0.85	.747
	寻求竞争	0.89	.770
动机焦虑	忧虑	0.88	.775
	情绪性	0.79	.782

用 LISREL 进行探索性因素分析的 SMTQ 结构方程模型见图 5.3:

原作者在对 MTQ 各维度的关系进行描述时曾说:"有趣的在于,竞争卓越与和动机焦虑之间的关系。在概念框架中,与动机焦虑因素应该与动机的'避'面(如害怕失败)相关。而根据 Murry'竞争和超越他人'的描述(Murry,1938,p.164),两个竞争卓越的因素应该与动机的'趋'面相关。虽然这两个因素的高级因素显著相关,但是竞争卓越的两个次级维度与动机相关的焦虑维度之间的相关性并不相同。很特别的,参照他人目标与焦虑和情绪性维度是正相关的,相关系数分别为 0.34 和 0.25,而寻求竞争与焦虑和情绪性维度之间没有显著关系,相关系数分别是 -0.06 和 0.08。"

以我国研发人员为对象进行的测试结果是:参照他人与焦虑和

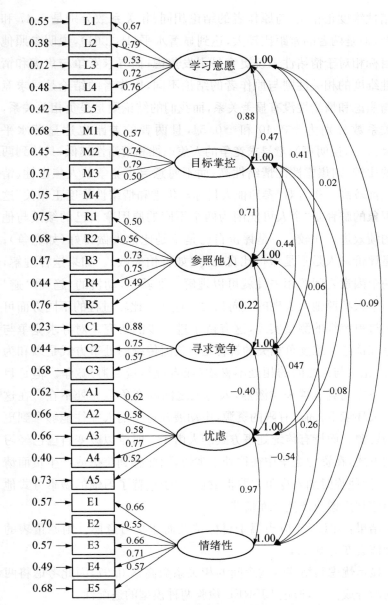

图 5.3 初步修订后 SMTQ 的结构方程模型

情绪性维度正相关,与原作者的结论相同,相关系数分别是 0.47 和 0.26,但是两者的差距比较大,达到显著水平(P<.01),说明参照他人目标相对于情绪性来说更容易引发焦虑;而寻求竞争与焦虑和情绪性维度的相关性则与原作者的结论不同,原作者的结论是寻求竞争与焦虑和情绪性没有显著关系,而我们的结论则是呈负相关关系,相关系数分别为 -0.40 和 -0.54,且两者的差距也达显著水平(P<.01),说明更愿意寻求竞争的人焦虑性和情绪性越低,具体到两者的比较,则焦虑性比情绪性高;而不愿意寻求竞争的人焦虑性、情绪性都较高。作者对"参照他人目标与焦虑和情绪性维度正相关"这种现象的解释是"个人可能因为两个不同的原因拿自己的绩效与他人的绩效进行比较:一是评价自己是不是比他人做得好(如竞争);二是评价别人是不是做得比自己好(如害怕失败)。如果这样理解,这两个因素之间的相关性就可以理解。那就是,动机的'趋'和'避'都与个人参照他人表现的倾向相关。这两个比较过程的不同方面可能通过更精细的测量实现,这有待于进一步的研究。"对寻求竞争与焦虑和情绪性维度负相关的解释是:我国传统的处事方式是以和为贵,因此人与人之间的相处不喜欢(或者说尽量回避)竞争。但是目前企业之间竞争越来越激烈,人与人之间的竞争也无处不在。在这样的大环境下,面对有限的资源,主动展开竞争的人往往能够拿到更多的资源。而持有传统处事方式的人由于一时难以改变自己已经习惯的方式,在资源竞争中往往处于劣势,因此感到焦虑或产生负面情绪;即使他临时加入竞争并取得成功,由于违背了习惯的做事方式他也会感到焦虑或产生负面情绪。

结果:建议 L1 应当属于目标掌控而非学习意愿。则原量表的信度值会变为 0.811。

显示忧虑与情绪性构念间的相关系数高达 0.97,因此考虑将两个构念合成一个,通过 LISREL 检验两种模型的适配性。

用 LISREL 对各种可能模型进行拟合度比较,见表 5.19。

表 5.19 探索型因素分析 SMTQ 的多种模型拟合比较(N=330)

model	Chi-square	P	df	X^2/df	NCP	RMSEA	CFI	NNFI	GFI
1	885.24	0.000	309	2.86	576.24	0.075	0.93	0.92	0.83
2	848.88	0.000	308	2.76	540.80	0.073	0.94	0.93	0.84
1 和 2	$\triangle X^2$=36.36	0.001	$\triangle$df=1						
3	848.07	0.000	309	2.74	539.07	0.073	0.94	0.93	0.84
2 和 3	$\triangle X^2$=0.81	不显著	$\triangle$df=1						
4	877.49	0.000	314	2.79	563.49	0.074	0.93	0.93	0.84
3 和 4	$\triangle X^2$=29.42	0.001	$\triangle$df=5						
5	627.37	0.000	220	2.85	409.37	0.075	0.94	0.93	0.86
4 和 5	$\triangle X^2$=250.12	0.001	$\triangle$df=94						

注:
model 1 是初步修订后的 SMTQ。
model 2 是 L1 同时归入学习意愿和目标掌控时的情况。
model 3 是 L1 仅归入目标掌控时的情况。
model 4 是忧虑和情绪性维度合并后未减题的情况。
model 5 是忧虑的情绪性维度度合并而且减题的情况。

由表 5.19 可以看出:

model 1 的各项指数适配良好,达到可接受程度,说明模型拟合良好。

model 2 考虑 L1 同时归入学习意愿和目标掌控两个维度。通过模型比较$\triangle X^2$/$\triangle$df=36.36/1,P<0.001,显著,说明 model 2 优于 model 1。从拟合指数来看,X^2/df 为 2.76,RMSEA、CFI、NNFI 和 GFI 也都比 model 1 好。说明 model 2 比 model 1 拟合更优,因此接受 model 2 拒绝 model 1。在 model 2 中 L1 与目标掌控间的相关系数为 0.80,与学习意愿之间的相关系数为 0.07,说明 L1 应当归入目标掌控而不是学习意愿。下面用 model 3 来进行验证。

model 3 考虑 L1 仅归入目标掌控。模型比较显示,$\triangle X^2$/$\triangle$df=0.81/1,不显著,说明 model 2 与 model 3 区别不大。model 3 比 model 2 多一个自由度,但是 Chi-square 比 model 2 还小 0.81,X^2/df 为 2.74 稍好于 model 2,RMSEA、CFI、NNFI 和 GFI 也都与 model 2 持平。说明 model 3 比 model 2 略好一些,而且在问卷中应该尽可能

避免一个题目共同归属于两个构念,因此接受 model 3 拒绝 model 2。在 model 3 中 L1 与目标掌控间的相关系数为 0.72。

model 4:因为忧虑和情绪性之间的相关性高达 0.97,考虑将两个构念合为一个构念。模型比较显示,$\triangle X^2/\triangle df = 29.42/5$,$P \leqslant 0.001$,显著,说明 model 3 优于 model 4。从适配指标来看,model 3 的 X^2/df、RMSEA、CDI 略优于 model 4,NNFI 和 GFI 与 model 4 持平,但是所有的拟合指标都在可以接受的范围内,模型各项参数仍良好,而且解决了当区分忧虑和情绪性时出现的相关矩阵非正定问题。因此决定采用 model 4 拒绝 model 3。

model 5:因为合并忧虑和情绪性,造成该构念题目过多,与其他构念不平衡,因此在考虑到题目的意思以及相关性的前提下,有选择地选取其中的 6 个题目。模型比较显示,$\triangle X^2/\triangle df = 250.12/94$,$P \leqslant 0.001$,显著,说明 model 5 优于 model 4。从适配指标来看,model 5 的 X^2/df、RMSEA、CFI 比 model 4 略差,NNFI 持平,但是完全在可以接受的范围内,GFI 比 model 4 好,模型各项参数仍良好,因此决定接受 model 5 拒绝 model 4。

综合考虑以上过程,得到含有 23 道题目的修订后的 SMTQ 量表。修订后的量表信度值见表 5.20,结构方程模型见图 5.4。

表 5.20　探索性因素分析 SMTQ 的多种模型拟合比较(N=330)

维度	子维度	原始问卷的 Cronbach Alpha	修订后问卷的 Cronbach Alpha
个人掌控	学习意愿	0.81	.801
	目标掌控	0.83	.798
竞争卓越	参照他人目标	0.85	.747
	寻求竞争	0.89	.770
动机焦虑	合		.819
	忧虑	0.88	
	情绪性	0.79	

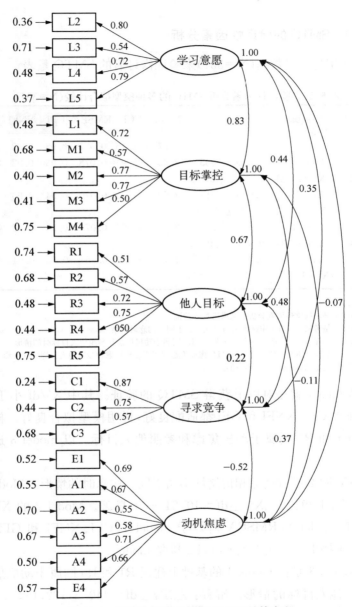

图 5.4 探索性因素分析的 SMTQ 结构方程

5.6.2　SMTQ 的验证性因素分析

使用另一半数据(N=331)来验证修订后的 SMTQ 量表。

表 5. 21　验证性因素分析 SMTQ 的多种模型拟合比较(N=331)

model	Chi-square	P	df	X^2/df	NCP	RMSEA	CFI	NNFI	GFI
1	1011. 15	0.000	340	2. 97	671. 15	0.077	0. 93	0. 92	0. 82
2	1000. 94	0.000	335	2. 99	665. 94	0.078	0. 93	0. 92	0. 82
1 和 2	$\triangle X^2=10.21$	0. 10	$\triangle df=5$						
3	570. 85	0.000	218	2. 62	352. 85	0.070	0. 94	0. 93	0. 87
2 和 3	$\triangle X^2=430.1$	0. 01	$\triangle df=117$						
4	603. 22	0.000	220	2. 74	383. 22	0.073	0. 93	0. 92	0. 86
3 和 4	$\triangle X^2=32.37$	0.001	$\triangle df=2$						
5	445. 99	0.000	179	2. 49	266. 99	0.067	0. 95	0. 94	0. 89
3 和 5	$\triangle X^2=124.86$	0.001	$\triangle df=39$						

注:
model 1 是对探索性因素分析的结果进行的验证。
model 2 是考察 model 1 中忧虑和情绪性不属于同一构念时的情形。
model 3 是在 model 2 的基础上考虑 R1 和 R5 同属于动机焦虑和参照他人目标时的情形。
model 4 是验证 R1 和 R5 仅属于动机焦虑而不是同属于动机焦虑和参照他人目标时的情形。
model 5 是删除 R1 和 R5 后的情形。

Model 1 就是对以上获得 SMTQ 的验证。其中 X^2/df 小于 3,RMSEA、CFI、NNFI 和 GFI 都适配良好,说明模型拟合良好。模型建议 R1 和 R5 同属于动机焦虑和参照他人目标。以 model 3 进行验证。

Model 2 是看忧虑和情绪性不属于同一构念时的情形。Model 2 与 model 1 相比,$\triangle X^2/\triangle df=10.21/5$,不显著。Model 2 的 X^2/df 稍好于 model 1,RMSEA 稍好于 model 1,CFI、NNFI 和 GFI 与 model 1 持平。因此拒绝 model 2 接受 model 1。

Model 3 是在 model 1 的基础上建议 R1 和 R5 同属于动机焦虑和参照他人目标的情形。解释:$\triangle X^2/\triangle df=440.3/122$,P<0.01,显著,说明 model 3 优于 model 1。从适配指标来看,model 3 的

X^2/df、RMSEA、CFI、NNFI 和 GFI 均优于 model 1。因此接受 model 3 拒绝 model 1。结果，R1 与动机焦虑的相关系数为 0.47，与参照他人目标的相关系数为 0.23，R5 与动机焦虑的相关系数为 0.48，与参照他人目标的相关系数为 0.27。说明 R1 和 R5 更倾向于是动机焦虑而不属于参照他人目标。以 model 4 进行验证。

Model 4 验证 R1 和 R5 仅属于动机焦虑而不是共同属于动机焦虑和参照他人目标。模型比较显示，$\triangle X^2/\triangle df = 32.37/2$，$P < 0.001$，显著，说明 model 3 优于 model 4。从适配指标来看，model 3 的 X^2/df、RMSEA、CDI、NNFI 和 GFI 均优于 model 4。因此接受 model 3 拒绝 model 4。而在问卷开发过程中应该尽量避免同一问题同时归属于两个不同的构念，而且从 model 3 也可以看出来，R1 和 R5 与动机焦虑和参照他人目标的相关系数均不高，因此考虑删除 R1 和 R5。

Model 5 验证删除了 R1 和 R5 后模型的情形。由模型拟合结果来看，改善的效果非常显著，$\triangle X^2/\triangle df = 124.86/39$，$P < 0.001$，显著，说明 model 5 优于 model 3。从适配指标来看，model 5 的 X^2/df、RMSEA、CFI、NNFI 和 GFI 均优于 model 3。因此拒绝 model 3 接受 model 5。

Model 5 的结构方程模型如图 5.5 所示：

5.7　假设检验

本研究采用多重回归分析，考察在控制了人口统计学变量之后，动机特性、工作驱力、工作自我效能、组织公正感和组织支持感是与工作动力行为有显著的相关性。主要通过考察 R^2 产生的变化以及这种变化的 F 检验值来考察 R^2 是否有可靠的提高。

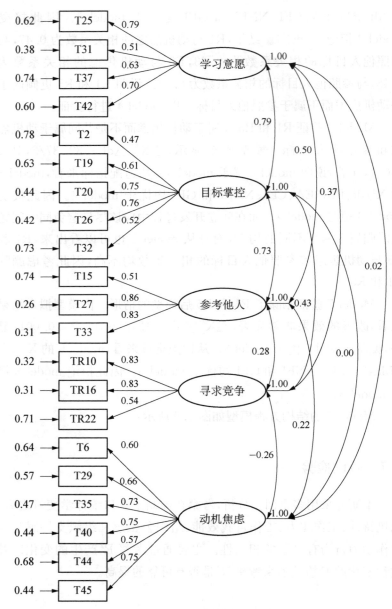

图 5.5 修订完成后 SMTQ 的结构方程模型

在分析之前,先把控制变量转换成虚拟变量,如表 5.22 所示:

表 5.22 虚拟变量的设置

		GENDER		
性别	女	0		
	男	1		
		A1	A2	A3
年龄	≤25	0	0	0
	26—30	1	0	0
	31—35	0	1	0
	≥36	0	0	1
		EDUCATION		
教育程度	硕士及以上	0		
	本科及以下	1		
		TI1	TI2	TI3
职称	高级	0	0	0
	中级	1	0	0
	初级	0	1	0
	其他	0	0	1
		JO1	JO2	JO3
工作性质	研发	0	0	0
	设计	1	0	0
	研发支持	0	1	0
	研发管理	0	0	1
		TE1	TE2	TE3
研发工作年限	≤1.5	0	0	0
	2—5.5	1	0	0
	6—10.5	0	1	0
	≥11	0	0	1
		K1	K2	
单位性质	国企	0	0	
	事业单位	1	0	
	其他	0	1	
		IN1	IN2	
行业	IT	0	0	
	汽车	1	0	
	其他	0	1	

		PL1	PL2
工作地点	上海	0	0
	长春	1	0
	其他	0	1

5.7.1　工作驱力与工作动力行为

（1）工作驱力对工作动力行为的解释

对工作驱力与工作动力行为之间的关系，同样采用多重回归分析进行验证。首先在回归方程中加入人口统计学变量（控制变量）对工作动力行为以及三个分维度分别进行回归；然后加入工作驱力的四个维度（获得驱力、联系驱力、防卫驱力和学习驱力），并通过观察$\triangle R^2$的显著性来检验工作驱力对工作动力行为及其各维度影响作用的显著性。如表 5.23 所示：

表 5.23　工作驱力对工作动力行为的作用

步骤	变量	工作动力行为		助人行为		解决问题行为		自我发展	
第一步	GENDER	0.078*	.107**	−.027	−.009	.173**	.201**	.044	.073*
	A1	0.085	.046	.126*	.091	.021	−.005	.072	.033
	A2	.115	.115	.169*	.178**	.009	.004	.116	.114
	A3	.039	.103	.003	.051	.023	.077	.070	.131
	EDUCAT	−.005	.029	−.023	.003	.023	.051	−.015	.018
	TI1	−.086	−.073	−.061	−.062	−.094	−.071	−.062	−.051
	TI2	−.013	.002	.033	.027	−.069	−.040	.007	.020
	TI3	−.057	−.011	−.002	.014	−.144	−.088	.005	.049
	JO1	.005	−.034	.028	.002	−.015	−.042	.001	−.042
	JO2	.036	.025	.060	.055	.022	.013	.011	−.003
	JO3	.020	.013	−.002	−.007	.040	.039	.011	.000
	TE1	−.083	−.051	−.070	−.040	.052	.073	−.191**	−.161**
	TE2	.030	−.024	−.014	−.012	.085	.093	−.146*	−.140**
	TE3	−.002	.018	.104	.105	.070	.096	−.169*	−.149*

续　表

步骤	变量	工作动力行为		助人行为		解决问题行为		自我发展	
	K1	.011	.049	−.036	−.009	.038	.068	.022	.062
	K2	−.016	061	−.030	.033	.001	.059	−.012	.061
	IN1	−.014	.081	−.047	.035	−.032	.031	.041	.136*
	IN2	−.192**	−.071	−.208**	−.098	−.171**	−.094	−.108	.011
	PL1	−.048	.000	−.052	−.011	−.068	−.031	−.002	.040
	PL2	−.085	−.035	−.090*	−.040	−.056	−.031	−.069	−.020
第二步	获得驱力		.160**		.019		.256**		.120**
	联系驱力		.069		.193**		−.044		.036
	防卫驱力		−.012		.004		−.053		.020
	学习驱力		.388**		.255**		.297**		.423**
	$\triangle F$	2.284	54.380	3.008	32.329	2.862	31.997	1.792	53.903
	R^2	0.067	.305	.086	.241	.082	.236	.053	.293
	$\triangle R^2$	0.067**	.238**	086	.155**	.082**	.154**	.053*	.240**

注：** 表示在.01 水平显著；* 表示在.05 水平显著。下同。

　　由表 5.23 可知，人口统计学变量对工作动力行为以及它的三个维度都有统计意义。其中它对工作动力行为解释的变异量增加了 6.7%，对助人行为解释的变异量增加了 8.6%，对解决问题行为解释的变异量增加了 8.2%，对自我发展解释的变异量增加了 5.3%。其中对工作动力行为起主要作用的人口统计学变量是性别和行业，对助人行为起主要作用的是性别、年龄、行业工作地点，对解决问题行为起主要作用的是性别和行业，对自我发展起主要作用的是性别、从事研发工作时间和行业。

　　从表 5.23 可以看出，在控制了人口统计学变量后，工作驱力中对工作动力行为做出了新的贡献，解释的变异量增加了 23.8%，假说 1 得到验证。其中获得驱力和学习驱力都与工作动力行为显著正相关(P<.01)，假说 1A 和 1D 得到支持；联系驱力和防卫驱力与工作动力行为之间没有显著的关系，假说 1B 和 1C 没有得到支持。在控制了人口统计学变量后，工作驱力中的多个维度也都对工作动力行

为的各维度也都做出了新的贡献,其中工作驱力对助人行为解释的变异量增加 15.5％,联系驱力和学习驱力与助人行为显著正相关,而防卫驱力与助人行为没有显著的相关性,说明工作驱力中的联系驱力和学习驱力能较好地解释助人行为,假说 1E 部分得到支持;工作驱力对解决问题行为解释的变异量增加了 15.4％,获得驱力和学习驱力与解决问题行为显著正相关,说明获得驱力和学习驱力能较好地解释解决问题行为,假说 1F 部分得到支持;工作驱力对自我发展解释的变异量增加了 24.0％,获得驱力和学习驱力与自我发展显著正相关,假说 1G 部分得到支持。

从以上结果可以看出来,防卫驱力对工作动力行为没有显著的作用,它对工作动力行为的三个维度也没有预期的显著负相关性;影响工作动力行为各维度的驱力并非仅有一个,学习驱力和联系驱力都对助人行为有显著的积极作用;学习驱力和获得驱力都对解决问题行为有显著的积极作用;学习驱力和获得驱力都对自我发展有显著的积极作用。结果还显示,学习驱力是对工作动力行为最重要的驱力。

从人口学变量来看,其他行业的员工表现的 WMB、HEL 以及 PS 与 IT 行业差异明显;男性的 PS 明显高于女性;年龄在 31 到 35 岁的员工更容易表现出助人行为;从事研发工作年限在 1 年半及以下员工的自我发展行为明显多于其他员工。都与前面 One-Way ANOVA 的检验结果保持一致。

（2）工作驱力对工作动力行为重要性检验

表 5.13 只是说明了工作驱力对工作动力行为的初步作用。在加入了动机特性、工作自我效能、组织公正感以及感知组织支持后工作驱力是否仍对工作动力行为有解释力还需要进一步检验。同时,由于工作驱力与常数项之间可能存在共线性问题,因此我们决定采用多重回归分析对结果进行再一次验证。首先在回归方程中加入人口统计学变量(控制变量)对工作动力行为以及三个分维

度分别进行回归；接着分别按顺序加入组织支持感、组织公正感、工作自我效能和动机特性再分别对工作动力行为以及三个分维度进行回归；最后一步加入工作驱力，并通过观察$\triangle R^2$的显著性来检验工作驱力对工作动力行为及其各维度影响的显著性。如表5.24所示：

表 5.24　工作驱力对工作动力行为的重要性

步骤	变量	工作动力行为					
第一步	GENDER	0.078*	.056	.064	.044	.005	.044
	A1	0.085	.085	.078	.078	.098*	.070
	A2	.115	.114	.110	.101	.152**	.146*
	A3	.039	.048	.040	.051	.102	.119
	EDUCATION	−.005	−.009	.010	.021	.048	.049
	TI1	−.086	−.075	−.065	−.052	.000	−.018
	TI2	−.013	.009	.008	.035	.086	.067
	TI3	−.057	−.035	−.044	.000	.045	.040
	JO1	.005	.010	.002	.013	.029	.005
	JO2	.036	.048	.036	.008	.015	.011
	JO3	.020	.030	.034	.011	.009	.005
	TE1	−.083	−.029	−.002	−.035	−.031	−.014
	TE2	−.030	.006	.026	−.035	−.015	−.012
	TE3	−.002	.059	.077	.017	.065	.058
	K1	.011	.008	−.019	−.050	−.004	.012
	K2	−.016	.013	−.003	−.030	.013	.058
	IN1	−.014	.021	.023	.027	.028	.082
	IN2	−.192**	−.127*	−.086	−.030	−.025	.015
	PL1	−.048	−.056	−.022	.022	.011	.031
	PL2	−.085	−.067	−.058	−.025	−.009	−.005
第二步	组织支持感		.313**	.167**	.120*	.069	.030
	$\triangle F$	2.284	69.487				
	R^2	0.067	.158				
	$\triangle R^2$	0.067**	.092**				
第三步	分配公正			−.102*	−.038	−.008	.001
	程序公正			.153**	.138**	.127**	.173**

续　表

步骤	变量	工作动力行为			
	交互公正	.158**	.133**	.085*	.052
	$\triangle F$	6.902			
	R^2	.185			
	$\triangle R^2$	.027**			
第四步	工作自我效能	.	.338**	.166**	.164**
	$\triangle F$		83.476		
	R^2		.280		
	$\triangle R^2$		.095**		
第五步	个人掌控			.464**	.332**
	竞争卓越			−.063	−.087*
	动机焦虑			−.063	−.085*
	$\triangle F$			50.606	
	R^2			.419	
	$\triangle R^2$			.140**	
第六步	获得驱力				.095*
	联系驱力				.098*
	防卫驱力				.028
	学习驱力				.157**
	$\triangle F$				16.520
	R^2				.475
	$\triangle R^2$				.055**

表 5.24 显示,在控制了人口学统计变量后,再依次加入组织支持感、组织公正感、工作自我效能和动机特性,这几个预测变量的重新加入均对各自的模型都有显著的统计学意义,都各自解释了更多的变异增加量;最后一步加入工作驱力,显示模型仍具有显著的统计学意义,说明在逐次控制了人口学统计变量(控制变量)以及组织支持感、组织公正感、工作自我效能和动机特性等预测变量后,工作驱力仍对工作动力行为做出了新的贡献,解释的变异量增加了 5.5%,充分说明工作驱力对工作动力行为有显著的积极作用,进一步为假

说 1 提供了有力的支持。具体到工作驱力中的各个维度,表 5.24 显示获得驱力对工作动力行为有显著的积极作用(P<0.05),联系驱力对工作动力行为有显著的积极作用(P<0.05),防卫驱力对工作动力行为没有显著的作用,学习驱力对工作动力行为有显著的积极作用(P<0.01),进一步为假说 1A、1D 提供了有力的支持;而在这里,假说 1B 也得到了支持,虽然在表 5.23 中假说 1B 并没有得到支持,但研究认为表 5.24 的说服力更强,因此接受假说 1B;而假说 1C 仍然没有得到支持。

(3) 工作驱力预测变量的优势分析

前述分析显示,工作驱力中的联系驱力和学习驱力都对助人行为有显著影响,而获得驱力和学习驱力都对解决问题行为和自我发展行为有显著影响。采用优势分析法(李超平、时勘,2003,2005;Budescu,1993)分别对这几个预测指标在影响助人行为和解决问题行为方面的相对重要性进行分析。计算结果见表 5.25:

表 5.25　联系驱力和学习驱力对助人行为的贡献

	R^2	联系驱力	学习驱力
	0	.147	.169
联系驱力	.147	—	.046
学习驱力	.169	.025	—
联系驱力　学习驱力	.194	—	—
对 R^2 的分解		.086	.1075
方差百分比		44.4%	55.6%

表 5.25 说明,相对于联系驱力来说,学习驱力对助人行为更重要,解释了整个 R^2 的 55.6%,而联系驱力则解释了整个 R^2 的 44.4%。说明驱动研发人员助人行为的主要是学习驱力,同时联系驱力也起到了重要作用。

表 5.26　获得驱力和学习驱力对解决问题行为的贡献

	R^2	获得驱力	学习驱力
	0	.096	.112
获得驱力	.096	—	.055
学习驱力	.112	.038	—
获得驱力　学习驱力	.150	—	—
对 R^2 的分解		.067	.0835
方差百分比		44.5％	55.5％

表 5.26 说明,相对于获得驱力来说,学习驱力对解决问题行为更重要,它解释了整个 R^2 的 55.5％,而获得驱力解释了整个 R^2 的 44.5％。说明驱动研发人员解决问题行为的主要是学习驱力,同时获得驱力也起到重要作用。

表 5.27　获得驱力和学习驱力对自我发展的贡献

	R^2	获得驱力	学习驱力
	0	.086	.245
获得驱力	.086	—	.171
学习驱力	.245	.013	—
获得驱力　学习驱力	.257	—	—
对 R^2 的分解		.0495	.208
方差百分比		19.2％	80.8％

表 5.27 说明,相对于获得驱力来说,学习驱力对自我发展要重要得多,它解释了整个 R^2 的 80.8％,而获得驱力则只解释了整个 R^2 的 19.2％。说明驱动研发人员自我发展行为的主要学习驱力,同时获得驱力也起到比较重要的作用。

整体来看,驱动研发人员工作动力行为的主要是学习驱力。

5.7.2　动机特性与工作动力行为

（1）动机特性对工作动力行为的作用

采用多重回归分析对动机特性与工作动力行为之间的关系进行

验证。首先在回归方程中加入人口统计学变量(控制变量)对工作动力行为以及三个分维度分别进行回归;然后加入动机特性的三个维度(个人掌控、竞争卓越和动机焦虑),并通过观察$\triangle R^2$的显著性来检验动机特性对工作动力行为及其各维度影响的显著性。如表 5.28所示。

　从表 5.28 可以看出,在控制了人口统计学变量后,动机特性对工作动力行为做出了新的贡献,解释的变异量增加了 28.7%,其中的个人掌控与工作动力行为显著正相关,假说 2A 得到支持;但竞争卓越和动机焦虑与工作动力之间的关系都不显著,假说 2B 和 2C 没有得到支持。在控制了人口学统计变量后,动机特性中的各维度对工作动力行为中各维度也都做出了新的贡献,其中对助人行为解释的变异量增加 10.3%,对解决问题行为解释的变异量增加了 23.7%,对自我发展解释的变异量增加了 30.3%,且个人掌控与助人行为、解决问题行为和自我发展都显著正相关(P<.01),假说 $2a_1$、$2a_2$ 和 $2a_3$ 都得到支持。动机特性的其他两个维度对工作动力行为的作用比较复杂。竞争卓越对助人行为有比较显著的消极作用,假说 $2b_1$ 得到支持;与解决问题行为和自我发展的关系不显著。动机焦虑对助人行为解决问题行为都有比较显著的消极作用(P<.05),假说 $2c_1$ 和 $2c_2$ 得到支持;对自我发展的作用不显著。表 5.28 说明,个人掌控程度高的员工最容易表现出工作动力行为。具体到工作动力行为的三个维度:个人掌控程度高,同时竞争卓越程度低,且动机焦虑水平较低的员工最容易表现出助人行为;个人掌控程度高,同时动机焦虑水平低的员工最容易表现出解决问题行为;个人掌控程度高的员工最容易表现出自我发展行为。

表 5.28　动机特性对工作动力行为的作用

步骤	变量	工作动力行为		助人行为		解决问题行为		自我发展	
第一步	GENDER	.078*	.007	−.027	−.067	.173**	.101**	.044	−.022
	A1	.085	.106*	.126*	.136*	.021	.039	.072	.097
	A2	.115	.165**	.169*	.203**	.009	.053	.116	.164**
	A3	.039	.104	.003	.043	.023	.077	.070	.139*
	EDUCAT	−.005	.046	−.023	.005	.023	.072	−.015	.038
	TI1	−.086	−.009	−.061	−.003	−.094	−.028	−.062	.009
	TI2	−.013	.072	.033	.090	−.069	.008	.007	.085
	TI3	−.057	.032	−.002	.057	−.144	−.064	.005	.091
	JO1	.005	.034	.028	.040	−.015	.011	.001	.035
	JO2	.036	.031	.060	.052	.022	.024	.011	.005
	JO3	.020	.012	−.002	−.012	.040	.037	.011	.003
	TE1	−.083	−.075	−.070	−.069	.052	.058	−.191**	−.177**
	TE2	−.030	−.026	−.014	−.017	.085	.084	−.146*	−.133*
	TE3	−.002	.050	.104	.126	.070	.114	−.169*	−.107
	K1	.011	.038	−.036	−.018	.038	.059	.022	.051
	K2	−.016	.021	−.030	−.007	.001	.024	−.012	.033
	IN1	−.014	.009	−.047	−.041	−.032	−.021	.041	.081
	IN2	−.192**	−.090	−.208**	−.162**	−.171**	−.075	−.108	.005
	PL1	−.048	−.014	−.052	−.028	−.068	−.027	−.002	.019
	PL2	−.085	−.024	−.090*	−.058	−.056	.006	−.069	−.012
第二步	个人掌控		.575**		.358**		.481**		.602**
	竞争卓越		−.030		−.085*		.054		−.049
	动机焦虑		−.059		−.079*		−.080*		.009
	△F	2.284	94.086	3.008	26.984	2.862	73.634	1.792	99.917
	R^2	.067	.354	.086	.189	.082	.319	.053	.356
	△R^2	.067**	.287**	.086**	.103**	.082**	.237**	.053*	.303**

（2）动机特性的优势分析

前述分析显示,动机特性中的个人掌控、竞争优势和动机焦虑都对助人行为有显著影响,而个人掌控和动机焦虑都对解决问题行为有显著影响。采用优势分析(李超平,时勘,2003,2005;Budescu,1993)分别对这几个预测指标在影响助人行为和解决问题行为方面的相对重要性。优势分析法主要是通过对所有可能模型的回归分析,计算各预测指标的总体效应、部分效应和直接效应,再对每一预测指标的相对重要性进行比较。这种重要性的比较主要是通过各自变量对 R^2 的贡献的分解实现的。由于各预测指标在已测方差百分比具有特征,不受多元回归中不同预测指标不同组合的影响(Budescu,1993;李超平,时勘,2005)。计算结果见表5.29:

表5.29 动机特性各维度对助人行为的贡献

	R^2	PM	CE	MA
	0	.113	.012	.010
PM	.113	—	.004	.009
CE	.012	.104	—	.011
MA	.010	.112	.013	—
PM CE	.117	—	—	.009
PM MA	.122	—	.003	—
CE MA	.023	.102	—	—
PM CE MA	.125	—	—	—
对 R^2 的分解		.1077	.0078	.0097
方差百分比		86.2%	6.2%	5.6%

表5.29说明,相对于竞争卓越和动机焦虑,个人掌控对助人行为的影响更大,它解释了整个 R^2 的86.2%,而竞争卓越和动机焦虑则分别只解释了 R^2 整个的6.2%和5.6%。说明个人掌控对助人行为的作用最强。

表5.30 个人掌控和动机焦虑对解决问题行为的贡献分析

	R^2	PM	MA
	0	.256	.014
PM	.256	—	.012
MA	.014	.254	—

续 表

	R²	PM	MA
PM　MA	.268	—	—
对 R² 的分解		.255	.013
方差百分比		95.1％	4.9％

表 5.30 说明,相对于动机焦虑,个人掌控对解决问题行为的影响现大,它解释了整个 R² 的 95.1％,而动机焦虑则只解释了整个 R² 的 4.9％。说明个人掌控对解决问题行为的作用最强。

5.7.3　工作自我效能对工作动力行为的影响

对工作自我效能与工作动力行为之间的关系,同样采用多重回归分析进行验证。首先在回归方程中加入人口统计学变量(控制变量)对工作动力行为以及三个分维度分别进行回归;然后加入工作自我效能,并通过观察△R² 的显著性来检验工作自我效能对工作动力行为及其各维度影响的显著性。如表 5.31 所示:

表 5.31　工作自我效能对工作动力行为的影响

步骤	变量	工作动力行为		助人行为		解决问题行为		自我发展	
第一步	GENDER	0.078*	.053	−.027	−.038	.173**	.140**	.044	.026
	A1	0.085	.082	.126*	.124*	.021	.017	.072	.069
	A2	.115	.099	.169*	.163**	.009	−.011	.116	.105
	A3	.039	.045	.003	.005	.023	.031	.070	.074
	EDUCAT	−.005	.013	−.023	−.015	.023	.047	−.015	−.001
	TI1	−.086	−.065	−.061	−.052	−.094	−.065	−.062	−.046
	TI2	−.013	.019	.033	.047	−.069	−.026	.007	.030
	TI3	−.057	−.003	−.002	.022	−.144	−.073	.005	.045
	JO1	.005	.019	.028	.034	−.015	.003	.001	.011
	JO2	.036	.004	.060	.046	.022	−.020	.011	−.013
	JO3	.020	−.004	−.002	−.012	.040	.009	.011	−.006

步骤	变量	工作动力行为		助人行为		解决问题行为		自我发展	
	TE1	−.083	−.113*	−.070	−.083	.052	.013	−.191**	−.213**
	TE2	.030	−。093	−.014	−.041	.085	.002	−.146*	−.192**
	TE3	−.002	−.060	.104	.078	.070	−.007	−.169*	−.212**
	K1	.011	−.026	−.036	−.052	.038	−.011	.022	−.006
	K2	.016	−.050	−.030	−.045	.001	−.045	−.012	−.038
	IN1	−.014	.002	−.047	−.041	−.032	−.011	.041	.053
	IN2	−.192**	−.099	−.208**	−.167**	−.171**	−.049	−.108	−.040
	PL1	−.048	.017	−.052	−.023	−.068	.018	−.002	.046
	PL2	−.085	−.040	−.090*	−.071	−.056	.003	−.069	−.036
第二步	工作自我效能		.384**		.168**		.506**		.284**
	$\triangle F$	2.284	54.380	3.008	17.614	2.862	204.78	1.792	51.092
	R^2	0.067	.195	.086	.111	.082	.305	.053	.123
	$\triangle R^2$	0.067**	.128**	.086**	.025**	.082**	.223**	.053*	.070**

从表5.31可以看出,在控制了人口统计学变量后,工作自我效能对工作动力行为做出了新的贡献,解释的变异量增加了12.8％,假说3得到支持;在控制了人口统计学变量后,工作自我效能对工作动力行为各维度也都做出了新的贡献,其中对助人行为解释的变异增加了2.5％,假说3A得到支持;对解决问题行为解释的变异增加了22.3％,假说3B得到支持;对自我发展行为解释的变异增加了7％,假说3C得到支持。

说明工作自我效能强的人容易表现出工作动力行为,而在工作动力行为中最容易表现出的是解决问题行为。

5.7.4　组织公正感与工作动力行为

(1) 组织公正感对工作动力行为的作用

对组织公正感与工作动力行为之间的关系,我们同样采用多重回归分析进行验证。首先在回归方程中加入人口统计学变量（控制变量）对工作动力行为以及三个分维度分别进行回归；然后加入组织公正感的三个维度（分配公正、程序公正和交互公正），并通过观察$\triangle R^2$的显著性来检验组织公正感对工作动力行为及其各维度影响的显著性。如表 5.32 所示：

表 5.32　组织公正感对工作动力行为的影响

步骤	变量	工作动力行为		助人行为		解决问题行为		自我发展	
第一步	GENDER	.078*	.073	−.027	−.033	.173**	.169**	.044	.040
	A1	.085	.077	.126*	.120*	.021	.015	.072	.064
	A2	.115	.113	.169*	.170***	.009	.008	.116	.114
	A3	.039	.042	.003	.007	.023	.024	.070	.073
	EDUCAT	−.005	.017	−.023	−.003	.023	.041	−.015	.004
	TI1	−.086	−.067	−.061	−.046	−.094	−.079	−.062	−.043
	TI2	−.013	.004	.033	.045	−.069	−.058	.007	.025
	TI3	−.057	−.055	−.002	.000	−.144	−.142	.005	.007
	JO1	.005	−.007	.028	.018	−.015	−.025	.001	−.009
	JO2	.036	.027	.060	.053	.022	.015	.011	.003
	JO3	.020	.033	−.002	.009	.040	.050	.011	.023
	TE1	−.083	.001	−.070	−.008	.052	.111*	−.191**	−.100
	TE2	−.030	.027	−.014	.026	.085	.125*	−.146*	−.082
	TE3	−.002	.072	.104	.158*	.070	.122	−.169*	−.090
	K1	.011	−.034	−.036	−.074	.038	.005	.022	−.019
	K2	−.016	−.010	−.030	−.030	.001	.004	−.012	−.001
	IN1	−.014	.008	−.047	−.036	−.032	−.016	.041	.069
	IN2	−.192**	−.094	−.208**	−.128*	−.171**	−.097	−.108	−.016
	PL1	−.048	−.014	−.052	−.021	−.068	−.040	−.002	.023
	PL2	−.085	−.060	−.090*	−.065	−.056	−.036	−.069	−.052
第二步	分配公正		−.090*		−.057		−.078		−.090
	程序公正		.220**		.132**		.154**		.264**
	交互公正		.232**		.224**		.179**		.186**
	$\triangle F$	2.284	27.179	3.008	17.867	2.862	13.909	1.792	26.282
	R^2	.067	.173	.086	.127	.082	.139	.053	.158
	$\triangle R^2$	.067**	.106**	.086**	.071**	.082**	.057**	.053*	.104**

从表 5.32 可以看出,在控制了人口统计学变量后,组织公正感对工作动力行为做出了新的贡献,解释的变异量增加了 10.6%,程序公正和交互公正与工作动力行为显著正相关(P<.001),分配公正与工作动力行为显著负相关(P<.05);在控制了人口统计学变量后,程序公正和交互公正对工作动力行为各维度也都做出了新的贡献,其中对助人行为解释的变异增加了 7.1%;对解决问题行为解释的变异增加了 5.7%;对自我发展行为解释的变异增加了 10.4%。

由于组织公正感与组织支持之间可能存在共线性问题,因此还需要进一步的验证。采用多重回归分析进行分析,首先控制人口统计学变量,接着控制组织支持感,最后再加入组织公正感。结果如表 5.33 所示:

表 5.33　组织公正感对工作动力行为的影响(控制组织支持感)

第一步		第二步		第三步			
人口变量	R^2	组织支持感	$\triangle R^2$	分配公正	程序公正	交互公正	$\triangle R^2$
工作动力行为	—	.067**					
		.313**	.092**				
		.167**		−.102*	.153**	.158**	.027**
助人行为	—	.086**					
		.259**	.063**				
		.146**		−.067	.074	.158**	.018**
解决问题行为	—	.082**					
		.219**	.045**				
		.110*		−.086	.110*	.130**	.017**
自我发展	—	.053*					
		.310**	.090**				
		.167**		−.102*	.198**	.111*	.026**

从表 5.33 可以看出,在控制了人口统计学变量和组织支持感后,组织公正感对工作动力行为做出了新的贡献,解释的变异量增加了 2.7%,程序公正和交互公正与工作动力行为显著正相关(P<.01),假说 4B 和 4C 得到支持,分配公正与工作动力行为显著负相关

(P<.05);在控制了人口统计学变量和组织支持感后,程序公正和交互公正对工作动力行为各维度也都做出了新的贡献,其中对助人行为解释的变异增加了1.8%,交互公正与助人行为显著正相关,假说$4c_1$得到支持,程序公正与助人行为没有显著相关性,假说$4b_1$没有得到支持;对解决问题行为解释的变异增加了1.7%,程序公正(P<.05)和交互公正与解决问题行为显著正相关,假说$4b_2$和$4c_3$得到支持;对自我发展行为解释的变异增加了2.6%,程序公正和交互公正(P<.05)与自我发展显著正相关,假说$4b_3$和$4c_3$得到支持。这里需要引起注意的是,虽然我们并没有对分配公正做任何假说,但结果显示,分配公正与工作动力行为和自我发展显著负相关(P<.05)。

(2)组织公正感预测变量的优势分析

前述分析显示,组织公正感中的分配公正、程序公正和交互公正都对助人行为有显著影响,而程序公正和交互公正都对助人行为、解决问题行为和自我发展有显著影响。采用优势分析(李超平,时勘,2003,2005;Budescu,1993)分别对这几个预测指标在影响工作动力行为以及助人行为、解决问题行为和自我发展方面的相对重要性。计算结果见表5.34:

表5.34　组织公正感各维度对工作动力行为的贡献

	R^2	DJ	PJ	IJ
	0	.004	058	.104
DJ	.004	—	.063	.101
PJ	.058	.008		.059
IJ	.104	.001	.014	—
DJ PJ	.066	—	—	.062
DJ IJ	.104	—	.024	—
PJ Ij	.118	.010	—	—
DJ PJ IJ	.128	—	—	—
对R^2的分解		.006	.040	.082
方差百分比		4.7%	31.3%	64.1%

表 5.34 说明,相对于分配公正和程序公正来说,交互公正对工作动力行为的影响更大,它解释了整个 R^2 的 64.1%,其次是程序公正,它解释了整个 R^2 的 31.3%,影响最小的是分配公正,它只解释了整个 R^2 的 4.7%。

表 5.35 程序公正和交互公正对预测助人行为的贡献

	R^2	PJ	IJ
	0	.028	.083
PJ	.028	—	.057
IJ	.083	.003	—
PJ IJ	.086		
对 R^2 的分解		.0155	.07
方差百分比		18.1%	81.9%

表 5.35 说明,相对于程序公正来说,交互公正对助人行为的影响更大,它解释了整个 R^2 的 81.9%,而程序公正只解释了整个 R^2 的 18.1%。说明交互公正感知程度高的人更容易表现出助人行为。

表 5.36 程序公正和交互公正对解决问题行为的贡献

	R^2	PJ	IJ
	0	.019	.051
PJ	.019	—	.035
IJ	.051	.002	—
PJ IJ	.054		
对 R^2 的分解		.0105	.043
方差百分比		19.6%	80.4%

表 5.36 说明,相对于程序公正来说,交互公正对解决问题行为的影响更大,它解释了整个 R^2 的 80.4%,而程序公正只解释了整个 R^2 的 19.6%。说明交互公正感知高的人更容易表现出解决问题行为。

表 5.37　程序公正和交互公正对自我发展的贡献

	R^2	PJ	IJ
	0	.089	.089
PJ	.089	—	.037
IJ	.089	.037	—
PJ IJ	.126	—	—
对 R^2 的分解		.063	.063
方差百分比		50%	50%

表 5.37 说明程序公正和交互公正对自我发展的影响一样大,各自解释了整个 R^2 的 50%。说明程序公正和交互公正感知高的人更容易表现出自我发展行为。

5.7.5　组织支持感对工作动力行为的影响

对组织支持感与工作动力行为之间的关系,我们同样采用多重回归分析进行验证。首先在回归方程中加入人口统计学变量(控制变量)对工作动力行为以及三个分维度分别进行回归;然后加入组织支持感,并通过观察 $\triangle R^2$ 的显著性来检验组织支持感对工作动力行为及其各维度影响的显著性。如表 5.38 所示:

表 5.38　组织支持感对工作动力行为的影响

步骤	变量	工作动力行为		助人行为		解决问题行为		自我发展	
第一步	GENDER	0.078*	.056	−.027	−.045	.173**	.157**	.044	.022
	A1	0.085	.085	.126*	.125*	.021	.021	.072	.072
	A2	.115	.114	.169*	.169**	.009	.009	.116	.115
	A3	.039	.048	.003	.010	.023	.030	.070	.078
	EDUCAT	−.005	−.009	−.023	−.026	.023	.020	−.015	−.019
	TI1	−.086	−.075	−.061	−.052	−.094	−.086	−.062	−.050
	TI2	−.013	.009	.033	.052	−.069	−.053	.007	.028
	TI3	−.057	−.035	−.002	.016	−.144	−.129	.005	.026

续　表

步骤	变量	工作动力行为		助人行为		解决问题行为		自我发展	
	JO1	.005	.010	.028	.033	−.015	−.011	.001	.006
	JO2	.036	.048	.060	.070	.022	.030	.011	.023
	JO3	.020	.030	−.002	.006	.040	.047	.011	.021
	TE1	−.083	−.029	−.070	−.025	.052	.090	−.191**	−.137*
	TE2	.030	.006	−.014	.016	.085	.111	−.146*	−.110
	TE3	−.002	.059	.104	.154*	.070	.112	−.169*	−.108
	K1	.011	.008	−.036	−.038	.038	.036	.022	.019
	K2	−.016	.013	−.030	−.006	.001	.021	−.012	.017
	IN1	−.014	.021	−.047	−.018	−.032	−.007	.041	.076
	IN2	−.192**	−.127*	−.208**	−.154**	−.171**	−.126*	−.108	−.044
	PL1	−.048	−.056	−.052	−.058	−.068	−.074	−.002	−.011
	PL2	−.085	−.067	−.090*	−.076	−.056	−.043	−.069	−.052
第二步	组织支持感		.313**		.259**		.219**		.310**
	△F	2.284	67.487	3.008	46.968	2.862	32.960	1.792	67.234
	R^2	0.067	.158	.086	.121	.082	.127	.053	.143
	△R^2	0.067**	.092**	.086**	.063**	.082**	.045**	.053*	.090**

从表 5.38 可以看出,在控制了人口统计学变量后,组织支持感对工作动力行为做出了新的贡献,解释的变异量增加了 9.2%;在控制了人口统计学变量后,组织支持感对工作动力行为各维度也都做出了新的贡献,其中对助人行为解释的变异增加了 6.3%,对解决问题行为解释的变异增加了 4.5%,对自我发展行为解释的变异增加了 9%。

由于组织公正感与组织支持感之间可能存在共线性问题,因此还需要进一步的验证。采用多重回归分析进行分析,首先控制人口统计学变量,接着控制组织公正感,最后再加入组织支持感。结果如表 5.39 所示:

表5.39 组织支持感对工作动力行为的影响(控制组织公正感)

变量	第一步		第二步				第三步	
	人口变量	R^2	分配公正	程序公正	交互公正	$\triangle R^2$	组织支持感	$\triangle R^2$
工作动力行为	—	.067**						
			−.090*	.220**	.232**	.106**		
			−.102*	.153**	.158**		.167**	.012**
助人行为	—	.086**						
			−.057	.132**	.224**	.071**		
			−.067	.074	.158**		.146**	.009**
解决问题行为	—	.082**						
			−.078	.154**	.179**	.057**		
			−.086	.110*	.130**		.110*	.005*
自我发展	—	.053*						
			−.090	.264**	.186**	.104**		
			−.102*	.198**	.111*		.167**	.012**

从表5.39可以看出,在控制了人口统计学变量和组织公正感后,组织支持感对工作动力行为做出了新的贡献,解释的变异量增加了1.2%;在控制了人口统计学变量和组织公正感后,组织支持感对工作动力行为各维度也都做出了新的贡献,其中对助人行为解释的变异增加了0.9%,组织支持感与助人行为之间显著正相关,假说5A得到支持;对解决问题行为解释的变异增加了0.5%,组织支持感与解决问题行为之间显著正相关($P<.05$),假说5B得到支持;对自我发展行为解释的变异增加了1.2%,组织支持感与自我发展之间显著正相关,假说5C得到支持。

5.7.6 各预测变量对工作动力行为影响的优势分析

由于涉及的因素比较多,有些因素还是多维度的,因此涉及多维度构念时,选择了各构念中相对于工作动力行为来说最重要、影响最大的维度作为该构念或因素的代表参与分析。如,动机特性就是用其中的个人掌控作为代表,而工作驱力则用学习驱力作为代表,而组织公正感则以程序公正为代表。

表 5.40 各预测变量在预测工作动力行为时的贡献

	R^2	MTQ	MD	EFF	PJ	POS
	0	.319	.242	.160	.104	.108
MTQ	.319	—	.045	.025	.033	.034
MD	.242	.123	—	.090	.039	.050
EFF	.160	.184	.172	—	.070	.077
PJ	.104	.249	.177	.127	—	.027
POS	.108	.245	.183	.129	.022	—
MTQ MD	.364	—	—	.028	.023	.027
MTQ EFF	.344	—	.049	—	.031	.033
MTQ PJ	.353	—	.035	.023	—	.009
MTQ POS	.353	—	.038	.024	.008	—
MD EFF	.332	.061	—	—	.028	.039
MD PJ	.281	.107	—	.080	—	.017
MD POS	.291	.100	—	.079	.006	—
EFF PJ	.230	.145	.130	—	—	.021
EFF POS	.237	.140	.133	—	.014	—
PJ POS	.130	.231	.167	.121	—	—
MTQ MD EFF	.393	—	—	—	.021	.026
MTQ MD PJ	.387	—	—	.026	—	.009
MTQ MD POS	.391	—	—	.027	.004	—
MTQ EFF PJ	.375	—	.038	—	—	.009
MTQ EFF POS	.377	—	.042	—	.007	—
MTQ PJ POS	.361	—	.034	.023	—	—
MD EFF PJ	.360	.053	—	—	—	.014
MD EFF POS	.371	.048	—	—	.004	—
MD PJ POS	.298	.098	—	.077	—	—
EFF PJ POS	.251	.133	.123	—	—	—
MTQ MD EFF PJ	.413	—	—	—	—	.009
MTQ MD EFF POS	.419	—	—	—	.004	—
MTQ MD PJ POS	.396	—	—	.027	—	—
MTQ EFF PJ POS	.384	—	.038	—	—	—

	R^2	MTQ	MD	EFF	PJ	POS
MD　EFF　PJ　POS	.375	.048	—	—	—	—
MTQ　MD　EFF　IJ　POS	.422	—	—	—	—	—
对 R^2 的分解		.156	.115	.075	.035	.041
方差百分比		37%	27.3%	17.8%	8.3%	9.7%

表 5.40 说明,在所有变量中,MTQ 中的个人掌控对工作动力行为的影响最大,它解释了整个 R^2 的 37%,其次是 MD 中的学习驱力,它解释了整个 R^2 的 27.3%,再次是工作自我效能,它解释了整个 R^2 的 17.8%,组织支持感和程序公正各自解释了整个 R^2 的 9.7% 和 8.3%。表 5.40 的意义还在于,整个模型解释了工作动力行为的 44.4%,而选择的这几个变量就解释了工作动力行为的 42.2%,说明所选择的变量基本能够代表原模型。

因此,对工作动力行为来说,最重要的解释因子依次是动机特性中的个人掌控、工作驱力中的学习驱力、工作自我效能、组织支持感和组织公正感中的程序公正。

5.7.7　组织公正感对组织支持感和工作动力行为的调节作用

为了检验组织公正感与组织支持感之间对工作动力行为的交互作用,采用了多层回归分析方法。首先加入人口统计变量(控制变量),分别对工作动力行为、工作动力行为的三个维度助人行为、解决问题行为和自我发展进行回归。然后对每个回归方向分别加入组织公正感的三个维度之一(分配公正、程序公正和交互公正)以及组织支持感分别对工作动力行为、助人行为、解决问题行为和自我发展进行回归。最后把组织公正感三个维度之一和组织支持感的交叉项带入每个回归方程分别对工作动力行为、助人行为、解决问题行为和自我发展进行回归。通过观察交叉项所带来的 $\triangle R^2$ 的显著性来判断组织公正感与组织支持感之间的交互作用。

表 5.41 组织公正感对组织支持感和工作动力行为的调节作用

	工作动力行为	助人行为	解决问题行为	自我发展
控制变量				
GENDER	0.078*	−.027	.173**	.044
A1	0.085	.126*	.021	.072
A2	.115	.169*	.009	.116
A3	.039	.003	.023	.070
EDUCATION	−.005	−.023	.023	−.015
TI1	−.086	−.061	−.094	−.062
TI2	−.013	.033	−.069	.007
TI3	−.057	−.002	−.144	.005
JO1	.005	.028	−.015	.001
JO2	.036	.060	.022	.011
JO3	.020	−.002	.040	.011
TE1	−.083	−.070	.052	−.191**
TE2	−.030	−.014	.085	−.146*
TE3	−.002	.104	.070	−.169*
K1	.011	−.036	.038	.022
K2	−.016	−.030	.001	−.012
IN1	−.014	−.047	−.032	.041
IN2	−.192**	−.208**	−.171**	−.108
PL1	−.048	−.052	−.068	−.002
PL2	−.085	−.090*	−.056	−.069
$\triangle R^2$	0.067**	.086**	.082**	.053*
自变量				
分配公正	−.036	−.031	−.037	−.022
组织支持感	.327**	.271**	.235**	.320**
$\triangle R^2$	.093**	.063**	.046**	.091**
程序公正	.112**	.050	.076	.154**
组织支持感	.246**	.229**	.174**	.218**
$\triangle R^2$	.099**	.064**	.048**	.104**
交互公正	.158**	.157**	·130*	.114*
组织支持感	.216**	.163**	.140**	.241**

	工作动力行为	助人行为	解决问题行为	自我发展
$\triangle R^2$	.106**	.077**	.054**	.098**
自变量交叉				
分配公正×组织支持感	.125**	.082*	.116**	.116**
$\triangle R^2$	.015**	.006*	.013**	.013**
程序公正×组织支持感	.180**	.160**	.169**	.127**
$\triangle R^2$	.030**	.024**	.026**	.015**
交互公正×组织支持感	.130**	.156**	.081	.094*
$\triangle R^2$	.013**	.018**	.005	.007*

由表 5.41 可知,人口统计学变量对工作动力行为、助人行为、解决问题行为和自我发展都具有统计学意义;引入主要预测变量后模型也都有统计学意义;最后引入主要预测变量交叉项,大部分模型也具有统计学意义。

下面在上表的基础上,结合图形对主要预测变量的交互作用进行说明。

(1) 分配公正感对组织支持感和工作动力行为的调节作用

由表 5.41 可知,在控制了人口变量以及主要预测变量后,再引入感知的分配公正和组织支持感的交叉项,它对工作动力行为做出了新的贡献,解释的变异量增加了 1.5%($\beta=0.125$,$P<0.01$),假说 6A 得到支持;具体来说,在控制了人口统计学变量以及主要预测变量的影响后,分配公正感和组织支持感的交叉项对助人行为做出了新的贡献,解释的变异量增加了 0.3%($\beta=0.082$,$P<0.05$),假说 $6a_1$ 得到支持;对解决问题行为和自我发展也做出了新的贡献,解释的变异量都增加了 1.3%($\beta=0.116$,$P<0.01$),假说 $6a_2$ 和 $6a_3$ 得到支持。分配公正感知程度高的员工所体现的组织支持感与工作动力行为之间的关系不同于感知的组织分配公正程度低的员工。

分配公正感对组织支持感和工作动力行为之间关系的调节作用

如图 5.6 所示：

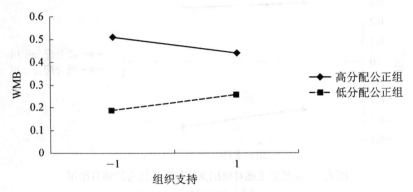

图 5.6　分配公正感对组织支持感与工作动力行为的调节作用

由图 5.6 可知,分配公正感对组织支持感和工作动力行为之间的关系有削弱(impair)作用。可以看出,在分配公正的影响下,随着组织支持感的提高,高低分配公正组所表现出来的工作动力行为的差距越来越小。高分配公正组的员工工作动力行为越来越少,而低分配公正组的工作动力行为则越来越多。

由于工作动力行为由三个维度组成,下面我们分析分配公正感对组织支持感和助人行为、解决问题行为和自我发展之间关系的调节作用。

分配公正感对组织支持感和助人行为之间关系的调节作用如图 5.7 所示：

由图 5.7 可以看出,分配公正感对组织支持感与助人行为之间的关系有加强(reinforcement)作用。在组织分配公正感的影响下,员工的组织支持感越高,表现出的助人行为越少。高分配公正组相对于低分配公正组随着组织支持感的提高,助人行为减少的幅度更小一些。说明低分配公正组的员工随着组织支持感的提高会表现出比高分配公正组越来越少的助人行为。

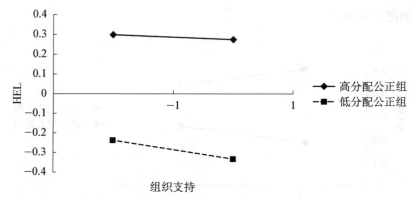

图 5.7　分配公正感对组织支持与助人行为的调节作用

分配公正感对组织支持感和解决问题行为之间关系的调节作用如图 5.8 所示：

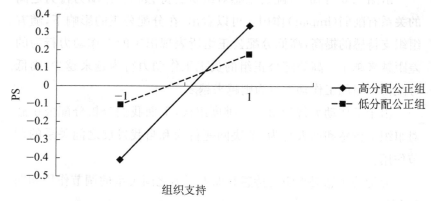

图 5.8　分配公正感对组织支持感和解决问题行为的调节作用

由图 5.8 可以看出，分配公正对组织支持感和解决问题行为有强干预(interference)作用，有明显的关键点(critical point)。在关键点之前，随着组织支持感的提高，低分配公正组的解决问题行为多于高分配公正组，但两者的差距越来越小；在关键点高低分配公正组表现出的解决问题行为一样多；过了关键点后，随着组织支持感的提高,高分配公正组的解决问题行为多于低分配公正组,而且两者的差距越来越大。

分配公正感对组织支持感和自我发展之间关系的调节作用如图5.9所示:

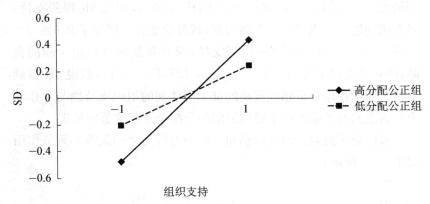

图 5.9 分配公正感对组织支持与自我发展的调节作用

由图 5.9 可以看出,分配公正感对组织支持感和自我发展之间的关系有强干预作用,有明显的关键点。在关键点之前,随着组织支持感的提高,低分配公正组表现出的自我发展行为多于高分配公正组,但两者的差距越来越小;在关键点高低分配公正组表现出的自我发展行为一样多;过了关键点后高分配公正组表现出的自我发展行为多于低分配公正组,而且两者的差距越来越大。

因此,总的来说,虽然分配公正对组织支持感和工作动力行为之间的关系有削弱作用,但是具体到工作动力行为中的各个维度,分配公正的调节作用又不同。分配公正对组织支持感和自我发展和解决问题行为之间的关系都是有明显关键点的强干预作用,但是对组织支持感和助人行为之间的关系只表现出加强作用。

(2) 程序公正感对组织支持感和工作动力行为的调节作用

由表 5.41 可知,在控制了人口变量以及主要预测变量后,再引入程序公正和组织支持感的交叉项,它对工作动力行为做出了新的贡献,解释的变异量增加了 3%($\beta=0.180$,$P<0.01$),假说 6B 得到支持;具体来说,在控制了人口统计学变量以及主要预测变量的影响后,程序公正和组织支持感的交叉项对助人行为做出了新的贡献,解释的变异量增加了 2.4%($\beta=0.160$,$P<0.05$),假说 $6b_1$ 得到支持;对解决问题行为也做出了新的贡献,解释的变异量增加了 2.6%($\beta=0.169$,$P<0.01$),假说 $6b_2$ 得到支持;对自我发展也做出了新的贡献,解释的变异量增加了 1.5%($\beta=0.127$,$P<0.01$),假说 $6b_3$ 得到支持。说明程序公正感程度高的员工所体现的组织支持感与工作动力行为之间的关系不同于感知的组织分配公正程度低的员工。

程序公正感对组织支持感和工作动力行为之间关系的调节作用如图 5.10 所示:

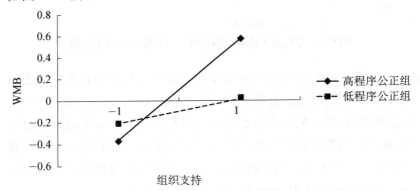

图 5.10 程序公正感对组织支持感和工作动力行为的调节作用

由图 5.10 可以看出,程序公正感对组织支持感和工作动力行为之间的关系有强干预作用,有明显的关键点。在关键点之前,随着组织支持感的提高,低程序公正组表现出的工作动力行为多于高程序公正组,但两者的差距越来越小;在关键点高低程序公正组表现出一样的工作动力行为;过了关键点以后,随着组织支持感的提高,高程序公正组表现出的工作动力行为多于低程序公正组,而且两者的差距越来越大。

由于工作动力行为由三个维度组成,下面我们分别来看程序公正感对助人行为、解决问题行为和自我发展行为的调节作用。

程序公正感对组织支持感和助人行为之间关系的调节作用如图5.11所示:

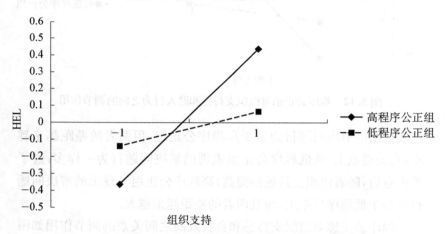

图5.11　程序公正感对组织支持感和助人行为之间的调节作用

由图5.11可以看出,程序公正感对组织支持感与助人行为之间的强干预作用非常明显,有明显的关键点。在关键点之前,随着组织支持感的提高,低程序公正组表现出的助人行为多于高程序公正组,但两者的差距越来越小;在关键点上高低程序公正组表现出一样的助人行为;过了关键点后,随着组织支持感的提高,高程序公正组表现出的助人行为多于低程序公正组,而且两者的差距越来越大。

程序公正感对组织支持感和解决问题行为之间关系的调节作用如图5.12所示:

由图5.12可以看出,程序公正感对组织支持感和解决问题行为的调节作用与对助人行为的调节作用非常相似,也是强干预作用,有明显的关键点。在关键点之前,随着组织支持感的提高,低程序公正

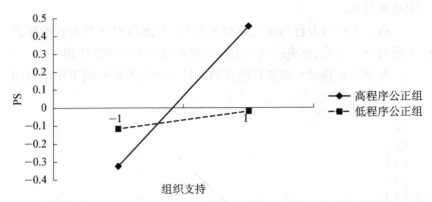

图 5.12　程序公正感对组织支持感和助人行为之间的调节作用

组表现出的解决问题行为多于高程序公正组,但两者的差距越来越小;在关键点上,高低程序公正组表现的解决问题行为一样多;过了关键点后,随着组织支持感的提高,高程序公正组表现出的解决问题行为多于低程序公正组,而且两者的差距越来越大。

程序公正感对组织支持感和自我发展之间关系的调节作用如图5.13所示:

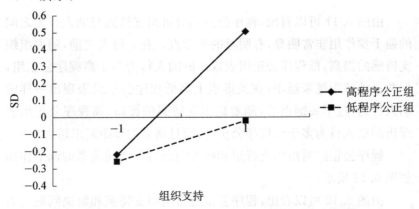

图 5.13　程序公正感对组织支持感和自我发展之间的调节作用

由图 5.13 可以看出,程序公正感对组织支持感和自我发展之间关系的有非常明显的加强作用。随着组织支持感的提高,高程序公正组比低程序公正组表现出越来越多的自我发展行为,而且两者的差距也越来越大。

因此,总的来说程序公正感对组织支持感和工作动力行为之间的关系有强干预作用。从工作动力行为的三个维度来看,程序公正感对助人行为和解决问题行为都有强干预作用,对自我发展则是明显的加强作用。

（3）交互公正感与组织支持感和工作动力行为

由上表 5.41 可知,在控制了人口变量以及主要预测变量后,再引入交互公正感和组织支持感的交叉项,它对工作动力行为做出了新的贡献,解释的变异量增加了 1.3%（$\beta=0.130, P<0.005$）,假说 6C 得到支持;具体来说,在控制了人口统计学变量以及主要预测变量的影响后,交互公正感和组织支持感的交叉项对助人行为做出了新的贡献,解释的变异量增加了 1.8%（$\beta=0.156, P<0.05$）,假说 $6c_1$ 得到支持;对解决问题行为没有显著的新贡献,假说 $6c_2$ 没有得到支持;对自我发展也做出了新的贡献,解释的变异量增加了 0.7%（$\beta=0.094, P<0.05$）,假说 $6c_3$ 得到支持。说明交互公正感知程度高的员工所体现的组织支持感与工作动力行为之间的关系不同于感知的交互公正感知程度低的员工。

交互公正感对组织支持感和工作动力行为的调节作用如图 5.14 所示:

由图 5.14 可以看出,交互公正感对组织支持感和工作动力行为之间的关系有加强作用。虽然对高交互公正组和低交互公正组来说,都是随着组织支持感的增加而表现了更多的工作动力行为。但是高交互公正组增加的幅度要比低交互公正组大,两者的差距越来越大。也说是说,交互公正感知程度高的员工相对于感知的交互公正程度低的员工,组织支持感越强,就越容易表现出更多的工作动力

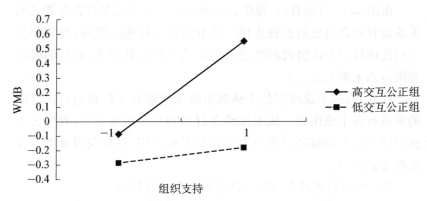

图 5.14   交互公正感对组织支持感和工作动力行为之间的调节作用

行为。

在工作动力行为的三个维度中,交互公正感对解决问题行为没有明显的作用,因此下面分别观察交互公正感对助人行为和自我发展行为的调节作用。

交互公正感对组织支持感和助人行为之间关系的调节作用如图 5.15 所示:

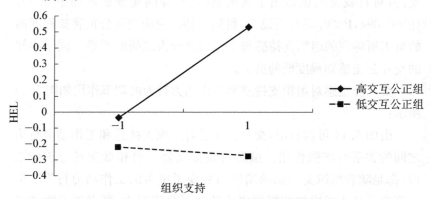

图 5.15   交互公正感对组织支持感和助人行为之间的调节作用

由图 5.15 可以看出,交互公正感对组织支持感与助人行为之间的关系有加强作用。随着组织支持感的提高,高交互公正组的助人行为越来越多;但是对低交互公正组来说,随着组织支持感的增加表现的助人行为反而越来越少,因此两组的差距越来越大。

交互公正感对组织支持感和自我发展之间关系的调节作用如图5.16所示:

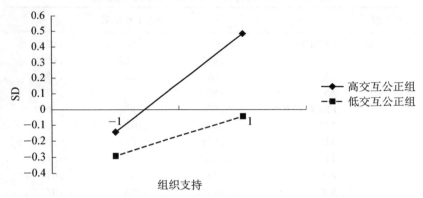

图5.16   交互公正感对组织支持感和自我发展之间的调节作用

由图5.16可以看出,交互公正感对组织支持感和自我发展之间的关系有加强作用。虽然高低交互公正组都随着组织支持感的加强而表现出越来越多的自我发展行为,但是相对来说,高交互公正组增加的更快一些,因此高低两组的差距越来越大。

因此,总的来说,交互公正感对组织支持感和工作动力行为之间的关系有加强作用。但是具体到工作动力行为的三个维度,交互公正感的调节作用又不同。交互公正感对组织支持感和助人行为和自我发展之间的关系是加强作用,但对组织支持感和解决问题行为之间的关系没有显著影响。

5.7.8   工作动力行为对个人工作绩效的影响

对工作动力行为与个人工作绩效之间的关系,同样采用多重回归分析进行验证。首先在回归方程中加入人口统计学变量(控制变量)对个人工作绩效进行回归;然后分别加入总的工作动力行为和工作动力行为的三个维度,并通过观察△R^2的显著性来检验工作动力行为及其三个维度对个人工作绩效影响的显著性。如表 5.42 所示:

表5.42　工作动力行为对个人工作绩效的影响

步骤	变量	个人工作绩效		
第一步	GENDER	.100**	.080	.024
	A1	−.005	−.027	.000
	A2	.063	.034	.080
	A3	.080	.070	.071
	EDUCATION	−.057	−.056	−.070
	TI1	−.002	.019	.030
	TI2	−.078	−.075	−.045
	TI3	−.180*	−.166	−.119
	JO1	.035	.034	.045
	JO2	.074	.065	.071
	JO3	.066	.061	.049
	TE1	.197**	.218**	.165**
	TE2	.248**	.255**	.208**
	TE3	.214**	.215**	.193**
	K1	.065	.062	.045
	K2	.095	.099	.091
	IN1	−.034	−.031	−.025
	IN2	−.206**	−.158**	−.158**
	PL1	−.136**	−.124**	−.113**
	PL2	−.030	−.009	−.018
第二步	工作动力行为		.250**	
	助人行为			−.110*
	解决问题行为			.424**
	自我发展			−.015
	△F	8.211	50.698	39.830
	R^2	.204	.263	.330
	△R^2	0.204**	.059**	.126**

从表 5.42 可以看出,在控制了人口统计学变量后,工作动力行为对个人工作绩效做出了新的贡献,解释的变异量增加了 5.9%,假说 7 得到支持;在控制了人口统计学变量后,工作动力行为的各维度也对个人工作绩效做出了新的贡献,总解释的变异增加了 12.6%。其中助人行为与个人工作绩效显著负相关,解决 7A 得到支持;解决问题行为与个人工作绩效显著正相关,假说 7B 得到支持;自我发展与个人工作绩效没有显著的关系。

表 5.42 只说明了工作动力行为确实对个人工作绩效有意义。在加入了工作驱力、动机特性、工作自我效能、组织公正感以及感知组织支持后工作动力行为是否仍对工作动力行为有解释力还需要进一步检验。

仍然采用多重回归分析进行验证。首先在回归方程中加入人口统计学变量(控制变量)对个人工作绩效进行回归;接着分别按顺序加入组织公正感、组织支持感、工作自我效能、动机特性和工作驱力,再对个人工作绩效进行回归;最后一步加入工作动力行为,并通过观察 $\triangle R^2$ 的显著性来检验工作动力行为对个人工作绩效影响的显著性。如表 5.43 所示:

表 5.43 工作动力行为对个人绩效的意义

步骤	变量	个人工作绩效						
第一步	GENDER	.100**	.102**	.097**	.066*	.038	.052	.033
	A1	−.005	−.013	−.013	−.012	−.011	−.013	−.008
	A2	.063	.053	.051	.038	.057	.061	.071
	A3	.080	.063	.062	.079	.088	.089	.086
	EDUCATION	−.057	−.044	−.049	−.031	−.023	−.023	−.031
	TI1	−.002	.007	.009	.028	.046	.046	.047
	TI2	−.078	−.085	−.082	−.041	−.015	−.015	−.013
	TI3	−.180*	−.181*	.175*	−.108	−.090	−.085	−.076
	JO1	.035	.025	.028	.051	.052	.054	.056

续　表

步骤	变量	个人工作绩效						
	JO2	.074	.069	.075*	.033	.046	.051	.055
	JO3	.066	.068	.068	.034	.040	.045	.042
	TE1	.197**	.187**	.185**	.136**	.131**	.131**	.117**
	TE2	.248**	.241**	.240**	.148**	.141**	.146**	.135**
	TE3	.214**	.209**	.213**	.122**	.126**	.138**	.129*
	K1	.065	.058	.068	.022	.032	.038	.037
	K2	.095	.087	.096	.046	.041	.065	.067
	IN1	−.034	−.030	−.020	−.014	−.046	−.034	−.027
	IN2	−.206**	−.169**	−.163**	−.078	−.091	−.083	−.080
	PL1	−.136**	−.097*	−.102*	−.036	−.020	−.005	−.008
	PL2	−.030	−.016	−.014	.035	.049	.039	.035
第二步	分配公正		−.140**	−.147**	−.052	−.018	−.027	−.033
	程序公正		−.007	−.050	−.074	−.074	−.063	−.064
	交互公正		.093*	.044	.007	−.025	−.026	−.027
	△F	8.211	5.187					
	R^2	.204	.223					
	$△R^2$	0.204**	.019**					
第三步	组织支持感			.109*	.038	.025	.016	.022
	△F			4.288				
	R^2			.229				
	$△R^2$			.005*				
第四步	工作自我效能		.	─	.508**	.448**	.413**	.369**
	△F				243.273			
	R^2				.443			
	$△R^2$				.214**			
第五步	个人掌控					.078*	.086*	.070
	竞争卓越					.099**	.072*	.071*
	动机焦虑					−.131**	−.171**	−.155**
	△F					11.415		
	R^2					.471		
	$△R^2$					.029**		
第六步	获得驱力						.138**	.120**
	联系驱力						.004	.017

续　表

步骤	变量	个人工作绩效	
	防卫驱力	.019	.022
	学习驱力	−.049	−.044
	$\triangle F$	4.288	
	R^2	.485	
	$\triangle R^2$	.014**	
第七步	助人行为		−.042
	解决问题行为		.147**
	自我发展		−.045
	$\triangle F$		3.727
	R^2		.494
	$\triangle R^2$		.009*

　　表 5.43 显示,在控制了人口统计变量后,再依次加入组组织公正感、组织支持感、工作自我效能、动机特性和工作驱力,这几个预测变量的依次加入都对各自的模型都有显著的统计学意义,都各自解释了更多的变异增加量;最后一步加入工作动力行为,显示模型仍具有比较显著($P<0.05$)的统计学意义,说明在逐次控制了人口统计变量(控制变量)以及组织公正感、组织支持感、工作自我效能、动机特性和工作驱力等预测变量后,工作动力行为仍对个人工作绩效做出了新的贡献,解释的变异量增加了 0.9%,充分说明工作动力行为对个人工作绩效有比较显著的积极作用。具体到工作动力行为的各个维度,表 5.28 显示解决问题行为对个人工作绩效有显著的积极作用($P<0.01$),助人行为和自我发展对个人工作绩效都只有一定的负作用,但未达到统计学显著水平。说明工作动力行为中的解决问题行为是影响个人工作绩效的主要维度。

5.7.9　假设检验总结

　　本研究假设检验的结果如表 5.44 所示:

表5.44　本研究的假设检验总结

假说序号	假 说 内 容	是否支持
假说1	工作驱力对工作动力行为有显著的积极作用。	支持
假说1A	获得驱力对工作动力行为有显著的积极作用。	支持
假说1B	联系驱力对助人行为有显著的积极作用。	支持
假说1C	防卫驱力对工作动力行为有显著的消极作用。	不支持
假说1D	学习驱力对工作动力行为有显著的积极作用。	支持
假说1E	解决问题行为与获得驱力显著正相关,与防卫驱力显著负相关,与其他驱力没有显著的相关性。	部分支持
假说1F	助人行为与联系驱力显著正相关,与防卫驱力显著负相关,与其他驱力没有显著的相关性。	部分支持
假说1G	自我发展行为与学习驱力显著正相关,与其他驱力没有显著的相关性。	部分支持
假说2A	个人掌控对工作动力行为有显著的积极作用。	支持
假说$2a_1$	个人掌控对助人行为有显著的积极作用。	支持
假说$2a_2$	个人掌控对解决问题行为有显著的积极作用。	支持
假说$2a_3$	个人掌控对自我发展有显著的积极作用。	支持
假说2B	竞争卓越对工作动力行为有显著的积极作用。	不支持
假说$2b_1$	竞争卓越对助人行为有显著的消极作用。	支持
假说$2b_2$	竞争卓越对解决问题行为有显著的积极作用。	不支持
假说2C	动机焦虑对工作动力行为有显著的消极作用。	不支持
假说$2c_1$	动机焦虑对助人行为有显著的消极作用。	支持
假说$2c_2$	动机焦虑对解决问题行为有显著的消极作用。	支持
假说3	工作自我效能对工作动力行为有显著的积极作用。	支持
假说3A	工作自我效能对助人行为有显著的积极作用。	支持
假说3B	工作自我效能对解决问题行为有显著的积极作用。	支持
假说3C	工作自我效能对自我发展有显著的积极作用。	支持
假说4A	空(分配公正感)	
假说4B	程序公正感对工作动力行为有显著的积极作用。	支持
假说$4b_1$	程序公正感对助人行为有显著的积极作用。	不支持
假说$4b_2$	程序公正感对解决问题行为有显著的积极作用。	支持
假说$4b_3$	程序公正感对自我发展有显著的积极作用。	支持
假说4C	交互公正感对工作动力行为有显著的积极作用。	支持
假说$4c_1$	交互公正感对助人行为有显著的积极作用。	支持
假说$4c_1$	交互公正感对解决问题行为有显著的积极作用。	支持

假说序号	假 说 内 容	是否支持
假说 $4c_1$	交互公正对自我发展有显著的积极作用。	支持
假说 5	组织支持感对工作动力行为有显著的积极作用。	支持
假说 5A	组织支持感对助人行为有显著的积极作用。	支持
假说 5B	组织支持感对解决问题行为有显著的积极作用。	支持
假说 5C	组织支持感对自我发展有显著的积极作用。	支持
假说 6A	分配公正对组织支持感和工作动力行为之间的关系有调节作用。分配公正能加强组织支持感和工作动力行为之间的关系。	支持
假说 $6a_1$	分配公正对组织支持感和助人行为之间的关系有调节作用。分配公正能加强组织支持感和助人行为之间的关系。	不支持是削弱作用
假说 $6a_2$	分配公正对组织支持感和解决问题行为的关系有调节作用。分配公正能加强组织支持感和解决问题行为之间的关系。	支持
假说 $6a_3$	分配公正对组织支持感和自我发展之间的关系有调节作用。分配公正能加强组织支持感和自我发展之间的关系。	支持
假说 6B	程序公正对组织支持感和工作动力行为之间的正向关系有调节作用。程序公正能加强组织支持感和工作动力行为之间的正向关系。	支持
假说 $6b_1$	程序公正对组织支持感和助人行为之间的正向关系有调节作用。程序公正能加强组织支持感和助人行为之间的正向关系。	支持
假说 $6b_2$	程序公正对组织支持感和解决问题行为的正向关系有调节作用。程序公正能加强组织支持感和解决问题行为之间的正向关系。	支持
假说 $6b_3$	程序公正对组织支持感和自我发展之间的正向关系有调节作用。程序公正能加强组织支持感和自我发展之间的正向关系。	支持
假说 6C	交互公正对组织支持感和工作动力行为之间的正向关系有调节作用。交互公正能加强组织支持感和工作动力行为之间的正向关系。	支持
假说 $6c_1$	交互公正对组织支持感和助人行为之间的正向关系有调节作用。交互公正能加强组织支持感和助人行为之间的正向关系。	支持

续 表

假说序号	假 说 内 容	是否支持
假说 6c$_2$	交互公正对组织支持感和解决问题行为的正向关系有调节作用。交互公正能加强组织支持感和解决问题行为之间的正向关系。	不支持
假说 6c$_3$	交互公正对组织支持感和自我发展之间的正向关系有调节作用。交互公正能加强组织支持感和自我发展之间的正向关系。	支持
假说 7	工作动力行为对个人工作绩效有显著的积极作用。	支持
假说 7A	助人行为对个人工作绩效有显著的消极作用。	支持
假说 7B	解决问题行为对个人工作绩效有显著的积极作用。	支持

5.5　小结

本章首先采用 One-Way ANOVA 对样本各人口统计学变量进行方差比较,并对年龄、职称和工作年限进行了方差趋势检验,对其中方差有显著差异的各组变量进行了比较和趋势分析。

接着进行了共线性和共同方法偏差控制和检验的分析,说明本研究存在一定共线性问题,但共同方法偏差不太明显。在分析过程中在一定程度上控制了变量间的共线性,因此研究结果具有一定参考价值。

然后对前一章开发的两个新量表和翻译的量表进行了探索性因素分析和验证性因素分析,结果显示模型表现均良好。

最后采用多重线性回归和优势检验对假说进行了检验,结果显示大部分假说得到支持,也有部分假说没有得到支持。

实证研究结果及讨论

6.1 引言

　　本书前几部分分别从相关文献综述、理论架构搭建以及研究假说的提出、研究方法及过程的详细介绍以及研究结果描述和分析几个方面对我们的研究进行了详细阐述。如果对前几部分内容进行简单总结，可以说前一部分是告诉我国研发人员工作动力行为是怎样的。仅仅了解工作动力行为是怎样的还远远不够，更重要的是了解这些研究结果如何应用于我国研发人员管理和开发的实践之中，以及目前的研究成果存在的局限和未来理论研究、发展的建议。本章的目的就是对这几个问题进行阐述。

　　本章主要包括以下几个方面的内容：对前几部分得出的研究结果及发现进行分析和讨论；研究结果以及相关发现的总结；研究结果在实践中的具体运用范围。

6.2 研究发现及讨论

6.2.1 我国研发人员工作动力行为典型表现

　　研究结果显示，国内研发人员工作动力的典型表现行为主要有三类：

（1）助人行为

员工在工作中自发表现的帮助、协助同事以及与同事合作的行为。助人行为是关系促进行为，它能加强人际关系，能促进人与人之间的合作。

对助人行为的研究相对较多，因为助人是 OCB 中最重要的一个维度，几乎很少有关 OCB 的研究不考虑助人行为。OCB 中对助人行为的定义是"自发地帮助同事避免和解决工作相关的问题"，因此助人行为实际上包括 Organ（1988）的利他和事先知会、Graham（1989）的人际帮助等维度。OCB 中的助人行为强调帮助同事避免和解决工作问题，这与我们的解决问题行为有一定的重合；而以工作动力表现形式出现的助人行为强调的不是解决问题，而是同事之间互助和协作的状态，因此我们认为助人行为更多表现的是关系促进行为，它能加强人际关系，更重要的是它能促进人与人之间的合作。

（2）解决问题行为

有利于解决个人、团队或组织工作中出现问题的行为，包括发现问题、寻找解决问题的方法、采纳建议以及具体付诸实施等。

根据 Lord 和 Kernan（1987）的脚本理论（script theory），当人们遇到一个常规问题时通常会采用常规的解决方式，即所谓的角本。因此一般来说，角本反映了一个人的真实能力水平。当人们遇到非常规问题时，这时常规解决方式往往不起作用，这时候个人就需要花费更多精力和注意力在角本之外寻求解决问题的方法，这一过程被一些学者称为解决问题的补偿模型（Doerner，Wearing，1995；March，Simon，1958；Nair，2000；Smith，1997）。因此认为研发工作中的解决问题行为能够在一定程度上反映个人的工作动力情况。此外，一般学者在提到解决问题行为时，其研究对象是同一个人，也就是说，一般研究的是某个人在面对常规与非常规问题时的反应。我们提出的解决问题行为的不同之处在于：首先，我们所要解决的问题并非某一个具体的个人所遇到的常规或非常规问题，这一点与脚本理论不同。这个问题可能是自己遇到的,可能是其他同事遇到的,可能是团队面临的,也可能是组织面临的问题;此外,这种问题可能是他人职责内的问题,也可能是职责外的问题。其次,所研究的解决问题行为并不一定完全反映一个人的真实能力水平,这一点与脚本理论不同。我们以同事遇到的问题为例,因为每个人的能力不同,同一个问题对甲来说可能是非常规问题可能,对能力水平更高的乙来说可能就是常规问题,因此在这里解决问题行为并不能完全用角本理论中的补偿模型来解释。但是即使这种问题对个人来说并不是非常规问题也不影响解决问题行为能反映个人工作动力的实质。这种行为表现与否完全取决于个人的决定,即使不表现这些行为也不会对个人有太多的负面影响,而且实际情况往往是能做还是不能做只有自己最清楚,外人一般不易觉察。因此我们说这种行为对这个人来说反映了他的工作动力。从这个角度来说,能力越高的人表现出解决问题行为的可能性越大,因此他的工作动力行为可能也越明显。

(3)自我发展

员工主动积极寻找学习和提高的机会并积极投入的行为。具体包括搜集和利用工作信息、寻找并充分利用培训课程、了解本领域前沿,以及学习新技术、使用新设备和新方法等。

Katz(1964)所提到的三类工作行为就涉及自我发展(self-development),因此也有学者把自我发展行为归入 OCB 中(如 George 和 Brief,1992;Podsakoff,2000)。George 和 Brief(1992)和 George 和 Jones(1997)还以"员工主动改善知识、技能和能力以更好地贡献所在组织的行为"来定义自我发展行为。樊景立(Farh,1997,2004)的研究显示,我国背景下的 OCB 包括自我培训(self-training)维度。他对自我培训的定义是自觉提升自己的知识和工作技能,与 George 等的自我发展维度类似。遗憾的是到目前为止对自我发展行为的研究非常有限,也有学者认为自我发展行为可能会通过与其他 OCB 不同的机制改善组织的效能。

樊景立认为,由于在当前我国组织资源有限的条件下,员工愿意自己出资进行自我培训、自觉寻找机会提升自己的工作技能是一种对待工作积极进取的表现。这一点也支持我们"自我发展是研发人员工作动力表现"的观点。我们提出的自我发展与OCB中自我发展最大的区别在于,OCB中的自我发展概念的提出是基于对组织有利的视角,而以工作动力表现形式出现的自我发展主要强调的是个人积极向上、力求进取的状态,它首先是自利的。当然并不排斥自我发展有利于提高个人知识技能,从而间接影响个人绩效的逻辑,这对组织也是有利的。

本研究的正式施测结果显示,从人口变量来看,不同类型的研发人员之间在工作动力行为上存在一定的差异:从性别来看,男性和女性的工作动力行为,尤其是解决问题行为之间存在显著差异,男性明显多于女性;从单位性质来看,事业单位的研发人员表现的助人行为和解决问题行为明显少于国企和其他单位;从行业来看,其他行业的研发人员表现的助人行为、解决问题行为和总的工作动力行为均明显少于IT行业和汽车行业;从工作地点来看,上海地区的研发人员表现的助人行为、解决问题行为和总的工作动力行为均明显多于长春地区的研发人员。

这在一定程度上也能反映目前国内研发人员的现状:女性研发人员相对于男性研发人员更缺少工作动力;事业单位的研发人员相对于国企和其他企业(主要指导民营、私企和三资企业等)更缺少工作动力;IT行业和汽车行业研发人员的工作动力相对强于其他行业(这里的主要研究对象是研究院);长春地区研发人员的工作动力明显弱于上海地区。因此推测:所处的环境竞争越激烈,研发人员表现出来的工作动力行为可能就越多。这一点还需要留待后续研究考察和验证。

6.2.2 我国研发人员的工作驱力

研究结果显示,我国研发人员的工作驱力主要表现在以下四个方面:

(1)获得驱力

一般来说,人们期望获得的物体包括实体性物体,如食品、服装、房屋,以及吃、喝、玩等令人愉快的活动;也包括抽象性物体,如社会地位、荣誉、身份等。研究结果显示,目前国内研发人员最关注的获得物是抽象性物体而不是实体性物体。他们最关注的是个人成就感以及得到他人的认可。

(2)联系驱力

联系驱力是一种归属的需要,是建立并维持人与人之间的关系的驱力。研究结果显示,目前国内研发人员非常关注与同事的关系,希望能和同事在工作中实现良性互动,也希望能得到上级的尊重。

(3)防卫驱力

防卫驱力是一种避免威胁的驱力。因为它是反应性的,因此在国内研发工作环境中的主要表现是:防止别人认为自己工作不努力、不积极、不负责,不希望上级批评自己的工作。

(4)学习驱力

学习驱力是促进人们了解、理解和欣赏事物,最终改善自己的驱力。研究结果显示,目前国内研发人员非常关注自己能否充分运用所学知识、不断学习新知识并了解技术发展前沿。

Lounsbury 等(2004)的研究结果显示,他们所研究的工作驱力从性别、种族和肤色来看不存在显著的差异。我们的研究结果也显示,从性别来看,四种工作驱力都不存在显著的差异。此外,从年龄来看,26 到 30 岁的研发人员具有最强的联系驱力、获得驱力和学习驱力;从职称来看,初级职称的研发人员的联系驱力最强,中级职称的研发人员的防卫驱力最强;从单位性质来看,事业单位的研发人员的联系驱力明显小于国企和其他组;从行业来看,其他行业的研发人员的四种工作驱力均明显小于 IT 行业和汽车行业;从工作地点来看,上海地区的研发人员的联系驱力和学习驱力明显高于长春地区。

以上结论显示,工作驱力与研发人员的职业生涯周期或生命周期存在一定的相关性,一般来说探索期联系驱力较强,成长期获得驱力、学习驱力较强,维持期防卫驱力较高;此外,竞争性行业的研发人员工作驱力明显高于非竞争性行业,因此行业竞争性可能也是影响研发人员工作驱力的因素之一;工作驱力可能与地区的经济发展水平相关。这几点还需要后续研究进一步验证。

6.2.3 SMTQ 的本土化结果

研究显示,本土化的 SMTQ 也是呈现三个主要维度:个人掌控、竞争卓越和动机焦虑,其中个人掌控和竞争卓越反映成就动机的"趋向"目标,而动机焦虑则反映"回避"目标。其中个人掌控包括目标掌控和学习意愿,竞争卓越包括参考他人目标和寻求竞争,而动机焦虑中原来的两个维度焦虑和情绪性则在本土情形下由于在多个样本的测试下相关系数均超过 0.95,因此合为一个维度,就以动机焦虑称呼它,这是此次量表修订中与原量表最大的差异。可以解释为,在华人文化背景下以及在我国当前的经济发展阶段,国人比较不喜欢不确定性和可能存在的威胁,面对不确定性时的情绪不稳定和回避失败威胁的紧张状态表现得差异不大。

本土化后的 SMTQ 与原始量表不同的还有一点,即寻求竞争和动机焦虑之间的关系。在原量表中,寻求竞争和动机焦虑的两个维度之间均无显著的关系,而在我们的研究中发现,两者是负相关的。即寻求竞争强的个人动机焦虑反而低。我们认为,因为我国传统的处事方式是以和为贵,因此人与人之间相处不喜欢(或者说尽量回避)竞争。但是目前企业之间竞争越来越激烈,人与人之间的竞争也无处不在。在这样的大环境下,面对有限的资源,主动展开竞争的人往往能够抢到更多的资源。而持有传统处事方式的人由于一时难以改变自己已经习惯的方式,在资源竞争中往往处于劣势,因此感到焦虑或产生负面情绪;即使他临时改变了方式加入竞争并取得成功,由于违背惯常做事方式他也会感到焦虑或产生负面情绪。

此外,本研究的研究结果与原作者相同,即:虽然参考他人目标和动机焦虑分别属于成就动机中的"趋向"目标和"回避"目标,但是两者之间的关系并不是负相关,研究竞争卓越中的参考他人目标与动机焦虑是显著正相关的。我们同意原作者对这一现象的解释,即:个人可能因为两个不同的原因拿自己的绩效与他人的绩效进行比较:一是评价自己是不是比他人做得好(如竞争);二是评价别人是不是做得比自己好(如害怕失败)。如果这样理解,这两个因素之间的相关性就可以理解。也就是说,动机的"趋"和"避"面都与个人参照他人表现的倾向相关。

研究结果显示:从性别来看,男性研发人员的个人掌控(包括学习意愿和目标掌控)以及寻求竞争明显强于女性研发人员,但是动机焦虑却明显弱于女性研发人员;从年龄来看,26 到 30 岁的研发人员的目标掌控明显强于 36 岁以上的研发人员,而 25 岁以下的研发人员的动机焦虑明显高于 36 岁以上的研发人员;从从事研发工作年限来看,少于 2 年的研发人员的目标掌控和动机焦虑均明显高于 11 年以上的研发人员;从单位性质来看,事业单位的研发人员的竞争卓越特性(包括参照他人目标和寻求竞争)最弱,但是动机焦虑却最高;从行业来看,其他行业研发人员的学习意愿和目标掌控特性最弱,参照他人目标特性也最弱,IT 行业最高;汽车行业的竞争卓越特性最强,而 IT 行业的研发人员的动机焦虑特性最高;从工作地点来看,上海地区的个人掌控(包括学习意愿和目标掌控)以及竞争卓越(包括参照他人目标和寻求竞争)特性明显强于长春地区的研发人员,而动机焦虑则正好相反,是上海地区的明显弱于长春地区。

6.2.4　工作驱力与工作动力行为

在研究中,工作驱力主要表现为四种形式:获得驱力、联系驱力、防卫驱力和学习驱力。研究结果显示,即使已经事先控制了人口学统计变量以及组织支持感、组织公正感、工作自我效能和动机特性等预测变量,工作驱力仍然对工作动力行为有显著影响,这从某种程度上就肯定了工作驱力与工作动力行为之间的相关性。

虽然说每个人都同时拥有这四种驱力,但是具体到工作动力行为,并不是每一种驱力对工作动力行为都有显著的相关性。这四种驱力中学习驱力和获得驱力与工作动力行为的相关性比较显著。而在对学习驱力与获得驱力进行的优势分析结果显示,学习驱力比获得驱力对工作动力的影响大。这也反映了学习对研发人员工作动力的重要性。因此认为学习驱力强的研发人员的工作动力相对较强。对这一现象的解释是:首先,学习驱力在四驱力中对工作动力行为的显著影响是因为,在工作动力行为中有一个维度是自我发展,而自我发展就是典型的由学习驱力推动的行为,而工作动力行为中的解决问题行为也要求个人不断学习,因为只有这样才能更好地表现出解决问题行为;其次,研发人员的工作以创新性和学习性为主要特征,这就要求研发人员必须时刻紧跟技术前沿,不断学习新的知识,而优秀的研发人员通过创新成果表现出他们的能力,这些都要求有极强的学习能力和动力,因此学习驱力大小在一定程度上也能反映出研发人员工作动力的大小。

研究结果显示,对国内研发人员来说,防卫驱力对工作动力行为没有显著的作用,它对工作动力行为的三个维度也没有预期的显著负相关性;另外,四种工作驱力与研发人员工作动力行为的三个维度之间也不是一一对应的关系。学习驱力对助人行为、解决问题行为和自我发展均有显著的积极作用,获得驱力对解决问题行为和自我发展都有显著的积极作用,联系驱力也对助人行为有显著的积极作用。结果显示,学习驱力是对工作动力行为最重要的驱力。

对防卫驱力与工作动力行为没有显著的关系,我们的解释是:首先从心理学的角度来说,人们对积极结果和消极结果的反应不一样,一般来说当面对积极结果时人们希望越多越好;而面对消极结果时,只要控制在一定范围内对自己没有显著影响就可以接受,因此并不一定越少就越好。其次,从防卫驱力的内容来看,它主要是对不安全因素以及风险的一种防备。研发工作本身很少涉及到不安全因素,涉及的风险也主要是研发风险,就我国目前的体制来说,一般不会由研发人员承担全责,因此风险性有限,即使有风险,责任承担结果也比较明朗。再从研发人员工作的稳定性和收入来看,他们的收入一般属于中上等甚至上等,工作的稳定性相对也比较高。因此,就研发工作来说,防卫驱力对个人的工作动力没有明显的作用。

由于工作驱力少有人研究,而工作动力行为又是我们新提出的概念,因此我们仅能从 Lounsbury 等(2004)的工作驱力角度以及 OCB 动机研究的角度对我们四种工作驱力与工作动力行为的研究结果进行简单比较。

研究 OCB 动机的学者非常少,目前找到的研究包括 Rioux 和 Penner(2001)认为员工表现出 OCB 的主要原因有两个:亲社会价值观和关心组织的角度;Finkelstein 和 Penner(2004)认为员工表现 OCB 的主要原因是印象管理,其中又区分了两类外部动机:人际动机和组织动机。Finkelstein(2006)则同时考虑了已有的三类 OCB 动机:亲社会价值观、关心组织和印象管理。他们实际上考察的是表现 OCB 的原因,这一点与我们研究 WMB 类似,但是他们并没有进一步考察 OCB 中的维度,否则可以就助人行为的研究结果进行比较;而本研究是从四驱力的角度入手来探讨 WMB 的,当然它也可以被看作是另类的 OCB,但是研究的内容终究还是有差异。

Lounsbury 等(2004)的研究结果显示,工作驱力(个人特性)与工作绩效显著相关,如果把工作行为视为行为绩效的话,与我们的研究也有相似之处。研究结果显示工作驱力与工作行为(或行为绩效)也是显著相关,不过四种工作驱力对 WMB 所起的作用不同:防卫驱力对工作动力行为没有显著的作用,它对工作动力行为的三个维度也没有预期的显著负相关性;另外,四种工作驱力与研发人员工作动力行为的三个维度之间也不是一一对应的关系。学习驱力对助人行为、解决问题行为和自我发展均有显著的积极作用,获得驱力对解决问题行为和自我发展都有显著的积极作用,联系驱力也对助人行为有显著的积极作用。结果显示,学习驱力是对工作动力行为最重要的驱力。

6.2.5 动机特性与工作动力行为

研究结果显示,动机特性对工作动力行为有显著的影响,其中影响最大的是个人掌控。个人掌控对助人行为、解决问题行为和自我发展都有显著的积极影响,其中对自我发展的影响最大。这一点与预期一致,因为一般来说,趋向动机一般导向的是对积极结果或想要的结果的期望,而回避动机则导向对负面或不想要的结果的期望(Eliot 和 Thrash,2002)。Kajal(2004)的研究也显示个人掌控与传统以成就为基础的行为积极相关(OCB 和任务绩效)。动机特性的其他两个维度竞争卓越和动机焦虑对工作动力行为的影响都不显著,这一点与 Kajal(2004)的研究结果一致,在他的研究中,竞争卓越与任务绩效和 OCBI 都没有显著的相关性(虽然他认为竞争卓越与任务绩效积极相关,因为个人会为了比别人表现得更好从而受到激励去实现自己的目标)。我们对这个问题的解释是,一般个人掌控强的人工作比较投入,因此就不太愿意拿自己的绩效和他人比较。

本研究还显示,竞争卓越与助人行为显著负相关,动机焦虑与助人行为和解决问题行为都显著负相关,这一点与 Kajal 的研究结果不太一致。他的研究显示,动机焦虑中的焦虑和情绪性除了焦虑与 OCBO 显著负相关外,与 OCBI、OCBO 和任务绩效都不相关。Kajal

的解释是,回避动机倾向可能不会阻碍人们从事亲社会行为(OCB)或要求的行为(任务绩效),但是会增加表现出负面行为(CWB, counterproductive work behaviors)的可能性。竞争卓越和动机焦虑对自我发展都没有显著影响。其中竞争卓越与解决问题行为没有显著关系这一点与我们的假说不同,因为根据理论解释,竞争卓越强的人愿意表现出自己比别人优秀,而解决问题行为则是一种非常好的表现个人能力的途径。对两者之间没有显著关系的解释是:首先,国人的文化传统是集体主义而非个人主义,相比较而言个人主义更崇尚竞争,而集体主义则推崇合作。在这样的大环境下,受传统文化影响较深的人大多数都不喜欢竞争;其次,竞争卓越维度包括参照他人目标和寻求竞争两个方面,参照他人目标是指在对自己进行评价时以别人为评价标准,因此与解决问题行为的关系并不是非常明显,而寻求竞争虽然与解决问题相关,但结果受到参考他人目标的影响,共同作用可能就不明显了。还有一种可能就是,虽然个人掌控和竞争卓越都属于趋向动机,但是两者的作用机理不同。就国人而言,我们感觉参照他人目标相对隐化,更容易为大家所接受;而寻求竞争是典型的外向行为,一般不为大家所接受。

个人掌控与工作动力行为及各个维度之间的显著积极关系说明了个人掌控对工作动力行为的意义。一般来说,个人掌控高的人以自我为参照评价自己的进步,他们愿意设定对个人来说有挑战性的目标从而获得新的信息和改善个人绩效,他们会为自己设定越来越高的成就目标,甚至在面对障碍时也是这样。因此他们大都好学,愿意解决问题,一般也比较乐于助人。

6.2.6 工作自我效能与工作动力行为

对人口统计学变量的分析告诉我们,从性别来看,男性的工作自我效能感明显高于女性;从年龄来看,31 到 35 岁的研发人员的工作自我效能感明显高于 25 岁以下的以及 36 岁以下的研发人员;从从事研发工作年限来看,6 年到 10 年半的研发人员的工作自我效能感明显强于其他研发人员;从行业来看,其他行业的研发人员的工作自我效能感明显弱于 IT 行业和汽车行业;从工作地点来看,上海地区的研发人员的工作自我效能感明显强于长春地区的研发人员。

研究还显示,研发人员的工作自我效能与工作动力行为显著正相关。工作自我效能与工作动力行为的三个维度也都是显著正相关,不同的是它与解决问题行为的相关系数最大。说明我们可以认为工作自我效能越高的研发人员越容易表现出工作动力行为,但是相对来说,他最容易表现出的工作动力行为是解决问题行为,其次是自我发展,然后才是助人行为。在工作动力行为中,解决问题行为最需要个人能力的一种行为,自我发展则是最能够开发员工个人能力的一种行为。而工作自我效能可以被看作是员工对自己研发工作能力的一种自我认知。同时,由于过去的成果会影响到个人自我效能,因此推测过去工作动力行为的结果也会对员工的工作自我效能产生影响:如果过去的工作动力行为得到了积极的结果,就会增强员工的工作自我效能;如果过去的工作动力行为得到的是消极的结果,就会减弱员工的工作自我效能。同时,因为对同一项任务经历的次数越多,他的自我效能会增加(McDonald 和 Siegall,1992)。因此我们可以推测工作动力行为成功表现的次数越多,会加强个人的工作自我效能感。

以往关于与自我效能和工作行为相关的研究主要是研究自我效能与工作绩效的关系,大多数研究结果都证明了自我效能与工作绩效之间的显著的积极的关系。如果把工作动力行为也看作绩效的话,我们的研究结果也再一次证明了这一结果。但是又给了另一个启示:工作动力行为是否也属于工作绩效呢? 如果是,它与个人工作绩效有什么区别? 因为后面会涉及工作动力行为与个人工作绩效的研究结果,这里就不再赘述。

6.2.7 组织公正感与工作动力行为

对人口统计学变量的分析告诉我们,从年龄来看,小于 25 岁的研发人员的程序公正最高;从职称来看,其他研发人员的组织公正感明显高于中级职称的研发人员;从从事研发工作年限来看,小于 2 年的研发人员的分配公正感明显高于 2 年到 5 年半的以及 11 年以上的研发人员,他们的分配公正感最高,他们的交互公正感明显高于 11 年以上的研发人员;从单位性质来看,事业单位的研发人员的分配公正感最高;从行业来看,其他行业研发人员的交互公正感最低,分配公正感明显低于汽车行业,IT 行业研发人员的程序公正感最高;从地区来看,上海地区的研发人员的分配公正感明显低于长春地区。

研究还显示,员工的组织公正感与工作动力行为有显著的影响,其中起主要作用的是交互公正和程序公正。从工作动力行为的三个维度来看,交互公正和程序公正均与助人行为和解决问题显著正相关,这一点也支持我们的研究假说。但是优势分析的结果显示,实际上对助人行为和解决问题行为起主要作用的是交互公正。交互公正和程序度公正也都与自我发展显著正相关,而优势分析的结果显示,两者对自我发展来说同等重要。

研究结果显示了交互公正对工作动力行为的重要性:它是解释助人行为和解决问题行为的重要因素,也是解释自我发展的重要因素。OCB 相关研究中少有对交互公正与 OCB 关系的研究。而程序公正对工作动力行为也非常重要,这一点与 OCB 相关研究基本一致。Moorman(1991,1993)都证实程序公正与 OCB 的所有维度之间显著相关,他还因此提出假设:在所有的态度变量中,程序公正与 OCB 的关系最为密切。我们的解释是:程序公正是对决策所依据的正式过程的评价,它涉及分配过程的正式规章制度,是人们对组织系统的评价。因此当员工对组织系统的评价高时,就容易表现出工作动力行为。而交互公正是在决策过程对于人际间相互对待程度的评价,关注的是程序执行过程中决策者所表现出来的行为问题,或者说在程序执行过程中人们所受到的人际对待问题。因此交互公正实际上反映了上级与员工的相互作用,它与上级信任评价非常密切,它关注的是上级的行为。对交互公正的评价高,就说明对上级比较任何,对上级的行为比较认可。因此员工会表现出工作动力行为作为回报。Weinberg(1986)强调经理和雇员之间公开和真诚的沟通的重要性。

研究对分配公正没有进行任何假设,因为我们认为到目前为目止,研究人员还没有发现分配公正与工作行为(主要指 OCB)之间显著相关的原因可能与分配公正的性质有关。比如,Moorman(1991)发现分配公正与 OCB 的所有维度都不存在显著的相关。一般认为分配公正是与 Adams(1963,1965)的公正理论关系最密切。但是我们在原始量表的测量结果中得到的结论是,分配公正与工作动力行为显著负相关(.05 水平)。这一点与 OCB 的已有研究结果不同。其中可能有报酬/贡献比过高结果的影响,但这也只是猜测,具体结果需要进一步验证。

在 Latham 和 Pinder(2005)对前 30 年(尤其是 1993 至 2003 年这 10 年间)工作动机理论进行的综述中得出结论:当员工感到没有受到公正对待时,他们既有情感(如低承诺)也有行为(如减少助人行为)反应。Kajal(2004)的研究显示,分配公正与 OCBO 无相关性,与 OCBI 显著正相关,与任务绩效无相关性;程序公正与 OCBO、OCBI 和任务绩效均积极相关。他的研究中并没有涉及交互公正。

研究虽然并没有具体针对分配公正做任何假设,但研究结果显示,分配公正与工作动力行为负相关(.05 水平),与助人行为、解决问题行为和自我发展均无明显的相关性;程序公正与四者均显著正相关;交互公正也与四者均显著正相关。

因此可以看出,组织公正感中的程序公正对 OCB 和 WMB 的作用基本相似;没有找到交互公正对 OCB 作用的研究,因此不能比较;

关于分配公正的结果,因为已经发现这种研究方法本身存在一定的问题,因此没有做假设。通过仔细分析了 Kajal(2004)的研究,他也并没有对分配公正做任何有效控制或改变,但得出的结果与我们的有差异,是因为分配公正对两种行为的作用不同? 还是因为样本或其他原因? 目前还不能判断造成这种差异的具体原因是什么,需要留待后续研究做进一步的探讨。

6.2.8　组织支持感与工作动力行为

对人口统计学变量的分析告诉我们,从性别来看,男性研发人员组织支持感明显高于女性;从年龄来看,小于 25 岁的研发人员的组织支持感明显高于 36 岁以上的研发人员;从从事研发工作年限来看,2 年以下的研发人员的组织支持感明显高于 2 年到 5 年半的以及 11 年以上的研发人员;从行业来看,其他行业的研发人员的组织支持感明显低于 IT 行业和汽车行业。

研究还显示,员工的组织支持感与工作动力行为显著正相关,与助人行为、解决问题行为和自我发展行为也都显著相关。目前尚未见到组织支持感在 OCB 或其他工作行为中的应用,因此不能进行具体比较。说明组织支持感高的员工更容易表现出助人行为、解决问题行为以及自我发展等典型工作动力行为。凌文辁等(2006)认为组织支持感是员工知觉到的组织对他们工作上的支持,对他们的利益的关心和对他们价值的认同。Eisenberger 等(1986)认为组织支持感实际上反映的是员工对组织在各方面对自己的支持程度的一种期望。这些期望包括组织对员工未来生病、犯错误、上级绩效、工作的意义、支付公平薪酬等的态度。组织支持感会提高员工对自己努力—结果的期望,也能满足员工对表扬和赞同的需要,因此有利于员工形成对组织积极的情感联系,员工会通过提高出勤率和绩效的方式付出更多努力以实现组织的目标。

因为组织支持感还属于一个比较新的概念,刚被引入组织行为学不久,因此从行为角度来研究组织支持感的很少。因为没有发现相关研究,因此不能做进一步的比较。我们研究的意义之一就是提醒相关学者关注组织支持感对员工行为的影响。如有可能,还可能做进一步的交互作用或中介作用的分析。

6.2.9　组织公正感对组织支持感和工作动力行为的调节作用

研究显示,分配公正、程序公正和交互公正都对组织支持感和工作动力行为有调节作用,其中分配公正是削弱作用,程序公正是强干预作用,交互公正是加强作用。具体到工作动力行为的三个维度,分配公正对组织支持感与助人行为有加强作用;对组织支持感和解决问题行为以及自我发展有强干预作用。程序公正对组织支持感和助人行为以及解决问题行为有强干预作用;对组织支持感和自我发展有加强作用。交互公正对组织支持感和助人行为以及自我发展都是加强作用。一般来说,如果员工相信自己被公平对待,他们将更可能对自己的工作、工作结果以及上司持有积极的态度,因此更容易感知组织对自己的支持,从而表现出更多的工作动力行为。

分配公正研究的是员工对分配结果的认知,与人们所接受的决策结果相关,因此一般反映的是对较近期利益的关注。分配公正感的提高,主要反映的是对付出—获得之间匹配度的更高评价。因为我们的研究结果中,分配公正与工作动力行为之间是负相关关系,即分配公正感提高,表现出更少的工作动力行为。因此当员工感觉到上级对自己工作的支持以及对自己利益的关心时,更愿意表现出更多的助人行为以显示对结果的满意和对上级的回报;也会表现出更多的解决问题行为,相信这些行为会得到上级的认可;同时也会更关注自己的发展,相信会得到上级支持。但是研究结果与预期不符。可能的原因就是受到分配公正的影响,前面已经解释过为什么我们放弃了对分配公正的假说。

程序公正是对决策所依据的正式过程的评价,它涉及分配过程的正式规章制度,是人们对组织系统的评价,因此一般与较长期利益的关注相关。程序公正感高,反映的是员工对组织系统和程序的评价高,或者说员工相信组织的系统和程序。因此当他们认为上级支持自己的工作,关心自己的利益时,就会表现出助人行为以回报上级,会积极表现出解决问题行为,也愿意投入更多的时间和精力完善自己,因为他们相信这样的行为在正常运转的组织系统中会得到认可。

交互公正实际上反映了上级与员工的相互作用,它与上级信任评价非常密切,它关注的是上级的行为。交互公正感高,说明员工信任上级,同时组织支持感也高,说明员工认为上级支持他们的工作,关心他们的利益和价值,因此容易表现出帮助别人的行为以显示对上级关怀的反馈;在这种情形下,员工因为信任上级,同时认为上级支持自己的工作,关心自己的利益,因而也会关心自己的发展,因此自我发展的表现可能会相应减少,因为他们相信即使没有自我发展,上级也会提供发展机会。其中没有得到支持的假说是,交互公正对组织支持感和解决问题行为的调节作用。这是因为虽然当员工信任上级,同时认为上级支持自己的工作,关心自己的利益,但是具体到解决问题行为,还需要一定的能力,以及相信自己份内的工作不会受到影响。因此仅有对上级的信任和上级的支持并不一定能促进员工表现出解决问题行为。

Thibaut 和 Walker(1975)发现,在人们对过程控制程度高的时候(高程序公正性),即使决策控制程度低(低结果公正性)或者说人们受到了不公正的结果,人们感觉到的公正性也较高。之所以会出现这种现象,是因为通过对过程的控制,即程序公正,能够保证人们的长远利益。也就是说,即使短期决策结果不利,只要决策的程序是公正的,人们认为他们的长远利益仍然得到了保证。不少实证研究结果支持这种学术观点(Conlon, 1993; Conlon 和 Ross, 1993)。这在一定程度上也能解释为什么相对来说程序公正对员工的工作动力更重要一些。

虽然有研究(Rhoades 和 Eisenberge，2002)提到了待遇的公正性和主管的支持会影响员工的组织支持感，但是并没有发现有相关研究涉及组织公正感和组织支持感之间的交互作用。研究结果显示，组织公正感对组织支持感和工作动力行为之间的关系有调节作用，分配公正削弱了两者的关系，而程序公正和交互公正则加强了两者之间的关系。

6.2.10　工作动力行为与个人工作绩效

对人口统计学变量的分析告诉我们，从性别来看，男性研发人员的个人工作绩效明显好于女性；从年龄来看，年龄在 36 岁以上的研发人员的个人工作绩效明显高于 30 岁及以下的研发人员；从职称来看，中级职称的研发人员的个人工作绩效明显高于初级职称和其他研发人员；从从事研发工作年限来看，6 年以上 11 年以下的研发人员的个人工作绩效明显好于 6 年以下的研发人员。

研究还显示，工作动力行为对个人工作绩效有显著的影响。具体来说，其中起主要作用的是解决问题行为，它与个人工作绩效显著正相关。而助人行为则与个人工作绩效显著负相关($P<.05$)，这一点也与 OCB 相关研究得到的结论一致。自我发展行为与个人工作绩效没有显著的相关关系。我们的解释是，在前面部分对工作动力行为进行详细阐述和界定时我们就曾经说过，工作动力行为这三个维度与绩效之间的关系是有差异的。其中解决问题行为应该与当前和未来的个人工作绩效相关，助人行为则与当前和未来的组织绩效相关，而自我发展则与个人和组织的未来绩效相关。因此，从这个意义上来说，因为在目前的研究中仅考虑了个人工作绩效，它反映的也仅仅是个人当前的工作绩效，因此所得结论完全符合我们对工作动力行为概念的界定和阐述。

6.3 我国研发人员的基本特征描述

6.3.1 具有较强工作动力的优秀研发人员的特性描述

（1）个人掌控高

他们学习意愿强,积极主动接触和学习新技术新知识;他们会为自己设定较高的目标,并以自己为参照来评价自己的进步,会为自己设定越来越高的成就目标,甚至在面对障碍时也是这样;他们有毅力,面对困难不会退缩,而是积极面对,并坚持克服困难,直到获得成功。他们往往把事情的发生归因于内在的因素（如能力和努力）而不是外在因素（如机会和运气）。具有一定的独立性,不会人云亦云,也不会惟命是从。

（2）学习驱力强

他们好奇心强,善于分析,会寻找一切机会学习新知识,努力掌握前沿技术和知识,希望自己一直处于技术前沿,担心自己在知识和技术方面处于落后状态。他们会虚心求教,主动与同事交流,积极促进组织内显性知识的交流,提高团队技术水平,以及推动默会知识的传播。他们会主动积极寻找解决问题的方法,工作主动性也强。

（3）工作自我效能感高

自信心非常关键,因为在许多情况下,研究会使人灰心丧气。对自己的工作能力有较高自信的研发人员往往不轻易灰心,会坚信自己的目标,并懂得如何实现它,会坚持下去,克服难关,最终获得成功。自我效能高的人容易参与任务努力并往往能够坚持,并最终成功完成任务(Phillips 和 Gully, 1997)。

6.3.2 有助于激发研发人员工作动力的良好组织环境的局部描述

组织公正程度高:程序明确清晰、相对稳定性,上级得到员工的信任。

组织支持程度高：认为组织认可自己的工作成绩，组织相信自己的工作能力。

6.3.3　研究所涉及男性和女性研发人员生存状态的描述

工作动力明显弱于男性，组织支持感也明显低于男性，动机焦虑明显高于男性。女性的个人掌控和寻求竞争明显弱于男性，但动机焦虑却明显强于男性。可能有社会传统观念的影响，但是需要考虑的是，是否还有其他因素的影响，比如，女性研发人员是否在工作中真正获得公平对待，是否真正获得领导及上级的认可和支持。在我们对一家国内大型汽车集团的专业技术人员中所做的大型调研发现，在这家企业内就在一定程度上存在对女性员工的不公平，如表现在培训机会上，女性远少于男性。

6.3.4　研究所涉及研发人员职业发展状态的描述

国内研发人员的发展有几个关键点：第一个关键点是"是否熟悉企业"，一般以进入企业 2 年为转折点；第二个关键点是"是否转行"，一般以从事研发工作 5—6 年为转折点；第三个关键点是"考虑今后如何发展"，一般以从事研发工作 11—12 年为转折点。因此根据这三个关键点把研发人员的职业生涯分为四个时期，并依次把这几个时期称为进入期、转折期、全盛期和教练期。

（1）进入期

处于熟悉企业过程，面对很多新的事物，孤立感和无助感比较强。因此研发人员动机焦虑比较高，反映出他们对环境的不适应以及对企业、上级对自己的期望还不太了解，或者是对自己能否达到目标感到不确定。希望多了解企业和同事，联系驱力最强。是心理契约的重要形成时期，此时他们的组织公正感最高，认为组织在分配、程序和交互公正方面都做得很好；同时他们的组织支持感也最强,认为组织能够认可自己的工作,关心自己的福利。我们认为新员工组织公正感和组织支持感的状况表现出他们对组织在公正和组织支持方面的期望。这一时期组织在这两个方面的表现会直接影响到研发人员以后的组织公正和组织支持感,以及工作动力情况。

（2）转折期

对自己的工作以及周围的一切都已经非常熟悉,已经融入企业。工作驱力逐渐被激发,表现出强烈的联系驱力、获得驱力和学习驱力。目标掌控强,他们会为自己设定一个较高的目标,并与自己以往的成绩进行比较,希望自己能在组织中有更好的发展。表现出较高水平的工作自我效能感,同时也表现出较多的助人行为和解决问题行为,可以认为他们的工作动力最强,但经验相对比较欠缺。但是相对来说,他们的组织公正感和组织支持感比较低。这一点需要引起重视,说明进入期他们对企业组织公正感和组织支持感的期望可能并没有被满足,这会影响员工的心理契约,会对今后的工作产生一定负面影响。

（3）全盛期

决定一直从事研发工作,继续本职工作,为企业做出更多贡献。表现出高水平的工作自我效能感。更多考虑职称晋升问题,希望能有更好的发展,因此愿意积极表现,因此工作动力比较强,个人工作绩效可能达到最好水平。同时防卫驱力表现比较明显,主要是因为面对晋升的激烈竞争。

（4）教练期

身体状况和精力都已经过了最佳时期,相对来说各个方面的表现总体上来说略有下滑,但经验最丰富。很多人开始直接或间接从事教练或导师工作,指导和培养下一代,传授经验。此时他们的组织公正感和组织支持感相对来说比较低。

企业应该根据研发人员职业生涯周期的具体情况进行管理,并提供最佳激励方式。

6.3.5 研究所涉及研发人员的单位性质、行业和地区的描述

（1）单位性质

事业单位的研发人员的工作动力比较弱，他们不愿意参加竞争。他们的联系驱力比较低，同时动机焦虑很强，说明他们相对来说处于一种比较矛盾的情形中。他们的个人掌控特性较弱，并不积极主动学习，也不认为自己能够控制很多与自己相关的事情，有较强烈的无力感，因此工作自我效能感也相对比较低。

（2）行业

汽车行业：寻求竞争最强，说明个人有较强的竞争性，能够接受较为激烈的竞争。

IT行业：IT的参照他人目标最强，说明他们一般与他人的工作结果比较，一般愿意设定以他人为对照的目标。他们认为组织内部程序公正性较好。IT研发人员的动机焦虑也比较强，反映IT行业的研发人员面对较多的不确定性，如工作稳定性等。

其他行业：其他行业研发人员的工作动力、工作驱力、工作自我效能感以及个人掌控、参照他人目标等均明显低于汽车和IT行业，原因之一可能是其他行业的数据以研究院为主。同时，他们的交互公正感和组织支持感最低，但分配公正感高于汽车行业。

（3）地区

上海地区的研发人员的工作动力、工作驱力和个人掌控，以及工作自我效能均高于长春地区，学习驱力和工作自我效能感也高于长春，动机焦虑则明显弱于长春地区。另外，虽然长春地区的平均工资收入水平远低于上海地区，但是长春地区的研发人员对分配公正的评价明显高于上海地区，说明分配公正并非完全取决于收入水平的高低。

6.4 研究结果的总结

本研究的主要研究结果可以总结如下：

（1）国内研发人员的工作动力行为主要表现为三种形式：助人行为、解决问题行为和自我发展。

（2）研发人员的工作驱力主要表现在四个方面：获得驱力、联系驱力、防卫驱力和学习驱力。

（3）研发人员的人口统计学变量对工作动力行为及其三个维度——助人行为、解决问题行为和自我发展均有统计意义。

（4）研发人员的工作驱力与工作动力行为显著相关。其中起主要作用的是学习驱力，它与助人行为、解决问题行为和自我发展均显著正相关；联系驱力与助人行为显著正相关；获得驱力与解决问题行为与自我发展显著正相关。

（5）研发人员的动机特性对工作动力行为有显著的影响，其中影响最大的是个人掌控，它与助人行为、解决问题行为和自我发展行为都显著正相关。

（6）研发人员的工作自我效能与工作动力行为显著正相关，与助人行为、解决问题行为和自我发展行为也显著正相关，相关性最大的是解决问题行为。

（7）研发人员的组织公正感对工作动力行为有显著的作用，其中主要起作用的是交互公正和程序公正。

（8）研发人员的组织支持感与工作动力行为以及三个维度助人行为、解决问题行为和自我发展行为均显著正相关。

（9）分配公正、程序公正和交互公正都对组织支持感和工作动力行为有调节作用，其中分配公正是削弱作用，程序公正是强干预作用，交互公正是加强作用。具体到工作动力行为的三个维度，分配公正对组织支持感与助人行为有加强作用；对组织支持感和解决问题行为以及自我发展有强干预作用。程序公正对组织支持感和助人行为以及解决问题行为有强干预作用;对组织支持感和自我发展有加强作用。交互公正对组织支持感和助人行为以及自我发展都是加强作用。

(10) 研发人员的工作动力行为对他们的个人工作绩效有显著的积极作用,其中起主要作用的是解决问题行为。

6.5　研究结果的应用

企业之间要进行残酷的竞争以吸引和留住高水平研发人员,从而满足战略目标的需要。这一点在可见的将来也是一样。这种状况要求企业领导要做好以下工作:充分理解在工作中哪些因素能激励研发人员;并在自己权力范围内想尽一切办法创造并提供那些能激励研发人员工作积极性的因素。对企业人力资源开发者来说也要企业领导合作,在确定和满足研发人员的发展需要中扮演重要的角色。正如 Champagne 和 McAfee(1989)曾说的,人们总是被激励,但并不一定是朝向组织目标。需要做的是,激励员工朝向组织目标。

6.5.1　提供判断研发人员工作积极性的另一种形式

助人行为表现出员工有一定的工作热情,自我发展表明员工对自我未来职业生涯的关心(以及在此基础上的对组织发展的关心),解决问题行为展现了员工个人的工作能力以及愿意为组织奉献的精神。它们都可以作为判断研发人员工作状况的方面。研发人员作为掌握企业关键技术资源的核心人力资源,他们的积极性对企业非常重要。而工作动力行为就可以作为判断他们工作积极性的方法之一。

企业往往以一种员工的工作态度——"努力"来衡量员工的工作积极性,根据我们效度测试中的结果也可以看出,努力确实与个人工作绩效显著相关,而且相关性明显高于工作动力行为和 OCB。但是,通俗一点来说,努力总有那么一点"苦情"的意味。一般说到学生学习很努力时,潜台词就是这个学生一定不太聪明,因此需要下苦功夫。在工作中也有类似的现象。我们认为这与努力这个词的涵义以及对它进行测量的方法有关。最常见的努力量表中的核心维度是时间承诺(time commitment)或时间压力(time pressure)以及工作奉献(job dedication)。我们以效度测试中使用的努力量表为例来加以说明。在这个量表中时间承诺的例题有"我因为每天工作时间长而被别人所熟知"、"很少有同事每周的工作时间比我还长"等,有关工作奉献的例题有"工作时,我非常投入"、"工作时,我会尽全力"。很明显,时间承诺要求员工尽可能多地把自己的时间投入到工作中;而工作奉献维度的问题是题目过于抽象,每个人的标准并不相同,同时也要求员工在工作时要忘我,要拼尽全力。首先,每个员工每天正常的工作时间是 8 个小时,要求员工整个工作时间拼尽全力并不现实;其次,时间承诺又要求员工投入比 8 小时还要多的尽可能多的时间在工作上。这样只会有一个结果:出现越来越多的工作狂(workaholic)。从心理学的角度来看,工作狂多少都带有一点心理疾病的阴影,对员工的身心都不利,因此长期来说对组织也没有好处。而且这与目前企业管理和人力资源管理强调人性化管理的趋势不相符。现在处于知识经济或新经济时代,越来越多的工作属于所谓的知识性工作,这些工作并不一定需要投入很多的体力来做,关键的是员工在工作中投入的知识、精力和能力。因此越来越强调组织对员工福利(wellbeing)的重视,强调的是要让员工成为幸福(happy)的员工而不仅仅是一个做工机器。

此外,在调研过程中也发现国内研发人员管理中存在与这个问题相关的一些奇怪现象。很多企业确实是以工作时间甚至加班时间来衡量研发人员的工作情况,甚至以研发团队加班的多少来衡量团队的绩效。这也造成很多研发机构越是逢年过节越是要加班的现象。实际上很多时候并不是说工作太多一定要加班，只是不加班会影响绩效，所以宁愿平时工作时做点杂事，也要留点工作加班。按这样的逻辑，多加班能多拿补助和津贴，员工应该会比较开心。而实际上，在我们的调研过程中有不少员工反映加班太多，没有时间顾家，并呼吁企业减少加班时间。我们认为在这一过程中至少有两个误区：首先，对很多研发人员来说，可能并不是加班费越多就越开心。因为一般来说他们的收入都不错，很多人不愿意牺牲时间换取增加的那一部分收入，对他们来说更重要的可能是精神方面的收获以及与家人在一起时精神上的放松。其次，企业并不是只需要注重企业的收益就可以持续健康地发展下去的。现在越来越强调工作—家庭生活的平衡，工作确实对员工非常重要，因为这是他养家糊口的方式；但是家庭也不可能被放弃，因为这是他努力工作挣钱要努力维持并尽可能保证健康幸福的对象。

当然，企业在具体应用时也要充分考虑到其他影响因素，以及在不同的环境条件下灵活运用的必要性。例如，如果企业鼓励研发人员的自我发展，可能会有员工手拿培训交费单来报销，并声称接受了某某培训。我们认为，重要的不是员工是不是真的接受了培训，而在于培训的结果要对员工行为以及对他的工作带来积极影响。如果仅以培训交费单来衡量，就又走上了形式化的道路，这是企业需要关注的。重要的不是形式，而是结果。

仅就国内研发人员来说，建议企业更多地从工作动力行为的角度来考察员工的工作状况，并寻找更恰当的激励方式。这在一定程度上可以解决原来以加班以及工作时间来衡量个人工作积极性存在的问题。企业在具体应用时，也可以把两者结合起来使用。

6.5.2 提供管理研发人员的针对性建议

（1）研发人员招聘。选择恰当人选：选人标准。如何选择最合适的员工是所有企业面对的难题。对于研发人员更是如此，作为现代知识员工的一员,他们的知识和能力很难在短时间内外显化并被观察到,因此如何在有限的招聘时间内选择最适当的人选是非常关键的。

本研究提供工作动力强的优秀研发人员的特性描述,可以为选择恰当的研发人员人员提供参考。

(2)研发人员培训。自我发展行为是研发人员的典型工作动力行为,组织要充分利用一切培训资源和设施,满足研发人员的学习驱力,鼓励他们的学习意愿,促进他们的自我发展。

① 开展多种形式的培训。具体到研发设计人员,应该更多的提供一些学习和提高的机会,如轮岗、去国内外企业和学校进修、读研、读博等,更多关注他们的发展问题。总体来说,激励就是为员工提供工作动力。

企业可以建立专项教育基金,提供给优秀的员工一定额度的基金用于培训,无论是到高校进行短期脱产或半脱产进修,企业都应当鼓励他们不断学习,对新知识保持渴求的态度,并对表现突出的员工给予适当的奖励。

与科研院校联合走"产学研"相结合的道路,或者派骨干员工到国外学习考察,参加各种学术交流、知识讲座,参加与各类专家、学者的接触以学习国际先进的技术。

订阅专业杂志学术刊物,建立企业内部局域网,建立专门的科技情报系统和科技图书资料室,及时提供有关文件、资料、信息等,不断为他们补充"营养",满足他们知识更新的需要,激励他们的创造。

② 通过培训实现良好环境的要求。根据研究结果,发现上级的领导风格对下属感知的组织公正的影响非常显著,而调换所有上级领导又不现实,可能的方法就是在一定时期内通过培训尝试改变领导的沟通方式,提高领导的移情性和对下属情绪的敏感性以及对下属情绪的管理能力,促进管理方式的改变。

③ 培训在一定程度上起到激励作用。这一点对研发设计人员非常重要,对大多数人来说,企业提供的读研、读博的机会,或是去国

内外知名企业进修本身就是一种非常重要的激励措施,能极大地调动他们的学习和工作积极性。

④ 通过培训提升与时俱进的能力。这种情况就是所招的人在招聘当时是恰当的,但是因为外部环境、技术更新、职业发展等原因造成的相关能力不足。比如,由于技术更新,原来的技术现在已经落后,不能再用,就需要学习新的、适用的技术;原来做研发工作,由于职业发展开始从事研发管理工作,以前不具备相关管理知识,通过培训得到提高以利于更好地开展工作等。

⑤ 通过培训弥补招聘时的不足或招聘中留下的遗憾。虽然说最理想的是在招聘时就招到恰当的人,但是在现实情况下可能往往并不可能总是如愿。有时是因为招聘工具的有效性不足,有时是因为招聘工作人员个人能力的不足,还有时也可能是应聘者有意或无意的伪装使企业误以为他是恰当的人而被招进企业。无论是何种原因,可能的应对措施只有三个:辞退、转岗或再培训。这三种措施都是有条件的。辞退:前提是这个人确实不合用,即使换个岗位还是不合用,这时就只能辞退了,企业损失的是招聘过程花费的时间、精力以及金钱,还有岗位缺人不能及时补上的工作效率损失。转岗:前提是这个人转换一下岗位还是合用的,以及所要转换的岗位也缺人,损失的是缺人的岗位不能及时补上的工作效率损失。再培训:前提是这个人大部分还合用,只是在某些方面尚有缺欠,而且这种不足可以通过培训得到弥补,企业损失的是再培训的时间、金钱等。但相对来说成本比较低。

(3) 研发人员教育。根据研发人员的内驱力特征,学习驱力是他们的主要驱力,这种内驱力具有稳定的特质,轻易不会靠外界影响。所以,学校和相关机构在培养未来的研发型人才时一定要关注他们的学习驱力和学习意愿,这些都是会影响到他们未来从事研发工作的重要方面。培养研发型人才的自我掌控感和创造力自我效能,引导这些学习者更多地关注与自己的竞争,自己制定较高的标准以挑战自己,而不是过多强调与他人之间的竞争。

关注研发人员的学习驱力。学习驱力强调了员工对学习新知识和技能的需求,以及对自己未来发展的关注。企业要充分掌握研发人员的学习需求情况,充分利用企业内外部培训资源为根据研发人员的学习需求合理安排培训课程和培训内容,就能在不增加或少增加企业投入的基础上,满足员工的学习需求,激励员工积极上进,为企业做出更多的贡献。

关注研发人员的个人掌控特性。动机特性与工作动力行为的研究结果强调了研发人员个人掌控特性的重要性,同时也说明竞争卓越并没有一般人们所想象的重要,有时它反而会起到负面的作用。因此研发型企业也大可不必为了激发员工的竞争意识而有意识的引入竞争机制,过分强调竞争性。对研发人员来说,竞争和合作往往是一对矛盾,企业需要在考虑企业文化的同时,兼顾员工的个人特点和个人需求,在此基础上做到竞争和合作的协调和平衡,只有这样,企业才能得到持续发展。竞争意识过强的研发人员可能并不一定会带来好的影响和好的结果,他有时会影响其他员工的心理。从动机特性的角度来看,对研发人员更重要的是个人掌控,即学习意愿的高低以及目标掌控的强弱。杰恩·川迪斯(2005)认为,在许多情形下,研究常常会使人灰心丧气,能够做到不轻易灰心、坚信并懂得如何实现自己目标的人,会坚持研究下去。而内在因素控制力也非常重要。内在因素控制力强的人把事情的发生归因于内在的因素(如能力和辛勤工作)而不是外在的因素(如他人帮助和运气)。Spector(1982)的研究结果显示,在收集信息和选择正确的研究方法时,内部因素比外部因素更为重要。

(4)研发人员职业指导。除了专业技能等的要求需要满足以外,从个人特性角度来看,人掌控强、学习驱力强,关注自我发展,并愿意积极参与解决问题行为的人比较适合从事研发工作。在新员工职业规划的初期可以就不同特性的研发人员进行不同的辅导规划,四种个性特质和五种职业发展通道,能够匹配出很多种路径选择。研发人员关注个人的长期发展,企业需要关注员工的个体成长和职业生涯规划。

6.5.3 为激励研发人员提供多维视角

Dawis 等(1989)曾说,"如果员工在工作中被激励,他就会努力工作,因此他的工作就会出色。这反过来又很有可能会对他的同事、上级、客户和组织产生积极的、有利的影响。很有可能是因为影响从来都不是确定的。"

对研发人员激励因素的了解能使人力资源开发者更有效的制定开发计划并为他们提供更有效的培训和开发活动,这些方法也都能在一定程度激励研发人员,并减少研发人员离职率。

关注研发人员的工作自我效能。一般来说,工作自我效能越高的研发人员越容易表现出工作动力行为,相对来说,他最容易表现的是解决问题行为,其次是自我发展,然后才是助人行为。

Bandura(1997)认为过去的绩效是个人自我效能的主要决定因素,成功地完成一个任务能增强自我效能,而失败则会削弱自我效能。同时,对同一项任务经历的次数越多,他的工作自我效能会增加。过去工作动力行为的结果也会对员工的工作自我效能产生影响:如果过去的工作动力行为得到了积极的结果,就会增强员工的工作自我效能;如果过去的工作动力行为得到的是消极的结果,就会减弱员工的工作自我效能。因此企业要重视员工的工作动力行为,要鼓励员工的工作动力行为,至少不要打击员工的工作动力行为,因为这样会影响他们的工作自我效能,结果只能是员工减少工作动力行为。领导不要吝于表扬和称赞,领导一个积极的眼神,一个友善的动作和一句诚挚的赞扬都对员工的工作自我效能有积极的影响,因而也是在鼓励员工表现出更多的工作动力行为。

另外,强烈的成就需要是研发人员追求研发成果的动力。成就需要的满足,不仅需要成果,而且需要认可。这种认可最终表现为研发人员的研发群体中的声誉和权威,实现的方式往往是获得科技奖励、专利保护以及产权的确定等。他们愿意付出更大的努力,获得高水平的坚持和高目标的实现带来的满足感。他们的关系需要主要表现在交流机会。尤其是对于默会知识,需要渴望交流的各方以共同的工作与彼此观察的方式获得。他们的关系需求是一种以知识交流为纽带的交流的需要,是人力资本积累的需要,也是实现绩效的一种需要。

6.5.4　为构建良好的组织环境提供借鉴

关注员工的组织支持感。组织支持感包括组织对个人贡献的认可、对个人观点的重视、对个人的关心和帮助(生活以及工作上)以及对个人成长和发展的关注。研究显示,组织支持感高的员工更容易表现出工作动力行为。组织支持感的意义在于使组织认识到,组织对员工的关心和重视才是导致员工愿意留在组织中为组织继续做贡献的主要原因,而不是一味地要求员工对组织忠诚而忽视组织对员工的关心和重视,这样当然得不到员工的忠诚和奉献。当员工得到了组织的关心和重视时,员工往往会在工作中表现出更多的工作动力行为,更加关心组织以及组织的业绩,并愿意努力为提升组织的业绩而付出更多,也就是所谓的投桃报李。

管理层或上级也能直接影响员工的工作动力行为。交互公正其实主要包含上司对员工的看法、评价、尊重以及两者之间的关系,反映的是上级是否能正确使用为提高公平性而设计的程序,以及上级在实施这些程序的过程中表现的行为。所以,如果管理者希望员工表现更多的工作动力行为,他们就应该关注与员工互动过程中的公平性。由于分配结果要受管理者能力之外因素的限制,程序公正又是组织政策的功能结果,不受管理者个人控制,只有交互公正的公平是管理者最有可能充分施展影响的、最容易管理的公正感。因此,管理者应当注意自己与员工之间的交互公正,应当关心员工的利益和兴趣,在关心的前提下才有可能对员工这一方面的变化保持敏感,才有可能实现与员工之间的交互公正。我们认为上级的实际行为和表现要比客观存在的程序公正以及分配公正或对员工行为和态度有更大的影响。

一个高效的研发人员应该充满自信,有毅力,并在一个合适的组织环境中工作。如果组织环境很差,即使是最富有创造性的员工也不会取得成功。创造性既取决于研究人员的个人特性,也取决于环境的质量,缺少其中的任何一个,创造性都为零。

Stahl(1986)的研究显示,高绩效的科学家和工程师的成就需求高于低绩效者。非管理工作师和计算机科学家的成就需求最高,但是他们的关系需求比较低。因此成就需求高可能作为选择科学家和工程师的动机基础。

Deckers(2001)在20世纪上半期心理学家发现努力和动机是反向相关的。目标需求的努力越多,人或动物就越没有动机去实现它。Tolman(1932)在他的最少努力原理(principle of least effort)中,认为在两个价值相同的选择中,个人会选择需要最少努力的那一个。Hull(1943)也提出了一个类似的原理——更少工作法则(law of less work):如果两个或以上的行为结果,如果每个花费的能量或做的工作不同,需要相同的时间,受到相同的强化,那么有机体会逐渐选择能带来强化状态但是更不费力的行为结果。Zipf(1949)的最少努力原则(principle of least effort):个人在一段时间的平均工作消耗在他的行为中会最小化,不仅是他在任何时间或对任何孤立问题的工作消耗,不参照他未来可能遇到的问题时也会最小化。总的来说,努力与动机是对立的。努力导致动机资源的损耗,无论是被视为反射储备、习得的勤奋还是以葡萄糖或肝糖的形式表示的能量。

6.6　小结

在新的形势下,相对以前的晋升机会更少,提升往往表现为个人成长的机会。获得尊重:通过让员工参加自我导向的团队,横向培训以及与顾客接触使他们了解自己是如何增加组织价值的。通过奖金或其他形式的金钱奖励实现认知。目前薪酬在吸引、激励和保留雇员方面所起的作用已经相当小了。

对研发人员来说,重要的可能是,要了解他们的目标和自己制定的标准,并指导他们在本领域内不断提高技能水平和知识。鼓励他们自己解决问题和麻烦,必要时进行引导。强化他们的自信,鼓励他们更多地思考。可以用 Sapient Corporation's People Strategy Organization 副总裁 Anthony Jules 的一句话来概括目前高科技企业在吸引和保留人才方面遇到的挑战:"在薪酬方面要与别人持平,而在企业的环境、可提供的经历和机会方面一定要胜出"(Diane Mae Maki,2001)。

研究结果:对工作的良好感觉来自工作本身,而对工作感觉不好来源于工作环境条件。比如对软件工程师来说,感觉自己在新技术和新方法上没有落伍非常重要。技术领导和管理领导是决定软件工程师对工作的感觉的关键因素。

实际应用:软件工程师处于技术前沿的渴望与这些技能是否是目前或将来的工作所需要的没有关系。他们并不是因为在离开公司在其他公司工作需要这些技术才想学习新技术的。他们关心的是他们不会落在市场需求的技术之后。

公司可以通过提供周期性的本领域在线培训的机会来更新他们的技能。并为他们提供以讲座或非正式讨论的形势分享他们的知识和经验的机会。

7

研发人员激励

　　研发人员创新能力的大小，一方面取决于过去的学习和实践积累的能力存量，另一方面取决于目前的学习与知识积累的能力增量。无论是过去的实践积累，还是目前的学习努力，都是源自于个体的一种心理状态——激励状态。因此，研发人员也有着一种被激励的"天然"特性。研发人员在对企业的创新过程中可能会出现不按照合约中的规定把自己的能力全部投入到企业的现象。其原因有两种情况：一是对研发人员的激励不足；另一是人的机会主义倾向的存在。因此，企业必须对其研发人员进行合理的激励和有效的约束。研发人员重在激励，当然激励本身也隐含着约束，加之由于企业研发人员更加独特的特性，所以本章主要从工作动力行为尤其是创新动力行为的角度探讨对研发人员的激励安排。

　　本章首先探讨研发人员的激励依据、激励机制构成要素、激励原则，得出基于组织公正感、组织支持感、自我效能感的整合激励思路，并主要从产权激励、环境激励、发展激励三个维度分别提出针对研发人员激励的具体措施。

7.1　组织激励对技术创新的重要性

　　巴顿(1995)认为，企业的薪酬和激励系统可促进或阻碍知识创新活动;奥德尔和格雷森(O. Dell and Grayson,1998)认为,"激励系统应该建构成为让人有动机去创造新知识";"如果知识创造和知识应用都不能被奖励,那么你将很快地用完它"。激励机制(无论是有形的还是无形的)是整个知识管理过程中的组成部分,因为他们能够激发员工进行知识共享,否则他们就会独自持有(Hansen, Nohria and Tierney,1999)。当然,激励体系或激励制度的不适当设置也能够设置障碍去影响知识创新活动;缺乏对知识贡献和知识创新奖励的企业,将会阻碍整个知识管理计划的实现(Stevens,2000)。组织激励对技术创新的影响具体体现在股权、薪酬、绩效考核、创新奖励、培训等组织激励措施方面。

很多研究者首先关注到了股权激励对技术创新的影响。股权激励的实践首先是在西方企业发生,我国企业的股权激励则主要是针对职业经理及高管人员,针对员工的股权激励在 20 世纪 80 年代引入我国,但是主要是伴随国有企业改革而进行的尝试,后来在上市公司和高科技企业的知识型员工激励中,股权激励日渐受到重视。周士元(2009)认为,高新技术企业常常会面临资金不足的困境,尤其是在发展的初期阶段这种矛盾表现得更为突出,但公司的发展又急需优秀人才的加盟,这时公司通常无力负担高额的薪金来吸引人才,实施股票期权制时,给予员工的是一种权利,没有任何现金支出,是一种低成本激励方式,因此,高薪技术企业应该对其高管和核心员工进行股权激励。

罗俊伟(2009)认为员工股权激励的实践中,关键是处理好激励与约束的平衡。应当以激励对象对企业的价值与贡献为基准,在强激励和有效约束两个方面做好股权设计和管理。在采用员工持股进行长期激励的同时,还应该结合短期激励手段,增强员工的创新信心。关于股权激励的有效性,何卫红、董丽娟(2013)对上市公司股权激励效应进行了研究,认为公司治理状况和制度环境不仅直接影响企业绩效,而且也间接地对股权激励与企业绩效之间的关系起到了显著的调节作用。至于股权激励对技术创新行为和创新绩效的影响,目前文献还比较缺乏,主要在国家和政府出台的一系列鼓励自主创新的政策中有所体现。比如 2010 年,财政部、科技部联合印发了《中关村国家自主创新示范区企业股权和分红激励实施办法》(简称《实施办法》)。该办法降低了股权激励的实施门槛,增加分红激励的规定,明确激励方案的拟订、审批和后续管理的规定,明确企业可以新企业的股权为标的激励有关人员,并对以科技成果作价入股实施转化的高校和科研院所对技术人员进行股权激励提出了实施办法。可见,股权激励确实是一种可行的创新激励方式。薪酬在激励员工创新性方面的积极作用基本取得共识,尤其在我国的企业之中,员工的劳动目标往往是薪酬指向的。只有当外在报酬达到某个较高水平时,内在激励对创新行为的促进作用更加突出。即使在强调内在激励与薪酬相配合的理念下,工作的复杂性增加必须增加薪酬激励强度,并增加效益工资与基本工资的比值,但对于复杂性过高的工作,则应降低其比值;员工的薪酬水平决定于其工作价值(邓玉林等,2006)。曾湘泉、周禹(2008)将各控制变量和内在激励进行整体控制,将基本工资增长、绩效奖金、团队激励、长期激励和福利保障这五个外在报酬项目对创新行为作回归,发现基本工资的增长机制和长期激励机制对创新行为的积极影响最为显著。这表明对于创新行为而言,长期性、持续性的外在激励更为必要,短期的、不稳定的激励和管理模式往往不利于人员进行创新。许楚江(2009)和王航(2012)等研究表明,在创新型企业中,施行宽带薪酬更能够激励员工的创新性工作。由于团队形式进行技术攻关已成为目前企业创新的主要组织形式,部分学者将研究视角转向了团队绩效考核激励对技术创新的作用机制研究。叶娟、谢冰(2008)认为在创新激励型绩效考评机制中,将团队创新纳入绩效考评之中,有利于促进创新团队的协同效应。其次,有学者关注到了绩效考评的团队特征和考核方式与技术创新的关系。

创新奖励对技术的影响也逐渐受到关注。为了奖励组织和员工的创新成果,国家、各级政府、社会团体和企业,纷纷设置了专门的奖励办法和基金。科技奖励制度就是一种符合科技人员心理需求的心理激励形式。科技奖励的本质是通过奖励科技人员已取得科技成就,来激励其做出更大的科技贡献。在科学技术的发展过程中,科技奖励在调动科技人员的创造热情,激励科技人员的意志品质,催生科技创新成果等方面都起到了积极影响和促进作用(马舜斌,2012)。目前我国对创新的奖励主要形式分为宏观和企业内部微观的,比如国家科技进步奖;各部门和地方政府设立的科技创新奖励;高校对教师科研成果的奖励;以及企业创新奖励制度。目前创新奖励一般是物质奖励与精神奖励相结合的方式。在有些技术密集型的行业中,企业非常重视技术创新,因此很多企业内部激励制度中也设置了创新奖励机制,比如对重大技术贡献的团队和个人进行特别的奖励。美的电器集团曾经投入 750 万元奖励科技明星,设置科技创新奖励基金,促进企业战略转型。除了对某项重大技术贡献进行一次性的奖励之外,企业还实行了持续奖励制度,以此鼓励创新成果的转化。

组织激励对技术创新如此重要。那么,在研发人员的视角,如何激发他们的工作动力行为才有助于提升组织的创新绩效? 这也是本章探讨的主题。

7.2　研发人员激励的依据

7.2.1　研发人员的需要—动机—行为与激励

激励是激发鼓励之意,有两层意思:一是要激发人的奋发精神,二是要对这种奋发给予相应的鼓励。首先,要想激发起人的奋发精神就必须了解激励对象的动机,激励主要是指激发人的动机,使人有一段内在的驱动力朝着所期望的目标前进的心理活动过程,只有与动机相应的激励才是有效的。如果将这一定义与企业和研发人员相联系,则可以理解为动机是指个体通过努力满足自身需要和实现组织目标的愿望。激励是调动研发人员积极性的一个过程,就研发者个人来看其动机是为了满足自身的需要,而就企业而言,动机是实现组织目标的一种愿望。因此,企业要想建立行之有效的激励机制就必须同时兼顾研发人员和企业自身两方面的动机,将这两方面的动机协调好。其次,要对研发者给予相应的鼓励,就必须了解激励对象的需要,只有与研发人员的需要相应的鼓励才能起到应有的作用。鼓励是对人的奋发方向和结果的一种肯定,鼓励有助于进一步激发人的斗志。对于企业而言,除了考虑对研发人员个体的激励外,还要考虑对研发团队的激励。根据激励理论,"需要→动机→行为→目标"构成激励理论的四个基本要素,这四个基本要素的运动构成激励的一个完整过程。

7.2.1.1 研发人员的需要与激励

(1)研发人员的需要及激励手段

① 物质性需要。主要是指研发人员对物质性报酬绝对水平的重视程度,特别是对收入水平的强调程度。满足物质需要是一种保健因素,也就是只有基本物质性需要满足以后,研发人员才能安心于研发事业,但物质需要不是激励因素,在市场体制下,研发人员的收入一般受到市场供求关系影响。研发的战略地位和研发人员实际贡献共同决定研发人员物质性需要的实现以其所拥有的高效价知识的发挥与发展为前提。研发人员的物质性需要的满足程度较好,物质性需要退居次要地位,对于市场经济发达国家的研发人员来说,经济上的需要得到较好满足,研发人员更多地是被工作本身和完成创造性、挑战性的任务的热情所激励,外在的刺激,如加薪、奖金和升迁等奖励作用下降。

② 关系需要。普通员工的关系需要表现在一种对组织的一种归属感,而研发人员的关系需要主要表现在对同事承认、领导认同和

同行认可的需要。对于研发人员来说,其在组织中的重要性和地位通过其技术水平和技术贡献被同事承认和领导的认同来获得,同时同事承认和领导的认同是其进一步获得技术创新的基础与前提。在技术密集程度高、产品创新活动持续有效的企业中,企业有良好的技术创新氛围,企业全体成员重视和理解技术创新,面对研发中可能面临的挑战与风险。对研发人员的创造性劳动,对研发人员在企业生存和发展中所具有的特殊价值与战略意义有深刻的理解与认同,这种企业文化与组织氛围下,研发人员在这一方面的需要较容易得到满足。企业研发人员对获得组织与领导认同有较高期望,在技术密集程度较低、产品创新任务艰巨、商品化过程低效的企业中,研发人员的知识与能力能否发挥与他们在维度上的需要得到实现紧密相关。同时他们的专门知识的价值能否得到承认与实现也与此密切相连。所以,在获得组织承认和领导认同方面他们表现出较为强烈的需要但出于对现实的清醒认识,他们往往对获得企业的承认与领导的认同期望较低。

领导承认研发人员的工作的特殊意义,在组织的重视下,对研发人员的工作保持关注和关心研发人员的技术地位才能得到巩固。在技术市场竞争日益激烈的情况下,研发人员自然希望能够得到组织与管理者的认同,从而为产品开发活动争取更多的资源使产品创新活动能够有效运行。领导对研发人员的信任,使研发人员拥有一个自主的工作环境、灵活的工作时间与场所,发挥工作中自我引导的作用,组织的信任可以使研发人员更有信心去面对挑战与失败,在产品开发的巨大压力面前,研发人员在特定的氛围中,有时会表现出对管理者信任与组织认同上的过度依赖。

③ 能力发展和自我实现需要。研发人员对专业知识学习与发挥的需要,对能力发展与实现的需要和追求事业成功需要的比较强烈。研发人员由于其工作的特性和对职业角色的认知,具有较高的理性程度,较为强烈的超越自我的倾向,使研发人员更倾向于通过不

断努力,获取实现高目标所带来的自我实现感,研发人员取得自我实现所带来的满足感,本身也是对研发人员的一种奖励,具有很大的转移价值,由于自我实现与能力之间的正相关关系,使研发人员对自我实现的需要,客观上要求研发人员有不断提高自己能力的需要。

④ 交流知识与合作需要。个人的能力和时间总是有限的,技术的飞速发展使研发工作越来越依赖于研发团队的力量来开展,个人能力发展和自我实现依赖于研发人员间交流知识与合作。所以研发人员往往有较强烈的交流知识与合作需要。市场机制相对不完备的企业中,其他横向部门对研究与开发部门的贡献与作用的认识和理解有待于深入,重视研发人员异质性知识的企业文化与氛围依然未能形成,在这种情况下,研发人员在交流知识与合作方面的需要表现得较为强烈,特别是对部门间的合作有强烈需要,希望能够在企业的现实环境下,研究与开发工作的效率有所提高。同时,在研究与开发部门内部由于经费、机会等相对稀缺,因此,容易出现资源配置过程中的利益冲突与人际矛盾,在这种情况下,研发人员强烈希望彼此能够合作,使得工作环境有所改善。

⑤ 权力需要。许多研究表明研发人员主要有两种职业定位:技术定位和管理定位。管理定位的研发人员希望能晋升到承担管理责任的职位上,并做出很大的管理业绩。技术定位的研发人员追求的是拥有更多的技术知识获得更多的技术成就,得到同行的认同。技术定位和管理定位并不是截然分开的,一个研发人员可以同时有技术定位和管理定位,他既可以承担很高的行政职务,又可以在本专业领域内成为一个优秀的科学家或工程师。管理控制权是企业家强有力的激励因素,而不同职业定位的研发人员对管理控制权有不同程度的兴趣,对管理定位的研发人员管理控制权有一定激励效果,而对技术定位的研发人员管理控制权不一定是激励因素,甚至给研发工作带来一定的负面效应。

研发人员的权力需要主要表现为对资源控制权的需要和对产权

的需要。研发人员对研发资源的控制权可以促进其更好开展工作，感受到组织对研发工作的重视和对自己的信任。因而带来优越感和满足感，产权确定性需要和充分报酬性需要是人力资本有两大基本需要，产权的所有权可以为研发人员带来一定的精神报酬，如良好的声誉。而收益权可以为研发人员带来物质上的满足，国外产权激励是激励研发人员的重要手段，国内研发人员对产权的激励作用的反馈不显著，主要原因是保证产权实现的法制、法规及有关制度尚不完善。

⑥ 公平需要。由于研发活动本身所具有不易观察和信息的相对不对称性，成果本身有时很难度量，劳动成果多是团队智慧和努力的结晶。这给衡量个人的绩效带来了困难，人为分割团队成果难以进行，使研发人员的公平需要比较强烈，要求企业对其个人贡献进行正确评价与支付合理酬劳。

（2）经典激励理论对需要的描述及对研发人员激励的启示

管理学中的激励理论有很多，但很难找到一个完全适合企业研发人员激励的模式或理论，单个激励理论大多仅能从某一个侧面反映对研发人员的激励的重要性，但每一个都有可借鉴之处。下表是对目前有代表性激励理论及其对研发人员激励启示的归纳总结（表7.1）。

表 7.1 代表性激励理论及其对企业研发人员激励的启示

激励理论	主要内容	启示
马斯洛需要层次理论	人的需要分为七个层次，从低到高依次为生理需要、安全需要、社交需要、尊重需要、求知需要、求美需要和自我实现的需要。需要的满足由低到高。人的行为由其主导需要决定。	必须了解清楚研发人员的主导需要。要重视研发人员的高求知需要、高自我实现需要，并加以开发和鼓励。
奥尔德弗ERG理论	人的需要分为三类，即生存、关系和成长的需要。需要的满足不一定由低到高。人可能同时有多种需要。	研发人员同时有多种需要，在较低需要基本满足时他们可以有高成长需要。

激励理论	主要内容	启示
赫茨伯格双因素理论	使职工感到不满意的因素是保健因素，如公司政策、行政管理、工资、工作条件等；使职工感到满意的因素为激励因素，通常是由工作本身产生的，如成就、承认、责任、晋升、成长、工作富有挑战性等。	要掌握研发人员对满意的理解，哪些因素能让他们满意。要创造好的工作条件和企业文化消除他们的不满意因素。
麦格雷戈 X 理论和 Y 理论	X 理论：人不喜欢工作、逃避责任、喜欢安逸，必须强制管理、惩罚；Y 理论：人乐于工作、愿意承担责任、会自我管理、有决策能力。	研发人员符合 Y 理论的假设，应该通过建立良好的团队关系、工作氛围及提供富于挑战性的工作激励。
麦克利兰成就需要理论	人的高级需要分为成就需要、权力需要、归属需要。	对研发人员高成就需要提供适度的创新性和挑战性工作有高度激励作用，其较高归属需要适合在团队、合作环境下被高度激励。
弗鲁姆期望理论	当一个人预期到某一行为能给个人带来既定的结果，而这种结果对他很有价值，而且他估计通过努力能达到目标，他的积极性就高。	要将研发人员的个人或团队目标与工作本身协调起来，要将绩效和报酬联系起来激励。
亚当斯公平理论	人的公平感一方面受其所得的绝对报酬的影响，另一方面受到相对报酬（即与他人的收支和自己过去的收支比较）的影响。	研发人员的比较不仅停留在薪酬上，还有自主权、信任、荣誉等高层次要素。要建立公平的竞争环境和公正、透明的激励机制。
波特和劳勒综合激励模型	一定的激励会产生一定的努力，它将导致相应的工作绩效；但此绩效对工作者只是一阶结果，是工具性的；通过达到一定的绩效，可以获得所期望的内在性和外在性奖酬，这是二阶结果，才是工作者所想要的。人的总激励水平是其内在性激励与外在性激励之和。	要将研发人员的个人目标和组织目标结合，内在激励和外在激励相结合，重视内在激励。设计有意义的工作、提供得力的组织条件作为保障。使研发人员意识到通过努力可以获得足够的效价和高期望值。

根据上表对企业研发人员激励的要点简要总结为以下几个方面：①只有与需要相应的激励才能达到应有的效果，研发人员拥有的人力资本存量高对高层次需要强烈，所以，激励时以满足高层次需要为主。②不同的研发人员有不同的主导需要和目标，企业应该采取大多数研发人员认为价值最大的激励措施。③对研发人员的激励不仅仅是对劳动的激励，还要和其他资本一样参与收益分配，获得相应的人力资本激励，应从产权制度设置上予以保证。④对研发人员的激励重点放到内在性激励上。"从提高研发人员对工作本身的兴趣、工作对人的挑战性、工作中体会到的责任感和成就感，以及从工作中体会到的价值和意义等方面进行激励。这种内在激励具有更长久的激励作用"。⑤企业工作团队是一种主要组织形式，因此激励时要将个人目标、团队目标和企业目标协调起来，要加大团队激励。

7.2.1.2 研发人员的动机与激励

动机作为个体行为的重要动力源泉，其与创造力的关系日益成为当前研究的一个重要问题。大多数工作动机研究者认为，动机是一个主要受当前环境影响的状态，是社会环境（如工作设计、报酬结构）的函数，人们的行为或者受内在动机的驱使，或受到外在动机的驱使。

动机是研发人员投身创造活动的驱动力，所以对创造行为与动机的研究也受到广泛重视。个人创造行为的动机分内生动机和外生动机两种。内生动机是以自我满足为目的形成的动机。当一项创造活动是为了直接需要的满足而进行的时候，就是创造的内生动机在起作用。研发人员的内生动机来自对研发任务浓厚兴趣、好奇、享乐或自我挑战的个人刺激等。也就是说，创造的内生动机主要是个人创造特质需求的满足。如果从事创造活动的个人是间接地特别是通过货币报酬满足他们的需要即外在驱动。外生动机是指由个人在外界的要求、压力和诱导下产生的行为动机。为了避免被扣奖金而注意研发产品的质量、为了赢得先进荣誉称号而积极工作、为了获得晋升和奖励而提出创意、为了在上级规定的时间之前拿出研发成果而加班加点等都属于外生动机。外生动力主要包括目标管理、直接监督、同事间竞争、监督者命令、奖赏承诺等。

由于内生动机是个人根据自己的缘由而确定价值的,因而可以自我持续地起作用。如果仅靠内生动机就可以驱使充分多的人从事创造性劳动,那是最理想的情景。而且很多学者的研究也证实,内生动机更有利于创造活动的开展和创造力的发挥,当个人受到挑战、对任务感到满意、自我调节机制激发时创造力最强(Drazin、Glynn 和 Kazanjian,1999)。但在实际中,社会常常面临创造的内生动机不足的困境。分析起来,创造的内生动机不足可以分为原生性不足和次生性不足两种情形。原生性不足指个人缺乏创造性特质,而不是因为所拥有的创造性特质得不到满足的情形。次生性不足是指已有的个人创造特质得不到满足因而缺乏创造的内生动力情形。

创造的原生性内生动机不足根据是否可以弥补还可以细分为先天性不足和后天性不足。先天性不足和后天性不足的区别是与人的物质性动机相联系的。物质性动机是由人的自然需要引起的,是以生理和安全需要为基础的。物质性动机包括积极性质的供应动机、消级性质的避免动机和种族维持动机等三种。供应动机是由维持自身的生理平衡的需要引起的,当人体因缺食、缺水、过度疲劳时,会失去平衡,人就有了吃饭、饮水和休息的动机。避免动机是由避免受到危害的内在需要引起的,如避寒、避暑、避免水灾、避免疾病、避免恐惧的动机等等。种族维持动机,是由人体生殖系统需要刺激引起的,如追求生育子女、抚养子女等。

值得注意的是,人的生理需要和安全需要不仅是绝对的,而且还有相对的一面。因为不同时期的生活水准是有差异的,随着社会的进步,人的生理和安全需要的标准也相应提高。创造的内生动机与物质性动机有关系是因为前者属于精神性动机。精神性动机是人在长期的社会生活中发展起来,并以社会文化需要为基础的。例如,劳动、学习、交往、赞许、友爱、尊重、成就、信仰、社会地位、欣赏文艺作品等动机属于这一类。根据马斯洛需要层次模式,生理需要、安全需要等物质性需要是较低层次的需要得到满足后,社交需要、尊重需要和自我实现需要等精神性需要才对推动人的行为产生作用。由此可见,物质性需要得不到满足也会导致创造的内生动机不足。例如,如果温饱和安居问题没有得到基本解决,人就不会产生充沛的精力去探索科技难题。再如,一个缺乏安全的社会秩序的环境也会抑制人对事物的幻想和兴趣。如果创造的内生动机不足是由于物质性需要相对过强而引起,就属于后天性不足。否则,就属于先天性不足。

创造的后天原生性内生动机不足和次生性内生动机不足为创造创新的激励提出了可能的任务,即当内生动机不足(不包括先天原生性内生动机不足的情况)时,以外生动机来弥补甚至提升。如果外生动机与内生动机只有互补而没有替代、冲突关系的话,则它们是可加可分的,从而很容易设计和制定激励替代方案。然而实际中,创造的外生动机和内生动机之间往往同时存在互补和替代关系,有时甚至带来比较严重的冲突。所以在设计研发人员的激励措施时要充分考虑二者的协调。

7.2.1.3 研发人员的个性行为与激励

创新过程是外部环境和竞争压力向组织的传导链条和组织作出反应调整的重要场合,因而要提高组织的研发创新绩效的途径之一是让不同个性行为的研发人员与不同创新环节的具体特性相吻合,从而实现人尽其才,最大限度地发挥出组织的创造潜力。

可以根据知识、关联、技术和社会等四个特性来考察一般创新过程所经历的基础研究、应用研究、开发研究和商业化等环节的区别。在知识显化程度方面,上述一般创新过程的各个环节沿着一条比较明晰的由隐至显的方向递进,基础研究所运用的隐性知识最高,而商业化阶段的知识显然比较容易编码和传播。社会的维度在各个环节的分布也大体如此,基础研究最为单纯,而越朝商业化发展就越世故。相反,基础研究的关联强度最低,处于完全或接近完全自治的情形,接下来则会随着应用水平的提高而变得更加系统化。而技术的维度则不容易找到一个线性的趋势。基础研究的原创程度高,但它可以将很多因素加以限制来提出原理或原型,因而可分性强。

Scarpello 和 Whitten(1991)对研发组织中的科学家、发明家和技术型创业家的个性行为作了专题研究,区分出四种有关创新的个性类型:创造型个性、创业型个性、分析型个性、开发导向型个性。

① 创造型个性。这类研发人员热衷于创新、变革、冒险和挑战复杂,有耐心、精力充沛且高度要求自治;在自尊、进取、支配等方面的要求中等,在宽容、社交机敏性和组织性等方面表现一般;同时,他们不喜欢秩序(命令),很讨厌复杂的人际关系。

② 创业型个性。具有创业型个性的研发人员非常热衷于冒险、创新和进取,社交机敏性很强,强烈要求自尊和自治,精力非常充沛,很有耐心;热衷变革,组织性和宽容性强,以积极态度面对复杂人际关系;对待秩序的态度中等;不喜欢复杂性。

③ 分析型个性。分析型个性的研发人员特别适应复杂和有秩序的局势;组织性强,有耐性;自尊、自治和创新意识以及精神状态适中;支配、变革、进取等意识较弱,社交机敏性和宽容性水平低,讨厌复杂的人际关系;非常不愿意冒险。

④ 开发导向型个性。这类研发人员的组织性非常突出;创新意识强,精力旺盛;自尊、宽容、支配、进取、变革、自治意识和社交机敏性一般;对待秩序和技术复杂性、复杂人际关系的态度适中;不喜欢冒险。

可以发现创新过程的知识特性与研发人员的宽容、耐心等个性有关,因为只有保持宽容和耐心的心态才能承受隐性知识创新难以编码和观察而带来的模糊和肯定贡献上的困难。创新过程的关联特性又更多地与自治、变革和组织性等研发人员个性相联系。自治和变革意识强的研发人员往往是自治创新的发起者,而组织性强的研发人员更愿意参与系统的创新。创新过程的技术特性是与复杂和冒险联系在一起的。显然,复杂的创新要有那些敢于挑战复杂和承受风险的研发人员来完成。创新过程的社会特性则对应研发人员个性的秩序、自尊、进取、支配和社交机敏性、对复杂人际关系的态度等方面。遵从秩序,有进取和支配欲望,富有社交机敏性并不厌倦复杂的人际关系等是世故的创新所需要的研发人员个性。以下是基于创新过程特性匹配对四种个性的研发人员的激励。

(1)创造型个性研发人员的激励。创新过程特性与研发人员个性的匹配关系的确定,为企业员工的招聘和人员调配提供了比较科学的依据,也可以促进创新激励效率的提高。创造型研发人员喜爱解决抽象问题、以新的方式观察事物和常常独立工作的创意提出者,因而适合从事大量运用隐性知识、自治、复杂和单纯的创新活动,具体如工艺创新的基础和应用研究阶段、产品创新的创意构思和原型设计等。同时根据他们的个性,创意的数量和质量是最适于用来评价他们工作的方式。通过提供发表成果的机会和同行在交流中对其工作的认可也是对他们的重要奖赏。

(2)创业型个性研发人员的激励。创业型个性的研发人员愿意冒险,具有较强的自尊心和进取心,善于自我控制。这类个性的研发人员更适合从事运用隐性知识、自治但简单和事故的创新,不过这在具体的创新过程中很难找到完全匹配的任务,因而担任产品、工艺和商务模式的开发和商业化阶段的项目领导人可能是发挥其创业特长的选择。因为他们如果感觉现有企业的任务缺乏挑战性就会转向另一个企业,或者最终可能建立自己的企业并成为原来企业的竞争对手。因此,对创业型个性的研发人员激励的关键是选出适当的创新开拓项目交给他们来领导。

(3)分析型个性研发人员的激励。分析型个性的研发人员善于处理复杂事务,讲究秩序,组织性强,但不愿冒险。为运用显性知识的、系统的、复杂的、单纯的创新打开知识和信息资源之门是他们的专长,因而适合在产品创新、工艺创新和商务模式创新过程中扮演信息守门人的角色,让他们去配合创造型特别是创业型个性的研发人员,以确保项目能够把比较广泛的专业领域的努力都整合到一个整体中去。他们的绩效可以用在指定时间和预算约束以内所实现技术转让的状况来评价。对他们的激励应当注意采取分配到更加重要的项目等象征地位提高的方式。

(4)开发导向型个性研发人员的激励。开发导向型个性的研发人员有很强的组织性和连续工作的能力,运用显性知识的、系统的、复杂的、世故的创新过程是他们发挥个性的场合,适合从事产品创新和工艺创新的开发和商业化阶段以及商务模式创新的实施等需要构建团队并行开发的创新活动。特别是在产品开发的激烈竞争中,他们会欣然地支持项目领导人并与其他成员合作以保证得到成功的项目成果,扮演产品开发斗士的角色。对开发导向型个性的研发人员的绩效评价应以他们所开发项目成果的质量和成功上。为他们提供来自成功的分享和提供更加重要的项目是最为有效的激励。

根据不同研发人员的个性行为特点和不同创新过程进行权变激励也是激励研发人员的重要基础。

7.2.2 基于行为的研发人员激励机制构成要素

激励是指激发人的行为动机的心理过程,即通过各种客观因素的刺激,引发和增强人的内驱力,使人达到一种兴奋的状态,从而把外部的刺激转化为个人自觉的行动。而机制是指系统内各子系统、各要素之间相互作用、相互联系、相互制约的形式和运动原理以及内在的、本质的工作方式。因此,激励机制是指在组织系统中,激励主体通过激励因素、手段与激励客体相互作用的关系的总和,是激励内在关系结构、运行方式和发展演变规律的总和。对于激励机制,丹尼尔·雷恩曾说过,自从有了人类社会就有了激励机制。激励强调的是个人行为与组织目标的相契合。而激励机制正是通过激发并引导员工个人行为以求最大限度开发和运用组织人力资源确保组织的目标得以实现。对于激励机制,谢康教授在其《企业激励机制与绩效评估设计》一文中指出:从企业组织制度结构上来说,激励机制是现代企业制度的一项基本内容,是确立企业核心竞争力的基石,也是企业人力资源管理的精髓。而现代激励机制包括生产工人激励计划、技术人员激励计划、管理人员激励计划、销售人员激励计划、绩效工资激励计划等几大类别。从静态看,激励机制是通过一套理性化的制度来反映激励主体与激励客体相互作用的方式。

根据以上对激励机制的分析,激励机制的构成要素主要包括以下五个方面:

(1) 行为诱导因素集合。诱导因素就是用于调动员工积极性的各类奖酬资源。对诱导因素的提取,必须建立在对员工个人需要进行调查、分析和预测的基础上,然后根据组织所拥有的奖酬资源的实际情况设计各种奖酬形式,包括各种外在性奖酬和内在奖酬(通过工作设计来达到)。需要理论可用于指导对诱导因素的提取。

(2) 行为导向因素制度。它是组织对其员工所期望的努力方向、行为方式和应遵循的价值观的规定。在组织中,由诱导因素诱发的个体行为可能会朝向各个方向,即不一定都是指向组织目标的。同时,个人的价值观也不一定与组织的价值观相一致,这就要求组织在员工中间培养统驭性的主导价值观。行为导向一般强调全局观念、长远观念和集体观念,这些观念都是为了实现组织的各种目标服务的。

(3) 行为幅度制度。它是指对由诱导因素所激发的行为在强度方面的控制规则。根据弗鲁姆的期望理论公式($M = V \times E$),对个人行为幅度的控制是通过改变一定的奖酬与一定的关联性以及奖酬本身的价值来实现的。根据斯金纳的强化理论,按固定的比率和变化的比率来确定奖酬与绩效之间的关联性,会对员工行为带来不同的影响。前者会带来快速的、非常高而且稳定的绩效,并呈现中等速度的行为消退趋势;后者将带来非常高的绩效,并呈现非常慢的行为消退趋势。通过行为幅度制度,可以将个人的努力水平调整在一定的范围之内,以防止一定奖酬对员工的激励效率的快速下降。

(4)行为时空制度。它是指奖酬制度在时间和空间方面的规定。这方面的规定包括特定的外在性奖酬与特定的绩效相关联的时间限制,员工与一定的工作相结合的时间限制,以及有效行为的空间范围。这样的规定可以防止员工的短期行为和地理无限性,从而使所期望的行为具有一定的连续性,并在一定的时间和空间范围内发生。

(5)行为归化制度。行为归化是指组织成员进行组织同化和对违反行为规范或达不到要求的处罚和教育。组织同化是指把新成员带入组织中的一个系统过程。它包括新成员在人生观、价值观、工作态度、合乎规范的行为方式、工作关系、特定的工作技能等方面的教育,使他们成为符合组织风格和习惯的成员,从而具有一个合格的成员身份。关于各种处罚制度,要在事前向员工交代清楚,即对他们进行负强化。若违反行为规范和达不到要求的行为实际发生了,在给予恰当的处罚的同时还要加强教育,教育的目的是提高当事人对行为规范的认识和行为能力,即再一次组织同化。所以,组织同化实质上是组织成员不断学习的过程,对组织具有十分重要的意义。

以上五个方面就是激励机制的构成要素,激励机制是五个方面构成要素的总和。其中诱导因素起到发动行动的作用,后四者起导向、规范和制约行为的作用。激励机制的内涵是由激发行为和制约行为的两种性质的制度构成的,一个健全的激励机制应包括以上五个方面的因素。

7.2.3 研发人员激励的原则

本书研究围绕的中心是研发人员激励和研发创新行为,二者是内在统一的,而且必须具有可持续性。这也是确定激励原则的前提,为此共提出了以下五个重要原则:

(1)主要驱力、主导需要和工作动力行为主导因素匹配的原则。企业要想获得可持续性发展,必须要使关键员工保持可持续的工作驱力,持续的工作驱力最终要来自于其需要的不断满足,而主导需要应该得到优先满足,所以激励方式安排的重点要和主导需要相对应。更重要的是必须考虑研发人员工作动力行为主导因素,如组织公正感、组织支持感和自我效能感。

(2)以内在性奖酬为主的激励原则。本研究在问卷测试和正式调查中发现,研发人员的获得驱力主要是抽象物的需要产生,尤其是成就需要最突出。而学习驱力来自于求知和成长需要。另外,根据国内外的实证结果,研发人员的主要需要除金钱财富外其他四项都是内在性需要。可见,研发人员的需要以内在性需要为主,其激励措施设计也应该以内在性奖酬为主。图 7.1 知识型员工的报酬结构(林泽炎、孙殿义、李春苗等,2005)中的内在报酬为我们设计研发人员的激励措施提供了参考,参与决策、工作自主、责任感、个人成长、挑战性工作、自由度等内在性奖酬对研发人员有很好的激励作用。

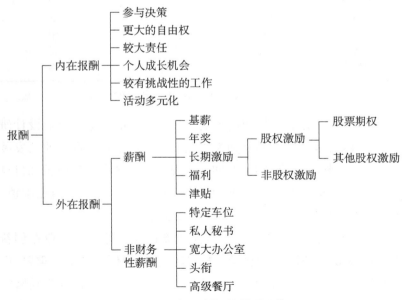

图 7.1 知识型员工的报酬结构

（3）注重长期激励的原则。表 7.2 显示长期激励在五种报酬激励中是激励力最强的一种方式，也是很好的吸引人才的措施。本章的实证分析得出，研发人员从事科研工作时间越长，工作绩效越好。随着工作时间的延长，人力资本所有者可能通过一种学习机制来积累人力资本，工作时间越长，研发人员所有者积累的专用知识和技术就越多，所引致的生产成本越来越低，人力资本在累积过程中会出现对生产的报酬递增特征。此外，因为人力资本的产出和业绩信息会随着时间的推移而变得更为准确，长期合约会逐渐在人力资本价值得以显现的过程中给予其相对准确的评价。可见，长期激励无论对研发人员还是企业都是很好的选择。

表 7.2　薪酬成分的有效性表

报酬成分	对人才的吸引力	对人才的保留力	对人才的激励力
基本工资	高	高	中
津贴	低	中	低
福利	中	高	中
短期激励	低	中	低
长期激励	高	中	高

资料来源：［加］西蒙·多伦等：《人力资源管理》，中国劳动社会保障出版社，2000 年第 1 版。

（4）把个人成长目标和达成组织目标结合的原则。企业设计研发人员的激励策略时应该将研发人员的个人成长目标和企业的发展目标结合起来，在企业成长的同时，实现研发人员个人的成长和自身价值的积累，即在企业价值增值的同时研发人员个体价值也增值。这既能体现以人为本，又有利于企业长远发展。

（5）重视学习、知识共享和技术创新的激励原则。企业在创新过程中，知识的获取、知识共享、知识转化、知识创新都十分重要，而这些离不开学习。技术创新又是企业发展的动力。所以，激励措施的安排要有利于学习、有利于知识共享、有利于技术创新。这些方面的激励能够满足研发人员学习成长的需要和成就的需要等,也是企业研发人员和企业创新能力增强的最佳途径。

7.3 研发人员激励要素分析与匹配

研发人员激励要素整合需要考虑研发人员工作动力行为的主要影响因素、研发人员主导需要的特征以及研发人员的主要驱力三个方面,并要将这些要素进行协调和匹配。

7.3.1 根据影响研发人员工作动力行为主导因素分析

根据前面章节的实证研究结果显示,研发人员工作动力行为对个人工作绩效有显著的影响。工作动力行为三个维度与绩效之间的关系是有差异的。其中解决问题行为应该与当前和未来的个人工作绩效相关,助人行为则与当前和未来的组织绩效相关,而自我发展则与个人和组织的未来绩效相关。所以,对三个维度的行为都予以重视,决定或影响三个维度强度的内外部因素将是分析的重点。下面主要分析组织公正感、组织支持感、自我效能对工作动力行为的影响。

(1)组织公正感与工作动力行为

我们的研究还显示,研发人员的组织公正感与工作动力行为有显著的影响,其中起主要作用的是交互公正和程序公正。从工作动力行为的三个维度来看,交互公正和程序公正均与助人行为和解决问题显著正相关,这一点也支持我们的研究假说。但是优势分析的结果显示,实际上对助人行为和解决问题行为起主要作用的是交互公正。交互公正和程序度公正也都与自我发展显著正相关,而优势分析的结果显示,两者对自我发展来说同等重要。

分配公正研究的是研发人员对分配结果的认知,与人们所接受的决策结果相关,因此一般反映的是对较近期利益的关注。分配公正感的提高,主要反映的是对付出—获得之间匹配度的更高评价。

当研发人员感觉到上级对自己工作的支持以及对自己利益的关心时，更愿意表现出更多的助人行为以显示对结果的满意和对上级的回报；也会表现出更多的解决问题行为，相信这些行为会得到上级的认可；同时也会更关注自己的发展，相信会得到上级支持。

程序公正是对决策所依据的正式过程的评价，它涉及分配过程的正式规章制度，是人们对组织系统的评价，因此一般与较长期利益的关注相关。程序公正感高，反映的是研发人员对组织系统和程序的评价高，或者说研发人员相信组织的系统和程序。因此当他们认为上级支持自己的工作，关心自己的利益时，就会表现出助人行为以回报上级，会积极表现出解决问题行为，也愿意投入更多的时间和精力完善自己，因为他们相信这样的行为在正常运转的组织系统中会得到认可。

交互公正实际上反映了上级与研发人员的相互作用，它与上级信任评价非常密切，它关注的是上级的行为。交互公正感高，说明研发人员信任上级，同时组织支持感也高，说明研发人员认为上级支持他们的工作，关心他们的利益和价值，因此容易表现出帮助别人的行为以显示对上级关怀的反馈；在这种情形下，研发人员因为信任上级，同时认为上级支持自己的工作，关心自己的利益，因而也会关心自己的发展。

可见，如果组织既关注研发人员的短期利益和价值，又考虑他们的长远利益和价值，让研发人员的付出与获得匹配，感到组织的系统和程序公正，觉得组织支持和信任。这样研发人员工作动力行为的三个维度都有显著的正向表现，也有助于研发绩效的提升。基于此，我们提出在激励措施设置上既要重视短期物质报酬，也要重视长期的产权收益，尤其是剩余索取权和剩余控制权的配置。另外，基于交互公正也要重视组织环境激励和职业发展激励。

（2）组织支持感与工作动力行为

我们的研究还显示，研发人员的组织支持感与工作动力行为显著正相关，与助人行为、解决问题行为和自我发展行为也都显著相关。目前尚未见到组织支持感在 OCB 或其他工作行为中的应用,因此不能进行具体比较。说明组织支持感高的研发人员更容易表现出助人行为、解决问题行为以及自我发展等典型工作动力行为。凌文辁等(2006)认为组织支持感是员工知觉到的组织对他们工作上的支持,对他们的利益的关心和对他们价值的认同。Eisenberger 等(1986)认为组织支持感实际上反映的是研发人员对组织在各方面对自己的支持程度的一种期望。这些期望包括组织对研发人员未来生病、犯错误、上级绩效、工作的意义、支付公平薪酬等的态度。组织支持感会提高员工对自己努力—结果的期望,也能满足员工对表扬和赞同的需要,因此有利于员工形成对组织积极的情感联系,员工会通过提高出勤率和绩效的方式付出更多努力以实现组织的目标。

我们的研究显示,分配公正、程序公正和交互公正都对组织支持感和工作动力行为有调节作用。具体到工作动力行为的三个维度,分配公正对组织支持感与助人行为有加强作用;对组织支持感和解决问题行为以及自我发展有强干预作用。程序公正对组织支持感和助人行为以及解决问题行为有强干预作用;对组织支持感和自我发展有加强作用。交互公正对组织支持感和助人行为以及自我发展都是加强作用。一般来说,如果研发人员相信自己被公平对待,他们将更可能对自己的工作、工作结果以及上司持有积极的态度,因此更容易感知组织对自己的支持,从而表现出更多的工作动力行为。

由此,组织支持感是研发人员对组织各种支持的期望,是研发人员工作动力的重要影响因素,组织支持感高的研发人员更加积极工作、工作满意度更高、有更加出色的工作业绩。基于组织支持感的重要性,我们考虑在设置激励措施时重点突出构建组织环境,如和谐公平的工作场所、宽松的文化氛围、上级支持的感受、团队支持的感受,同样不能忽视组织报酬。

(3)自我效能与工作动力行为

我们的研究还显示,研发人员的工作自我效能与工作动力行为显著正相关。工作自我效能与工作动力行为的三个维度也都是显著正相关,不同的是它与解决问题行为的相关系数最大。说明我们可以认为工作自我效能越高的研发人员越容易表现出工作动力行为,但是相对来说,他最容易表现出的工作动力行为是解决问题行为,其次是自我发展,然后才是助人行为。在工作动力行为中,解决问题行为最需要个人能力的一种行为,自我发展则是最能够开发研发人员个人能力的一种行为。而工作自我效能可以被看作是研发人员对自己研发工作能力的一种自我认知。同时,由于过去的成果会影响到个人自我效能,因此我们推测过去工作动力行为的结果也会对研发人员的工作自我效能产生影响:如果过去的工作动力行为得到了积极的结果,就会增强员工的工作自我效能;如果过去的工作动力行为得到的是消极的结果,就会减弱员工的工作自我效能。同时,因为对同一项任务经历的次数越多,他的自我效能会增加(McDonald 和 Siegall,1992)。因此我们可以推测工作动力行为成功表现的次数越多,会加强个人的工作自我效能感。

自我发展行为有助于强化研发人员的可持续创新能力,增加成功研发的次数和频率,进而增强其工作自我效能感。基于自我效能感的激励思路是组织要重点保障研发人员的学习力、创造力和职业发展。

7.3.2 根据国内外实证得出的研发人员主导需要分析

国内外已有很多针对企业研发人员或知识型员工主导需要的实证研究(表7.3)。从表中可以看出,尽管每个研究者的研究结果由于取样不同出现了一些差异,但总体上还是能反映企业研发人员激励中的主导因素,研发人员对个人成长有着非常强烈的需要,成为企业研发人员激励中的一项核心要素。金钱财富在我国研发人员激励中也是一项主导要素,这和我国经济发展状况是适应的,说明我国研发人员在收入水平方面还没有得到满足。在我国大多数研发人员出于对未来职业生涯的考虑,大部分人愿意放弃现在的一部分物质回报,代之以得到更多知识和经验的积累,以求未来有更好的物质回报,即愿意把个人成长即人力资本增值作为首要选择。业务成就是研发人员的第三个激励要素,显示研发人员对成就需要也有强烈的追求,这和表7.4中研发人员驱力中对理想、事业、创新的追求远远高于其他人员是一致的。工作自主和业务成就的排列很接近,说明研发人员在创造业务成就的同时,也追求工作上的自主性。因此可以得出,个人成长、金钱财富、业务成就、工作自主是我国企业研发人员激励中的主导需要因素。

表7.3　企业研发人员或知识型员工激励因素实证研究对比

研究者	调查对象	第一位	第二位	第三位	第四位	第五位
玛汉·坦姆仆	研发人员等知识型员工322人	个人成长 33.7%	工作自主 30.51%	业务成就 28.69%	金钱财富 7.07%	
安盛咨询公司	美国、日本、澳大利亚等国的160名知识员工	报酬 1	工作性质 2	提升 3	同事关系 4	影响决策 5
张望军、彭剑锋	企业150名研发人员	工资奖金 31.88%	个人成长 23.91%	挑战性工作 10.14%	公司前途 8.0%	工作稳定 6.52%
文魁、吴冬梅	北京30家企业研发人员和部分管理人员397人	个人成长 45.2%	金钱财富 19.7%	业务成就 19.1%	工作自主 8.0%	人际关系 8.0%
赵黎明、潘康宇	企业研发人员408人	工资福利 1	个人成长 2	工作自主 3	工作成就 4	人际关系 5

资料来源:本表根据赵慧军(《动力与绩效》,经济管理出版社,2004年8月第1版,第57页)改编而来,去掉以国有企业知识员工为对象的郑超、黄攸立的研究结果,加入以企业研发人员为对象的赵黎明、潘康宇的研究结果,改编中将不同人所使用的激励因素术语参照玛汉·坦姆仆尽量调整为一致,便于对比。

7.3.3　根据研发人员的主要工作驱力分析

研究结果显示,对国内研发人同来说,防卫驱力对工作动力行为没有显著的作用,它对工作动力行为的三个维度也没有预期的显著负相关性;另外,四种工作驱力与研发人员工作动力行为的三个维度之间也不是一一对应的关系。学习驱力对助人行为、解决问题行为和自我发展均有显著的积极作用,获得驱力对解决问题行为和自我发展都有显著的积极作用,联系驱力也对助人行为有显著的积极作用。结果显示,学习驱力是对工作动力行为最重要的驱力。

根据前面章节的实证分析结果,获得驱力是研发人员的主导驱力,学习驱力在有组织支持感的条件下也是主导驱力。此外,通过驱力的协调和平衡发现,联系驱力是一个重要的驱力,它有助于加强获得驱力和工作绩效的相关性。因此,这里需分析与获得驱力、学习驱力、组织支持感、联系驱力对应的主要需要,为下一步安排激励措施提供依据。

工作驱力来源于个人的内在需要,就企业研发人员而言,和获得驱力对应的主要是成就需要,和学习驱力对应的主要是求知需要和成长需要,和组织支持感对应的是组织支持需要(关心、支持、认同需要),和联系驱力对应的是归属需要,这些需要构成了研发人员的主要需要体系,和主导驱力对应的应该是主导需要。可见,企业研发人员的主导需要是成就需要、求知需要和成长需要(和表7.4的调查结果基本一致),这几个需要显然成为激励措施安排的重点。同时要兼顾满足关心、认同需要方面的激励措施。联系驱力对应的归属需要主要是指持久的人与人之间情感的需要,意味着团结互助,能产生合力,实现双赢或多赢。这对企业尤为重要,在研发人员激励措施安排时必须考虑。

表7.4 不同人员职业驱力程度比较(%)

人员驱力	企业经理	政府官员	教师	科研人员	一般员工
物质报酬	38.00	47.50	43.00	42.10	74.30
权力影响	77.00	76.50	57.00	32.10	12.70
理想追求	42.00	44.40	52.80	63.30	15.60
事业追求	61.00	57.00	64.00	75.00	21.00

续 表

人员驱力	企业经理	政府官员	教师	科研人员	一般员工
创新	32.70	28.10	34.10	77.50	7.00
亲和	63.10	58.00	69.00	24.00	42.00
自主	57.20	59.10	30.00	58.00	11.00
安全	13.00	64.00	66.40	65.20	72.80
地位	74.60	74.20	43.00	29.00	9.00

资料来源：林泽炎、孙殿义、李春苗等，《激活知识员工——转制及科技型企业人力资源管理》，中国劳动社会保障出版社，2005年3月，第1版，第245页。

在以上三方面要素分析的基础上，根据激励理论的基础，按照"需要→驱力→行为→奖酬"的过程进行一个简单匹配，为进一步提出研发人员激励措施奠定基础（表7.5）。

表7.5 主导需要、主要驱力及工作动力行为主导因素和激励措施的匹配

相应的主导需要	主要工作驱力	工作动力行为主导因素	主要激励措施
权力需要、财富需要、成长需要、自主需要	获得驱力	组织公正感	所有权、控制权、薪酬、职业发展
关系需要、支持需要、赞同需要、关心需要	联系驱力	组织支持感	团队合作、知识共享、互助关系、和谐文化
求知需要、成长需要、自主需要	学习驱力	自我效能感	创造力培训、学习力、职业发展

在研发人员需要—动机—行为与激励研究的基础上，根据研发人员激励机制的构成要素和研发人员的激励原则，围绕上表得出的结论，基于研发人员的工作动力行为主导因素提出激励研发人员的激励思路：基于组织公正感的研发人员产权激励、基于组织支持感的研发人员环境激励、基于自我效能感的研发人员发展激励。后三节将分别从产权激励、环境激励、发展激励三个方面论述对研发人员激励的具体措施。

7.4　基于组织公正感的研发人员产权激励

在市场经济条件下,企业要想促进技术创新必须给创新者提供激励,或者要建立一套有利于创新的激励制度,其中产权制度是核心。因为创新的基本要求是追求其对所创造的成果以及收益的支配权,而对这种支配权最好的保证就是产权。从制度经济学和产权经济学看,激励问题的本质是产权制度安排问题,人力资本的有效激励首先取决于一个有效的产权制度安排——人力资本产权制度安排。人力资本产权激励是使潜在的个人人力资本变为现实的企业人力资本的关键,而人力资本产权的核心是人力资本的企业所有权,企业所有权包括剩余索取权和控制权两个方面的内容,而且这两项权力是相互依存、内在统一的。剩余索取权带来的收益是控制权的目的,即企业所有权主体的行为动机,有控制权是为了有利;控制权则是获得利益的手段或充分条件,有权才能有利,利益是控制权行使的结果,有权就能得利。由于企业所有权规定了其人力资本可以从企业的剩余中获取与其努力程度相适应的收益,因而对人力资本追求和实现自身利益具有激励功能。有效的激励能够充分调动行为主体的积极性和主动性,使主体的收益或预期收益与其努力程度相一致。企业所有权的激励功能就是保证预期收益与主体的努力程度基本一致,或者主体为了获得预期收益而努力行使自己的权力。所以,本书对研发人员的产权激励主要从分享剩余索取权和参与控制权的制度安排两个方面探讨。这种激励安排主要体现了分配公正和程序公正,尤其是参与控制权让研发人员感觉到了组织的制度公正和交互公正,也是对研发人员最大的信任和支持,有助于提升研发人员组织公正感和组织支持感,从而激发他们的创新动力行为。

7.4.1 研发人员产权激励的有效性分析

根据人力资本理论和产权理论,企业对研发人员实施产权激励能够提升组织公正感和组织支持感,能够很好地吸引和留住人才、激发其积极性和创造性,进而增强企业的技术创新能力,提高企业的核心竞争力;和获得驱力相对应,产权激励能够满足研发人员的成就需要、财富需要和自主需要。下面从有效性方面分析对研发人员产权激励的意义。

产权激励之所以有效,因为产权制度隐含着一种很好的"责、权、利"对等机制,既能激发创新者的创新动力,又能降低企业的创新成本、增加创新收益,还能通过创新学习和实践使人力资本增值。

(1)产权是一种最基本的激励创新的手段。产权是资源配置过程的核心,所有权、激励与经济行为之间存在内在的联系,源于产权关系而产生的激励力量使产权成为最基本的激励手段。制度经济学家诺斯认为:一个社会如果没有实现经济增长,那就是因为该社会没有为经济方面的创新活动提供激励,也就是说,没有从制度方面去保证创新活动的行为主体应该得到的最低限度的报偿或好处;直到现在,不能在创新方面建立一个系统的产权仍是技术变化迟缓的主要根源。当某些资源的公有产权存在时,对获取较多的技术和知识很少有刺激。相反,对所有者有利的排他生产权提供能提高效率和生产率的直接刺激,或者用一更基本的术语来说,能够直接刺激获取更多的知识和新技术。可以用这种激励机制的变迁来解释过去1000年人类所取得的迅速进步和漫长的原始狩猎采集时代发展缓慢的原因。有效的产权制度不仅能够明确界定企业内部不同个体之间的权利和义务关系,而且能够克服企业内部各要素所有者之间在团队生产中的偷懒和搭便车行为,有效地调动创新者的创新积极性。另外,技术创新行为影响的是企业长远的、不确定的未来结果,除了通过普通的以工资和奖金为主的短期薪酬制度为技术创新者提供收入外,应该把技术创新者的个人利益同企业发展的整体利益结合起来，使他们个人效用最大化的目标与企业价值最大化的目标相一致，而一定的产权制度安排可以达到这一目的。可以说，企业技术创新活动的水平在很大程度上归于产权制度激励功能的发挥和不断完善。

（2）创新主体的创新动力来自于产权收益。作为一种制度安排，由于产权规定了创新者与创新成果的所有权与分配关系，产权自然就成了激励创新的条件。创新是一种需要发挥人们主观能动性的创造性活动，是人们内在动力作用的结果。人们是否愿意创新，对创新是否有兴趣，与人们对创新收益的预期和收益的占有比例直接相关。也就是说，作为创新的主体，无论是个人还是企业科研机构，创新的动力取决于他们与创新成果的产权关系。创新动力产生的最主要原因是主体追逐创新超额利润的动机及由此产生的行为力量，因此，创新激励体系中最主要的也是利益激励。马克思认为："人们奋斗所争取的一切，都同他们的利益有关。"运用产权进行利益激励，主要是通过制定合理的创新收益分配制度来实现的。有效的产权收益分配能够与创新主体的贡献和能力相挂钩，还能体现技术创新的长期性特点，能够为技术创新主体提供充足的、持续的创新动力。

（3）产权激励在促进人力资本使用效率提高的同时能降低创新成本。在人力资本存量和配置有效的前提下，人力资本的使用效率取决于其所有者的努力程度，也就是人力资本的实际供给量。人力资本所有者越努力，供给越充分，效率越高；相反，人力资本所有者偷懒将造成效率的重大损失。激励人力资本供给的制度安排是人力资本产权的完整实现。产权主体在通过人力资本的供给获得相应收益的同时，也承担相关的成本，收益和成本共担最终激励人力资本所有者努力供给人力资本，即通过"激励创造供给"提高人力资本的使用效率。结果是，对研发人员的产权激励促使他们努力工作，不仅会缩短研究开发时间、提高研究开发质量从而减少了研究开发的投资；而且由于创新者的努力，用既有的机器和设备代替新进机器、设备，会大大降低了创新的投入;还会因为其创新产品尽快进入市场而占据领先优势,减少进入市场的促销成本。这些都会因成本降低而大大增加企业价值。

(4)产权激励能引致个体人力资本投资增加从而使人力资本增值。人力资本投资是指形成和提高人的经济活动能力的一种投资行为,包括教育、培训、医疗和保健方面的投资。人力资本投资具有长期性和风险性两个重要特征,人力资本投资的成本发生在现在,收益出现在未来,而未来具有不确定性带来的风险性,且时间越长风险越大。人力资本投资的目的是为了追求利益,收益是人力资本投资的决定因素,收益的获得需要产权制度的保障。由于人力资本投资者和收益者不同而存在成本收益承担主体不同的缺陷,所以如果没有产权制度保护,将会导致人力资本投资不足。因此,人力资本产权制度能激励人力资本投资。企业人力资本产权制度不仅能促进通用性人力资本投资,而且能激励专用性人力资本投资。培训和"干中学"是一种重要的人力资本投资方式,如果没有产权激励,人力资本所有者可能不愿意在工作中积累专业知识和技能,更不会花培训费去参加培训学习。如果有产权激励,将增强其主体地位和归属感,他们愿意自主参加业余学习或企业的知识培训。因此,实施人力资本产权化能够激励现有研发人员通过学习和培训提高自己的知识、技术及能力水平,使企业人力资本增值。

(5)产权激励能够降低人力资本流失的风险。由于企业对掌握核心技术的创新人才具有很强的依赖性,这就注定了其风险性。一方面,为了获得市场竞争力必须对人力资本进行投资(包括对现有人才进行培训和高价引进人才),另一方面又要承担这些人力资本流失的风险。而在对人力资本产权化后,他们通过产权参与了剩余分配,同时自己也承担一定的风险,创新者将和企业"同呼吸、共命运",企业的生死存亡将关系到他们自身的利益。这样,不仅技术创新人才流失的可能性就会大大降低,而且能吸引外部优秀的技术创新人才加入企业,能够使企业人力资本保值增值。

从以上分析可以得出,技术创新中企业对研发人员进行产权激励具备有效性。让研发人员享有一定的产权,既是研发人员内心渴望尊重的需要和成就需要,也是他们能发挥自己的能力的需要。利用产权来激励能力提高的方法有制定收益与能力挂钩的分配制度、创新投入保障制度、能力培训制度等。可见,产权激励能够满足研发人员的主导需要——成就需要、个体成长需要、财富需要,这和研发人员的高获得驱力是一致的。产权激励在满足技术创新人员财富需要方面,主要是通过制定合理的创新收益分配制度来实现的。尽管对于何谓合理尚没有固定标准,但从激励技术创新的需要来看,至少要做到这样几点:(1)收益分配要与技术创新主体的贡献相挂钩;(2)收益分配要与技术创新主体的能力相挂钩;(3)收益分配要体现技术创新的长期性特点;(4)收益分配要体现公平性。具体要通过研发人员分享企业剩余索取权的制度安排来实现。

7.4.2 研发人员分享剩余索取权的制度安排

剩余索取权是指对企业总收入扣除合约支付后的剩余额的要求权。对研发人员配置剩余索取权,首先体现了分配公正,其次的组织支持。在激励手段中,企业剩余收益所产生的激励效应无疑是最强烈的。因为这种激励机制将员工的努力程度、贡献程度、风险承担程度等直接与其能够分享的剩余收益联系起来,人力资本发挥得越充分、在经营中的贡献越大、承担的决策风险越大,相应分享的剩余收益越多。

按照"要素生产性贡献决定要素收入"的对应法则,核心人力资本分享企业剩余的份额应该更大。和一般人力资本相比,研发人员分享企业剩余索取权的制度安排应加大长期激励性。目前常用的员工持股制、利润分享制、股份合作制等分享企业剩余的制度具有普遍性,同样适用于研发人员,而以下讨论的人力资本入股制、技术成果入股制、股票期权制、研发人员贡献报酬制、有限合伙制、创业者股权制、动态股权制等主要是针对企业研发人员设计的分享剩余索取权的制度安排。

（1）人力资本入股制。是指人力资本成为企业的资本金，即人力资本股，人力资本所有者成为企业的出资人，和物质资本所有者一样成为企业的股东，形成二元股本结构。研发人员入股是研发人员用自己的知识和技术能力的运用价值入股，就是研发人员以存在于自己身上的人力资本未来贡献的价值作价入股，不是以自己的货币资产、实物资产入股，也不是指以自己的知识产权入股。研发人员股的实质是研发人员人力资本投资未来收益的股权化，就是研发人员依据自己人力资本未来收益多少而持有公司股份。研发人员入股在我国部分地区已经开始试行。"2005年3月22日，上海浦东新区与上海市工商局联合发布了《人力资本出资试行办法》，规定人力资本入股可抵公司注册资本的35％，人力资本出资政策其实已经在上海张江高新技术园区试行三年，并且试行效果良好。"江苏省科委和体改委联合发布《关于推进技术股份化的若干建议》中规定："关系企业生存发展的核心研发人员，可以采用人力资本作价入股的形式。人力资本作价入股，必须由具备相应资质的评估机构采用国际上成熟的人力资本评估方法进行评估，且作价入股的比例不得超过总股本的35％。"在企业中，实施人力资本入股企业成功的可能性更大。主要原因是：①企业发展在很大程度上依赖于研发人员的创造性劳动，这种创造性劳动同员工主体不可分割地联系在一起，因此，对研发人员有效地进行股权激励成为企业发展的一个重要因素；②在企业中，绝大多数研发人员都属于高素质的专家型员工，他们除了对财富的追求外，更加重视事业的成就感和自我价值的实现。在这样的双重激励下，成功的可能性自然增大了；③企业具有高成长性，研发人员对企业成长的良好预期成为推动他们努力工作的重要力量。"人力资本入股制的优点是股份的多少以及权利实现与人力资本始

终联系在一起,缺点是在我国现有的市场环境和法律制度下运作还需要更多的制度创新安排。"(朱必祥,2007)

(2)技术成果入股。一般是指对成果所有者的较大的专利技术成果或非专利技术成果进行作价,在公司设立、增资或企业改制时,认缴有限责任公司或股份有限公司的股份。技术成果出资者成为公司的股东,这种股权安排体现了技术资本及人力资本的价值,将研发人员的个人利益与企业的成长发展联系在一起,激励了技术成果所有者进行技术要素投入,使研发人员的行为趋于长期化。技术成果入股的具体方式可以是现股、期股或股票期权。现股是通过企业奖励股份或参照股票当前市场价值向技术成果拥有者出售股权;期股是企业规定将技术成果拥有者薪酬的一部分按约定价格(行权价格)购买本公司股票,技术成果拥有者在企业规定的期限以后可将其持有的期股逐步变现;股票期权是企业给予技术成果拥有者的一种选择权,持有这种权利者可以在规定的时间内,以事先约定的股票期权的行权价格购买本企业的股票,其收益为行权价与股票卖出价之间的差价。"股权激励使业绩与剩余分配权挂钩,是对企业增值部分的优化、有效、公平的分配,有利于企业持续成长。"在实践中技术成果入股制逐渐开始流行,而且具有普遍性。

(3)研发人员贡献报酬制。这是一种企业普遍采用的分配方式,对有突出贡献的核心研发人员,将他们的报酬与其贡献大小直接挂钩,这也是要素贡献参与分享的具体形式,可以是短期和长期激励的结合。"凡对企业做出贡献的人,不论是用劳动还是金钱做出这种贡献,都按其贡献大小,像合伙人那样享有企业的股权。"广泛使用的利润分享、市场价值分享、所有权分享、管理权分享等模式中体现了贡献报酬制的分配思路。研发人员贡献报酬制的实质是研发人员获得了与股权资本相同的分配地位和权利。

(4)股票期权制。股票期权是一种可行的长期激励方法,它比较有效地解决了激励与约束的对称问题。股票期权在激励方面具有两个作用：首先，可以形成人力资本所有者对企业的认同，其结果是，增强了企业的向心力和凝聚力，有利于企业分工合作体制的形成和企业的有效运作；其次，在证券市场高度发展，特别是证券市场能够为投资者的投资提供良好的退出通道时，将会产生一定的财富效应，由财富效应产生的激励作用将促使所有权人更加积极地工作，结果是，人力资本所有者将愿意付出更多的努力，以增强企业的绩效，换取未来更大的收益（熊政平，2004）。据统计，目前全球前500家大企业至少89%已经向其高级管理人员实行了股票期权制。而代表新经济发展方向的美国硅谷地区的企业，将这一制度扩大到几乎所有员工，而且收到了很好的效果。在企业中，由于企业的价值主体是技术创新型人力资本，对技术创新人员的激励具有与经营者同样的功能，在一定条件下还有超过经营者的趋势。在这种情况下，有必要在原来的经营者股票期权制度安排的基础上，将其扩大到研发人员激励制度安排上，即通过对研发人员的股票期权安排，最终实现研发人员参与企业剩余分享的目标。股票期权制度使传统的物质资本独享剩余索取权的分配方式逐渐向人力资本和物质资本共享企业的剩余索取权转变，让财富的创造者真正地享有财富，从而极大地激励了人力资本，也促进了企业的蓬勃发展。"股票期权制非常适合研发人员所占比重高、风险大的企业，成为企业人力资本激励的普遍制度。"（黄乾，2004）

（5）有限合伙制。有限合伙制通常由两类合伙人组成，即普通合伙人和有限合伙人，普通合伙人负责管理有限合伙公司的投资，提供少量资金，对合伙公司债务负无限责任；有限合伙人是资金的主要提供者，不参加公司的管理，对合伙公司债务负有限责任。根据责任、风险与收益相对称的原则，有限合伙人参与企业一般收益分配，而无限合伙人参与企业剩余分配。"由于高新技术公司与创业风险基金的合伙人一般由智力资本所有者组成，因此，有限合伙制对无限合伙人的智力资本在分配激励制度上的安排就是参与剩余收益分配,这种激励的核心就是对无限责任人——智力资本过程努力进行的一种激励制度安排,是一种智力资本激励与人力资本激励的统一"(芮明杰、郭玉林,2002)。由于科技型、知识型人力资本多存在于高新技术等类型的知识型企业中,因此,有限合伙制主要是高新技术创业企业的一种制度安排。特别适用于新成立的和处于发展初期的中小型企业,实际上也是研发人员承担较高风险的一种高回报,这种对剩余收益分配的获取就成为研发人员分配上的一个显著特征。

(6)创业者股权制。美国硅谷发展的实践表明,企业初创阶段的模式是:首先是技术创新上的突破,随后在风险资本的帮助下创业者进行商品开发,创业者是兼有技术创新能力和经营管理能力的稀缺人力资本,他是企业创立和发展的最关键因素。如果在企业创立阶段对创业者价值界定的比较清楚,创业者才有意愿投入其人力资本,创业者最基本的要求就是利用技术创新成果创业后,对创造的效益有所有权和支配权。创业者股权制度正是对创业者人力资本价值的充分肯定,这是企业人力资本产权制度的具体实现,最终表现为创业者拥有企业剩余索取权和控制权的统一。

(7)动态股权制。"动态股权制是以人力资本的产权界定和权益保障为主要特点,对企业产权、分配、人事、劳动'四项制度'作出系统安排的公司制企业制度。"动态股权制的运行是通过岗位股、风险股和贡献股三种相互配套的股份设置与"三位一体"的分配模式来实现的。岗位股是岗位价值的资本化和股权化,竞争上岗者人力资本价值的股权化,就是通过岗位股来体现的,岗位股不改变企业的法人所有权财产,但把企业的资本结构分成了所有权结构和分配结构两种。岗位股的表决权按企业合约确定的原则执行,一般而言,岗位股因为不具有终极所有权而不能买卖以外,参与企业经营方面的权利应归持股人,这也正是人力资本产权所应赋予的权利。风险股是个人拥有所有权的股权,要求人力资本所有者出资购买或承诺购买企业的一部分股份,使他们成为两类意义上的出资人,以更好地激励和约束这些人力资本价值较高的人员。岗位股和风险股之和,就是人力资本所有者初始拥有的企业产权。贡献股是按特殊贡献分配时人力资本所有者以股权形式获得的收益股权,其所有权归持股人。当企业亏损时,按特殊贡献分配原则意味着扣减相应人员的股份。动态股权制考虑到人力资本价值的变化性和岗位适应性,也考虑到人力资本投入产出的不确定性和风险性,符合企业对研发人员动态激励的原则、风险分担和收益分享相结合的原则、按贡献分享的原则、以及长期激励的原则等,对于风险大、不确定性高、人力资本价值变化大的企业较为适用。从激励方式来看,动态股权制采用的是以股权激励为主,使个人收益与企业的生存、发展、增值紧密挂钩。这种激励方式通过股权收益和收益股权相结合的收益组合,促进研发人员既注重企业的当期效益,也考虑企业的长远发展。从而既能激励研发人员个人人力资本增值,也有利于企业价值增值。

以上探讨的研发人员分享企业剩余索取权的制度安排,具有很大的适应性,可以是单独使用,也可以几种同时结合使用,关键是企业要根据自己的发展阶段和实际情况灵活运用,每一种制度设计和运行都需要严格的条件。

7.4.3 研发人员参与控制权的制度安排

控制权主要指由某个企业成员或成员集体掌握的对资产的控制权、经营决策控制权和经营管理控制权。它以经营决策权为核心,企业的经营决策权就是企业生产经营活动的决定权,它包括与企业生产经营活动相关的一切对人、对物、对事的决定权。研发人员配置控制权主要体现的是程序公正,从制度上保障和激发了研发人员的工作动力行为。另外,也表现出组织对研发人员的高度信任和尊重。因而也是激发研发创新动力的有效制度安排。

企业所有权包括剩余索取权和控制权两个方面的内容,而且这两项权力是相互依存、内在统一的,剩余索取权带来的收益是控制权的目的,即企业所有权主体的行为动机,有控制权是为了有利;控制权则是获得利益的手段或充分条件,有权才能有利,利益是控制权行使的结果。控制权的拥有者获得了两种收益,一种是和他的经营能力和工作努力正相关的货币收益。另一种是隐性收益,包括指挥下属带来的心理满足感,当经营管理者的社会地位和成就感,在职消费,其他个人收益等。分享企业控制权既是人力资本收益保证机制又是激励机制,研发人员分享企业控制权能够保证研发人员工作自主、参与决策、体现自我意志,从而有助于实现知识和技术创新以及企业价值增值。企业的技术创新是复杂性劳动,依赖于研发人员的积极性、主动性、创造性和态度。研发人员在决定使用自己人力资本的状态上有很大的自主权,对于复杂的技术创新劳动,严密监督不仅成本高昂而且易于导致抵触、怀疑和不信任,效果往往更差。研发人员工作过程的不可观察性和工作结果的难以衡量性,使得强制性的合约作用极为有限。如果一个企业能够保证雇员在既定的激励计划中有可靠的产权,而且保证雇员有权控制工作环境的某些方面和工作速度,企业境况会更好。

7.4.3.1　剩余索取权与控制权应尽可能匹配

理想的企业制度设计应当能充分适应现实的生产方式的需要,促进生产要素的优化配置,这样才能提高企业的产出水平。企业的企业制度应当以有利于技术要素和其他要素低成本、高效率结合,降低创新的成本和风险为宗旨。剩余索取权和控制权应尽可能匹配,权利与责任(风险)的分布也应尽可能对称。没有剩余索取权的控制权会成为一种廉价的投票权、拥有权利的人并不对使用权利的后果负责,没有控制权的索取权也是很难真正得到长远保障的。同样,不承担责任(风险)的控制权容易滥用和低效率。不能实施的控制权是是没有意义的控制权,不合法的控制权是没有保障的控制权,不能实施或者不合法这二者都是产权残缺的表现,健全的产权应该是事实上的控制权与合法的控制权相统一的产权。没有控制权的索取权是被动、固定、空洞的索取权,没有剩余索取权的控制权是缺乏激励的控制权,这也是产权残缺的表现。健全的产权应该是这两权相统一、相匹配(费方域,1996)。例如,"企业剩余计量悖论"(谢德仁,2001)是指剩余计量规则制定权的合约安排,是企业剩余索取权安排合约的主要内容之一;剩余计量规则具有很大的选择空间,剩余计量规则制定权合约安排的变更会使企业剩余索取权的实际安排偏离其合约安排,因而,剩余计量规则制定权的合约安排与剩余索取权的合约安排同等重要。但在企业理论与实践研究中,却将企业剩余作为一外生变量,忽略了企业剩余计量规则及其制定权的内容研究,由此形成了"企业剩余计量悖论",即违反现行企业理论研究与企业实践现象常识的反论(悖论)。显然,剩余计量规则制定权是属于企业控制权的内容。这一点充分说明没有企业控制权的剩余索取权是空洞的索取权。

最优企业控制权安排的原则是,按照每类成员在企业中的相对重要性和对其监督的相对难易程度,即让最重要、最难监督的成员拥有企业控制权,从而使剩余索取权和控制权达到最大程度的对应(张维迎,1996)。在企业中,人力资本所有者主要是经营创新者和技术创新者,创新者不仅要承担自己押出的人力资本投资的风险,而且也要承担物质资本所有者的投资风险,还要承担因市场不确定性所带来的技术风险等。在剩余索取权和控制权对应的条件下,这种高风险(责任)会促使人力资本所有者积极有效地实施控制权。可见,企业中最重要、最难监督、承担高风险的研发人员应该拥有企业控制权。

7.4.3.2 技术创新中知识和决策权匹配与研发人员控制权分享

对知识分布如何影响企业技术创新效率做出重要贡献的是奥地利学派的 F. A. 哈耶克。哈耶克首先提出了企业技术创新效率取决于决策权和对于决策起支撑作用的知识之间匹配程度的观点。哈耶克认为技术创新决策失败是因为决策者在决策时未能充分掌握对于决策起支撑作用的知识,即决策权和对于决策起支撑作用的知识之间匹配程度低。詹森和麦克林(1999)进一步发展了哈耶克的思想,他们认为解决知识和决策权不匹配的问题有两条途径,一是将知识传递给具有决策权的人,这是一个知识转移的过程;或者将决策权传递给具有知识的人,这是一个决策权转移的过程。由于专门知识的转移难度较大,则往往是企业竞争优势的基础。所以说,由于专门知识的高价值和高转移成本,决定了企业技术创新效率主要决定于专门知识与决策权的匹配程度。技术创新效率的提高依赖于技术创新各个环节决策水平的提高。要提高决策水平就必须努力使决策者拥有必要的专门知识,或是将决策权转移给具备相关知识的人。因此,必须认真考虑技术创新各个环节的决策主体应该是谁,以便确定何时将专门知识传递给既定的决策者、何时将决策权转移给具备决策知识的人。

在企业中,研发人员所有者是专门知识的主要拥有者,他们是多个技术创新环节的决策主体,应该掌握相应的决策权。企业在经营管理上有三个特点:①监督困难,即知识劳动是一种创造性活动,取决于劳动者的主动性和合作精神,其过程与结果都是难以监督、测量的;②劳动与工具的不可分离性,即知识劳动的工具是人的大脑;③技术以及市场开发上的不确定性导致的高风险。这三个特点决定了企业的风险,很大程度表现为开发研发人员的能力、合作和创造性的风险。因为能力和创造性的不可观测性和人力资本与其所有者的天然不可分割性,使这部分风险无法让企业家人力资本全部直接承担,必然将这部分风险分解到其他具有比较知识优势的个人。同时,必然将部分剩余权利一起分解下去。从合约特性上看,企业表现为企业家人力资本和研发人员主导的合约,在企业,不仅存在着"企业家"(提供经营知识),而且存在"研发人员"(提供技术知识),研发人员是专门知识和技术的拥有者,他们也发挥其承担风险、保持创造性和主动决策的职责。这就要求不仅赋予他们一定的剩余索取权,而且要赋予他们足够的控制权。前者可以防止其在技术上或其他创新上的剩余控制权的廉价运用,并激发创新精神。总之,在企业里,知识分布趋于更加分散,其中知识的密度和强度在经营管理人员和研发人员中难以分出高下;二者的知识专门化程度都很高;而且,他们相互之间沿空间的互补程度也很高;不仅经营管理人员的知识默会程度比较高,而且以创新为生命的研发人员,也只有具备极高的市场和专业领域的洞察力、直觉、悟性、判断力、创新激情等默会知识,才能在产品和技术开发中,保持领先地位。这就决定了企业研发人员参与分享企业控制权的制度安排具有合理性和较高的效率。当控制权所需知识的专门化程度较高时,选择把控制权交给拥有知识的人可以激励专门知识的供给,提高决策效率。

7.4.3.3 研发人员参与控制权的制度安排——共同治理

良好的公司治理结构是人力资本分享企业剩余索取权的重要条件。从人力资本理论看,企业治理结构的本质是一系列用以规范企业人力资本与物质资本"责、权、利"关系的安排,其核心是企业剩余索取权和控制权的配置方式。传统企业强调物质资本是企业增值的主导,因此在治理结构中物质资本所有者占主导。而在企业中人力资本是企业增值的主导,所以在治理结构中人力资本所有者应该占据主导。传统的企业治理模式由于忽视不同要素投入者风险状况和价值创造能力的重要变化,尤其忽视研发人员在企业中所创造的价值和所承担的风险,所以很难适应知识经济和企业发展的要求。应当建立一种既能反映和保护物质资本权益,又能体现和保护人力资本权益的,能有效实现剩余索取权和控制权尽量对称分布的,以及将企业所有参加者"责、权、利"紧密联系为一体的共同治理模式。

研发人员参与企业共同治理的制度安排有以下几种:

(1)参与管理制。这是建立在研发人员股权化基础上,通过人力资本股、技术股、岗位股、风险股、创业者股或贡献股等优化企业股权结构,从而使研发人员通过合理的产权制度安排而参与企业治理,研发人员通过所持有的股权对企业决策和日常经营管理的参与权。其参与的具体内容可以涉及公司经营管理的各个层次,例如,①组织参与,主要体现在公司的政策制定和战略决策过程中,凡有具体的组织程序者,以正式或非正式的方式让研发人员或者其代表参与。行使投票权和研发人员代表参加董事会、建立合理化建议制度、参与管理的培训计划、质量管理体系、科技专题攻关和协作小组、研发人员自治组织、工人管理委员会等。②战略决策参与,包括参与新产品开发论证、新的科研项目论证、重要人事任免、有关重大技术变化的方案选择、与其他公司的联合研发等。③日常经营管理参与,具体表现在制定计划和控制方面,如薪酬计划、再投资计划、设备选型方案、改善工作环境计划、预算和成本控制计划、基层管理人员的任命、劳动组织及任务分配等。

（2）自治型共同治理制。为适应知识经济发展的需要,美国企业治理结构的重心由"以资为本"向"以人为本"转变,其企业立法从"法定主义"向"议定主义"转变,"议定主义"的主要表现为,"在企业中的生产要素或生产要素的所有者就其稀缺性,以意思自治为原则,对企业的治理模式、出资份额、出资方式、风险承担、收益分配等事宜,以契约的方式自由组合,而法律对此不做太多的限制规定"（熊道伟,2004）。这种制度创新有利于技术要素与风险资本高效低成本的结合,既能激励技术创新,也能规避投资者风险。

（3）共同决策制。它是指研发人员或者他们的代表对企业信息和决策的形成和决定过程的共同参与制度。这种制度通常是以法律规定为基础而由国家强制实施的,或者说是共同决策是制度化了的研发人员参与企业经营决策的权利。共同决策制是典型的研发人员对企业经营决策权（或控制权）的分享形式。共同决策的实现主要依赖于研发人员参与企业经营决策的组织形式的落实,如企业可以成立企业技术委员会、董事会中成立技术委员会,或者一定比例的研发人员代表进入董事会、监事会、经理班子等。没有一定的组织形式保障,参与可能会流于形式。这种形式的建立可以是国家立法强制的,也可以是所有者之间通过谈判而达成。研发人员代表进入董事会、监事会或在董事会中成立技术委员会,在企业中研发人员的比例较大,完全有条件成立企业技术委员会等,这既有利于正确地做出技术方面的重大决策,也有利于研发人员企业所有权的实现。在德国,共同决策制的组织形式主要是法定必须建立监事会和工厂委员会。

(4) 技术专家参与经营制。在企业的创业期和成长期初期,保证剩余索取权和控制权尽可能对应的最理想状态是技术创新者自己又是经营者,这是专家型经营者。尽可能让这种类型的人力资本进入经理班子在企业创业阶段和成长阶段尤为重要,这种安排具备真正的激励性,既能保护人力资本投资,又能最大限度吸引非人力资本。

以上几种研发人员参与企业控制权的制度安排也有严格的使用条件,不同资本结构、不同规模、不同类型以及不同发展阶段的企业选择的模式应该是不同的。

企业控制权配置的过程,是企业各参与方之间互动谈判的过程,研发人员拥有企业控制权的基础同样依赖于其谈判力的大小,而谈判力的大小又与其知识和技术能力的专用性程度、稀缺程度呈正相关,知识和技术能力的专用性和稀缺程度又随着企业的发展阶段以及外部竞争环境的变化而变化。所以,研发人员参与企业控制权呈现动态的特征。

7.5 基于组织支持感的研发人员环境激励

"根据美国科技管理方面的专家调查发现高智商因素在完成的科研项目的贡献中只占 40% 的份额,而另外 60% 主要是有一个和谐宽松、互助合作、共同学习、互相激励的环境氛围,只有建立起这种组织环境,才能调动和发挥科研人员的创造才能和潜力。"研发人员素质高,行为的目的性、自主性强,严格的制度管理很可能会在员工心中产生压抑感,积极性就会受到打击、创造性就会受到抑制。因此,企业创造一个良好合作关系的环境,创造一个高度信任的文化环境,创造一个自主的工作环境,创造一个宽松的知识共享氛围,等等,加大对研发人员的环境激励,成为增强研发人员创新能力的必要措施。

7.5.1 塑造良好的组织氛围激发研发创新行为

组织环境是影响研发人员创新行为的情境变量,涉及的内容很广泛,既包括组织提供给研发人员的各种软硬件条件,也包括组织战略、组织文化与制度等管理方面的措施。De-Jong 与 Kemp(2003)的研究发现组织战略上对创新的关注、市场的差异化战略对研发人员的创新行为有积极影响。卢小君、张国梁(2008)认为研发人员创新行为的提升在很大程度上受到组织学习型文化的影响,研发人员对文化的感知程度越强,对创新行为的影响越大。Ramamoorthy 等人(2005)认为组织奖酬、晋升公平性以及相关制度程序的公平性对创新行为有显著的正向影响作用。曾湘泉与周禹(2008)的实证研究发现外在报酬与创新行为之间存在"倒 U"型的影响关系,内在激励对创新行为具有显著的正向影响。Anlabile 及她的同事(1996)通过对21 个组织中的 2796 名员工历时 8 年(1987—1995)的数据收集,发现高的创造力的项目相对于低创造力项目来讲,有六个方面的工作环境特征存在很大的差异性,包括挑战性的工作、来自于组织鼓励、工作团队成员的支持、自由度、组织创新障碍、上级的鼓励,而资源的充足性、工作负荷的压力并没有表现出显著差异。我国学者白云涛(2007)、薛靖(2006)等人的研究也分别验证了领导—成员的关系质量、领导对研发人员的工作支持、工作团队的支持性氛围对研发人员创新行为有积极的影响作用。

组织鼓励和主管鼓励这两个氛围要素对研发人员创新效能感的影响相对更强。它们不仅对研发人员创新效能感具有直接影响,还通过个体成败经历感知的中介作用间接影响研发人员的创新效能感,因而,在管理实践中,优化组织鼓励和主管鼓励氛围就显得尤为重要。在组织层面,企业可通过文化与制度建设,防止研发人员创新构想因为组织惯例遭到拒绝或忽视,引导和鼓励研发人员创新性思考,尝试在错误中学习;保证研发人员的意见交流通畅,增强自下而上沟通和平行沟通的渠道;提供专业技术、信息与设备等全方位支持。管理层则应该能够尊重研发人员不同意见,积极开放地面对研发人员所提出的新的工作方式;适当授权给予研发人员自由的工作空间;对于研发人员的进步与成功给予及时的、积极的评价反馈,对他们的暂时失败给予建设性的评价反馈,并鼓励他们从失败和问题解决中学习成长。特别需要强调的是,针对低创新效能感的研发人员,要施以明确的、积极的、建设性的反馈,来反驳其预先存在的对自身创新能力的怀疑。管理层还应能够以身作则,以榜样身份向研发人员传递间接的替代经验,以提升他们的创新效能感。

团队合作氛围和学习成长氛围对于研发人员创新效能感虽然相对较弱,但也具有积极作用。企业在构建研发团队的过程中,引导团队成员相互信任与支持,经常交换心得或建设性地辩论,可以使研发人员在获得直接研发经验的同时,获得其他团队成员的间接经验,从而为自己收集更多的效能信息。而良好的学习氛围,更是增加了研发人员获取间接经验的机会,企业应鼓励研发人员积极参与团队学习与研讨活动,为他们提供良好的教育训练和再学习的机会。

7.5.2 组织文化环境激励

组织文化对企业研发人员具有凝聚作用和约束作用,使研发人员有强烈的归属感、责任感、认同感和自豪感,这对有高层次需要的研发人员具有很好的激励作用。企业特有的文化形成的激励成为对企业激励机制的非常重要的补充。针对研发人员而言,创立一个民主、平等与和谐的文化环境尤其重要。研发人员要求获得尊重的需要非常强烈,创造一个良好的软环境,提供经营者与研发人员平等对话的机会,把企业建成一个富有人情味的大家庭,使研发人员有一种归属感,有利于研发人员创造性的发挥。

知识是企业的基础资源,学习是获取知识的基本职能。但没有一种认可和激励学习的企业文化,持续的学习活动将难以进行。没有共享的企业文化,企业研发人员之间的隐性知识的传播,或把隐性知识转化为显性知识,或把研发人员的个人知识转化为组织知识,都是难以实现的。因此,企业文化的建设应该围绕"知识共享"这一主题,在知识共享文化氛围下促进研发人员、技术创新团队和企业三者知识存量的互动增长,最终实现企业研发人员和企业价值的共同增值。激励研发人员的企业文化内容有团队文化、创新文化、学习文化、信任文化、共享文化和自豪文化。

(1)团队文化。团队和团队精神其实是企业发展必备的因素之一,没有团队的协作,就难以取得创新和独特的价值贡献。团队精神的内涵有四点:①信任并尊重每一个员工;②致力于团队和个人高水平的成就与贡献;③通过团队协作来实现共同目标;④鼓励灵活性和创新。在美国、欧洲和日本,高度创新的组织有着较扁平的结构、较小的经营部门、较小的项目团队。由工程师、研发人员、设计师和模型制作者构成的小型团队集中在一起,在把创意发展成为原形这一阶段,没有组织的干预或者是有形的障碍。甚至在以精心策划(并且缓慢地)形成一致的过程而著名的日本,创新项目也被给予自主权,并且高层经理经常直接与年青的工程师一起工作于项目中。这一方法消除了官僚主义,允许迅速和自由的信息交流,实验能够迅速转化成成果,且通过团队中间信息交流和承担义务的最大化,灌输了一种高度忠诚团队的意识和一致的文化。"知识工作者的工作热情和努力的程度以及他们对企业的忠诚构成了企业的核心竞争力。"

(2)创新文化。技术创新是企业发展的动力,而创新依赖于研发人员的创新能力。鼓励创新、奖励创新,为创新提供条件和机会,是企业与传统企业的根本区别所在。3M 公司的创新文化为世界创新性企业树立了一个典范：①以团队形式进行的创新。这要求创新小组成员的密切合作。②宽容创新的失败。鼓励冒险，宽容失败，使员工善于从失败中学习，从而容易成功创新。③激励创新。有多种激励创新成功者的措施，最大限度的调动了员工的创新积极性。④营造最有力的创新环境。公司给予其员工最大的宽容和礼遇，为员工营造了最有利的创新环境。⑤高层领导的支持。⑥鼓励创新的价值观。在公司的价值观里，任何有市场前景的新产品构想，都可以接受。公司内部有高度的共识的追求卓越的精神。⑦创新的交流与学习。公司的创新还是一种开放式无边界交流的结果，为员工实现知识的共享。

（3）学习文化。组织在推行知识共享时，必须要创造一个鼓励学习的文化。如果组织不容许有多元意见的话，会降低员工的学习机会，反之，在一个奖励信息传送开放且诚实的环境中，学习机会较多。而能鼓励员工分享知识环境的建立，关键在于互动学习的培养。企业应通过各种机制与途径，鼓励学习，下面这些做法有助于企业培育学习文化的形成：①领带者不仅愿意持续学习，而且乐于成为员工学习的榜样，善于用提出挑战性问题的办法来鼓励员工学习，以导师或辅导员的角色促进员工学习的能力。②用必要的奖励、委托训练和制定发展计划以及建立学习资料中心等办法使学习制度化。③容忍学习过程中出现的错误、避免指责、摒弃对首创责难的行为。④发展一种从个体学习和团队学习转向组织学习的知识管理体系。⑤强调全员学习，即决策层、管理层、操作层，都要全身心地投入学习，尤其是决策层，因为他们是决定企业发展方向的重要阶层。⑥强调全程学习，企业工作的过程就是学习的过程，要把工作和学习有机的结合起来。

（4）信任文化。信任，是企业存在的前提条件，物质资本所有者同人力资本所有者之间的信任关系、经营管理者和研发人员之间信任关系、研发人员与研发人员之间信任关系,都是企业发展的基础。企业的信任关系之所以重要,是因为科技创新劳动的团队性和科技劳动成果的难以计量性,使得高新技术创新团队或研发团队中,每个人只参加总体工作的一部分,无法从总体成果中判断个体的具体贡献,存在"搭便车"的问题。如果团队成员相互信任,就会在一个目标的激励下共同拼搏,减少"机会主义"和"搭便车"行为。此外,员工之间的知识共享以相互信任为基础,隐性知识的转移只有通过紧密的、值得信任和有持续直接交流的非正式网络才能真正实现转移。以下四点做法有助于信任文化的建立:①树立企业的经营理念和道德标准,并将企业的一切决策和行为建立在这些经营理念和道德标准之上,使员工看到并相信企业在真正实施它们,从而才能起到鼓励员工的作用。②鼓励信任是具体可见的,组织成员要见到人们因知识共享而获得肯定。③信任必须是全面的,如果组织内部的成员不值得信任,则组织中的知识供给与知识需求者在没有意愿承担分享的风险时,分享的行为将会减少。④信任必须由高层开始,公司中的信任通常是由上而下的渗透下去,如果高层主管可以身作则才可能为后进者建立典范。

(5) 共享文化。知识的共享可以产生创新的灵感和新知识。一个思想交换另一个思想,彼此会有两个思想。知识具有流动性和价值可多次转移的特性,其共享的过程并不是一个人到另一个人的转移,而是彼此共同的拥有。企业要开展能够让大多数员工受益的、能够满足整个组织需要的知识管理,会让组织有一种向上的趋势。员工必须能够看到共享的知识是怎样让他们的工作更简单或者更好。建立共享文化的具体做法有:①首先表现在价值观上,进而在行动上进行转变。培育共享的价值观和团队精神,不断强化共享意识,使知识共享成为日常工作的一部分,不断鼓励员工进行共享活动,摒弃信息利己主义,形成有利于员工进行合作的文化氛围。②激励措施要及时得当。由于隐性知识是最接近经营活动过程的员工的私人信息,员工不愿意拿出来分享,因此要鼓励员工把隐性知识贡献出来与大家共享。为了培养这种文化提供各种激励是必需的,用各种补偿或奖励的形式来增加知识的共享与使用。③从制度上保障知识共享体系,早期主要通过行政命令、利益诱导的形式,依赖制度文化的配合,通过改变企业领导体制、企业组织机构和企业管理制度,最终使员工形成自愿的共享观念。④通过提供各种信息技术平台、建立扁平化的组织结构,使企业内的知识传递更迅捷、便利,促进共享行为的产生,使员工养成在企业内部获取知识、共享知识的习惯。企业必须建立有利于知识共享和增值的新型企业文化,将知识视为企业最重要的资源,支持研发人员有效地获取、创造和使用知识。

(6)自豪文化。自豪文化能满足员工的成就需要,能帮助员工建立很强的自信,更能促进业绩的提高和创新的产生。彼得·德鲁克认为:"企业需要一种总体观念,这种观念为众多的专业技术人员所共享。企业将不得不接受这样一个现实,即必须培养专业技术人员的自豪感和专业精神,因为他们不再有晋升到中间管理层的机会,他们的动力只能来自于自豪感和专业精神。"当在过去表现较好基础上形成"自豪的文化"时,员工也就更可能去冒风险,当与其他人的合作时,也更可能得到积极的反应。相互的尊敬使得团队工作变得更容易。较好的业绩可以增加小组人的凝聚力和增强同事之间的团结,同时,这又反过来促进了较好业绩的产生。对其他员工能力感到自豪能实现团队工作。"这是一个自我加强的增长循环——业绩刺激自豪,自豪刺激业绩——这对创新来说尤其重要。"这样,在公司的成就及个人的成就和能力方面,具有"自豪的文化"的组织将发现它们自己更加富有创新能力。企业可以通过为研发人员树立在企业内外的荣誉地位培育自豪文化:①企业内部可以定期评选在技术方面有突出贡献的优秀研发人员,借助企业内部的刊物、网站、宣传栏、荣誉墙等加以宣传报道和表扬,对获得荣誉者颁发证书。②在企业外,要通过提供学术交流机会,得到行业领域内同行在学术成就方面的承认和肯定,满足他们对名誉、学术地位的需要。

7.5.3　工作环境激励

企业研发人员以团队工作为主,团队工作和传统工作相比已经发生了实质的变化。这种工作对组织环境的要求也发生了很大改变,企业应该创造符合团队工作性质的环境以激励研发人员的工作积极性。这里主要指的是构建一个和谐的适合团队工作的软环境,包括出色的工作场所、员工以及上下级之间的工作关系、弹性的工作时间。

7.5.3.1　出色的工作场所

出色的工作场所是指员工"对上司感到信任,对工作感到自豪,对同事感到快乐"的那些公司。这样的工作场所对员工是一种巨大的激励,也是一个创新的沃土,完全适合企业团队创新工作的要求,所以企业应该把自己构建成这样一个工作场所。下表(表 7.6)为企业构建成出色工作场所提供了一个参考模型,该模型的条件虽然接近理想,但很多方面都具有可操作性,通过实践可以达到。

表 7.6　出色工作场所的维度和体现

维度	工作场所中的体现	
可信	1. 开放、便捷的沟通 2. 人力、物力的协调能力 3. 持续执行愿望的真诚	
尊重	1. 支持专业发展并表示关切 2. 与员工在相关决策上合作 3. 关注员工是具有个性生活的个体	信
公平	1. 平等——在报酬上对所有的个体保持平衡 2. 不偏袒——在雇佣和提升上无偏向 3. 公正——对申诉无歧视	任

维度	工作场所中的体现
自豪	1. 对自己的工作和成就 2. 对小组或工作群体的工作 3. 对组织的产品及在市场上的形象
友情	1. 有能力成为自己 2. 友好与欢迎的社交氛围 3. "家庭"或"团队"感觉

资料来源：http：//www. greatplacework. com/great/model. php. 2005/08/12

7.5.3.2　和谐的工作关系

本章的其他章节已谈论了很多有关团队成员之间的工作关系，所以这里仅探讨上下级之间如何建立和谐的工作关系。

乌尔里奇通过对知识型企业管理者和知识员工之间关系的研究，提出了管理者如何巩固员工忠诚度的 10 条建议：①控制：让员工掌握如何完成工作的控制权；②策略或远见：赋予员工一种远见和方向，使他们更愿意努力工作；③挑战性的工作：提供员工有刺激的工作，使其发展新的技能；④合作与团队协作：组成队伍完成工作；⑤工作文化：建立一种欢乐的、有趣的、兴奋的和开诚布公的工作氛围；⑥分享收获：为已完成的工作犒劳员工，如推行员工持股计划等；⑦交流：真诚地与员工经常交流信息；⑧关心员工：有尊严地对待每个人，尊重员工的不同人格；⑨技术：给予员工技术，使他们的工作更简单；⑩培训和发展：确保员工有完成工作的技术。这十条建议为企业管理者和研发人员之间建立和谐的上下级关系提供了有益的启发。

从有利于技术创新和知识共享的角度看，以下领导者的典型行为有助于企业塑造和谐的上下级工作关系：

（1）领导的风格——判断式管理者。判断式管理者的典型管理方式有：①和员工或团队之间是相互协作关系；②把自己的权力和实施者的权力结合起来；③必须用自己的权力、经验帮助下属；④与下属分享权力；⑤能提供完成任务的机会；⑥完成任务之后，必须帮助每一个人纠正其失误之处；⑦能明确承认下属的成绩，用成就感激励员工。

（2）平等共事，以身作则。制订管理者和员工平等的企业规章制度，管理者以身作则、身先士卒。前英特尔"人人平等、'走动式'管理"是企业学习的典范：在英特尔公司内部，高层管理人员和普通员工一样上班守时，没有给高层人员保留停车车位，没有管理人员的餐厅，每个员工都有平等的机会获得股权奖励。贯彻公司文化，要由高层人员带头。一些看起来不太重要的事，都由高层管理人员带头执行，那怕是在办公大楼做清洁卫生这样的小事，也由高级管理者带头完成。

（3）给员工工作自主权。给予员工选择工作手段的自主性，也就是选择工作过程的自主性，但并不必然是选择工作目标的自主性。过程的自主性能培育创新能力，因为它给予了员工怎样做事的自由，这加强了他们的内在激励和自主感。当工作团队完全自主，不受所有的官僚主义程序的要求的影响，集中完全的专心和精力于它的工作，这时候创新产出就较好一些。

（4）重视员工。根据《研究与开发杂志》对 5000 名研发人员有关职业满意和薪酬方面的一项调查结果表明，"没有被管理者足够重视"列第三位，而在他们最关心的问题中，"不被管理者承认"列第五位。可见，研发人员对管理者的认可和尊重具有较高的需要，作为上级管理者应该及时给予员工肯定，以激发他们的工作热情。

（5）营造轻松的工作氛围。企业追求技术创新和个性化，产品别具一格，因此，对员工的管理也是相对宽松的、自由的。要营造出宽松和轻松的工作氛围，使工作中的人际关系变得简单、和睦，员工的创造力不受束缚。正如索尼公司创始人盛田昭夫所言："一个公司最重要的使命，是培养它与员工之间的关系，在公司创造一种家庭式的情感,即经理人和所有员工同甘苦、共命运的情感。"

以上领导支持是研发人员组织支持感的重要来源,非常有助于创新动力行为和提升创新绩效。

7.5.3.3 灵活的工作时间

在工作时间上的激励一方面能满足员工工作自主的需要,同时也可以缓解员工心理上的紧迫感,能保证创新的持续进行。

(1) 员工自主调节工作时间。对技术创新人员在时间方面给予更大的自主权有利于他们在多个项目之间合理分配时间,按计划投入精力,保证不同项目的先后如期完成。一般情况下由项目团队成员共同制定项目计划目标和安排进度。惠普、苹果等电脑企业,从不对员工的工作时间、工作进度以及服装规范等方面加以规定,员工可以根据自己的状态安排时间,对于员工来说这种弹性是非常有吸引力的。事实上,对研发人员工作的信任就是一种很好的激励,这些员工的工作时间总是远远超过正常的工作时间。

(2) 管理好加班时间。一般情况下尽量不让员工加班,即使员工自愿加班也不宜过多。项目团队加班不宜由上级领导发动,除特殊情况外,加班应当是员工的自发行为。领导应该提示和督促员工不要加班太长或长期加班,并在突击性加班后给员工一定补偿和在项目完成后给予适当表扬。

(3) 提供合理的闲暇时间。闲暇能够让员工从创新的工作压力中解脱出来,恢复体力和精力,是保持士气的一个重要手段。员工对自己的工作时间基本上没有决定能力,而是由企业决定的,由于对技术创新的追求和竞争的压力,员工可能会经常性的超常时间工作,由此引发的后果便是过度疲劳、健康恶化。对此,企业应该充分认识到,闲暇是一种健康投资品,要以投资的眼光来看待闲暇时间,安排合理的休息时间,还应为员工提供一定时间的带薪休假,使员工能够从疲劳的工作中解脱出来,促进健康状况的恢复和提高。

7.5.4 知识共享激励

研发人员之间的知识共享不可能自发、必然地实现,企业必须对知识共享涉及的有关个人进行有效的激励。有学者研究了影响企业员工间知识共享的因素。Hsiu-Fen Lin(2007)根据对我国台湾50家大型企业172名员工的调查,运用结构方程模型法研究指出,两种个体因素(乐于助人与有关知识的自我效能感)及一种组织因素(高层管理者的支持)对知识共享有显著的促进作用,员工奉献与吸收知识的意愿能够提高企业的创新能力。Angel Cabrera等人(2006)对一家大型企业372名员工进行的调查显示,员工的自我效能感、开放的经验、对同事与上级支持的感知、组织承诺、工作自主性、知识管理系统的质量、与知识共享有关的薪酬感知等因素影响员工的知识共享意愿。Minu Ipe(2007)指出,员工个人之间的知识共享是个体、群体和组织三个知识共享层面中最基本也是最重要的层面。影响员工个人间知识共享的主要因素有知识的性质、激励因素、共享机会及企业的文化环境。其中,激励因素可分为内部激励因素与外部激励因素,内部激励因素是指可感知的由拥有知识而带来的权利和由共享知识而带来的互惠互利;而外部激励因素则是指知识奉献者与接受者之间的关系及对知识共享行为的奖励。尽管有些学者认为薪酬回报的激励对于知识共享是必不可少的,但McDermott和O'Dell(2001)认为仅使用薪酬手段激励员工之间的知识共享是远远不够的。知识员工之所以参与知识共享是因为受到了工作本身产生的内部激励。在某些情形下,过于正式的金钱激励会被员工视为贬损性的。King和Marks(2008)的实证研究表明,当知识共享者偏重于考虑对企业的贡献时,上级监控较组织支持对知识共享产生的负面影响更大;反之,当知识共享者侧重于考虑个人的知识奉献时,组织支持较上级监控对知识共享产生的正面影响更大。

知识共享就是员工相互交流彼此的知识,使知识由个人的知识成为组织的知识,这样,员工可以通过查询组织知识获得解决问题的方法和工具,而员工的知识也可以扩充到组织知识,让更多的员工使用,从而提高组织效率。企业研发人员拥有的很多知识都是难于编码或编码成本非常高的隐性知识,这就决定了企业不能够仅仅依靠现代计算机技术对显性知识的传播来进行知识管理,而是更需要重视隐性知识的转移。所以,企业知识管理的核心是如何通过激励使员工将其拥有的隐性知识转移出来与其他员工进行分享。下面提出的激励策略大多是针对隐性知识共享的。

(1) 激发知识共享的动机。在企业,研发人员的地位和收益往往更多地决定于其拥有的知识,因此,提供知识可能减少个人的相对权威。此外,提供知识往往需要花费一定的时间和精力,而这些时间和精力本来可以用于他们进行学习和创新以增加个人的知识存量。所以,需要公司内部提供更多的激励,补偿知识提供者权威的损失以及时间和精力的消耗。有的公司通过给知识提供者提供物质奖励、名誉奖励以及将知识提供作为衡量地位的标准之一的方式取得了激励效果。如:①稿件作者和审阅者署名制就能提供激励。②衡量个人提供知识的贡献。其衡量标准为:使用 IT 工具为跟踪测定具体的个人对知识库的贡献的数目,或使用同事反馈机制评价员工同其他员工分享知识和技能的程度。③建立公司重要专家名录(比如通过同事提名程序)并向外公布的做法,是使个人的专长可见化的有力激励手段。④表扬那些运用知识对公司做出贡献的员工,他们将得到证书,在公司的新闻稿中得到提名表扬,或他们的名字将刻在公司的"荣誉墙"上,其荣誉也将记入永久档案中。

(2) 提供知识交流的机会和场所。提供知识交流的机会不仅要提供正式的知识交流的时间与机会,还要提供非正式的知识交流的时间与机会,比如设立如茶水间的工作喘息空间,提供组织成员一个喘息空间,并改变在茶水间聊天就是偷懒的观念。因为往往一些珍贵的知识移转,就是在这种非正式的交流时空中完成的,提供知识交流时间与机会不仅要提供团队内部交流的时间和机会,还要提供团队与其他部门人员的时间和机会。鼓励非正式组织也有利于知识共享,"非正式的组织是自发的,而他又是传播知识,产生创新的主要渠道……但非正式组织不能强制产生,只对自己负责。"企业可以制定会议制度促进员工间知识共享,如建立早餐会、联谊会、工作沙龙、生日庆祝会等活动制度,这样为知识共享、情感交流以及与管理者平等对话提供了机会。

(3)鼓励开展深度汇谈。深度汇谈不同于正式讨论,深度汇谈中参加的人没有任何思想负担,也不介意自己的看法和意见是否胜利,只是在一起思索复杂问题,各自表达其观点或经验,从而达到一种个人无法单独进入的,学到个人无法单独学到的东西。开展深度汇谈时,首先要求团队成员必须彼此用心聆听,不断地接受询问和观察在不同假设下,对问题进行不断地反思、探询和重新审视;其次要有一位有经验的主持人,他能灵活引导,及时巧妙地把握汇谈方向,使它不至于转为讨论或争论,使汇谈持续而不变形,最后要交叉运用汇谈与讨论,用汇谈来提出不同看法,以发明新看法,探究复杂问题。

(4)为知识共享建立信息技术支持。使用 IT 基础设施建设和培训,使研发人员熟悉相关的 IT 工具。局域网、组用软件、文件管理系统和计算机可视会议以及电子留言板都是可能应用的技术。①组织"知识团队"负责寻找到新知识,编辑信息进入知识数据库,并与其他人就特殊主题共享知识;②利用网络技术来储存电子布告栏;③基于企业电子邮件系统创造聊天文件夹,使知研发人员能提出问题并与他人共享信息;④就特殊主题或问题发表有用资源的参考数目。

7.6 基于自我效能感的研发人员发展激励

给予研发人员产权激励和环境激励能在很大程度上激发其努力

工作,但努力仅仅是研发人员的潜在状态,它依附于研发人员的基本状态"能力"之上,能力不足的情况下仅靠努力对复杂的研发创新活动是很难有效的,只有建立在能力基础上的努力才能达到最佳效果,所以,发展能力也是研发人员激励的基本措施。另外,发展激励作为一种发展激励手段恰恰能增强研发人员的自我效能感,还和研发人员的个人成长需要以及学习驱力强的特点相吻合,个人成长也意味着潜在的创新贡献。这充分说明发展激励在研发人员激励中的重要性。

对企业研发人员激励要素强度的实证研究结果也显示(表7.7)。研发人员在事业发展的不同阶段对学习培训都有很高的需求(总体排在第二位),充分反映出发展激励在研发人员激励中的必要性。由于企业的技术和知识的更新快,对于研发人员来说,积累、更新知识是他们能力提升的主要途径,希望企业给他们提供更多的培训机会,通过知识共享机制和平台从其他研发人员或组织获取更多的经验和知识,以保持竞争优势。全面的发展计划能激发研发人员的工作兴趣,提高研发人员的技能,交流信息,增强研发人员的信心和自我效能,有利于研发人员的全面提高和全面发展。

表 7.7　企业研发人员激励要素强度

发展阶段	第一位	第二位	第三位	第四位	第五位	第六位
第一阶段(实现期)	业务成就(4.21分)	学习培训(3.92分)	等级晋升(3.43分)	金钱财富(3.20分)	决策参与(3.12分)	工作自主(2.35分)
第一阶段(过渡期)	等级晋升(4.32分)	金钱财富(3.85分)	学习培训(3.76分)	决策参与(3.74分)	工作自主(3.20分)	业务成就(2.18分)
第一阶段(发展期)	学习培训(4.47分)	金钱财富(4.12分)	业务成就(3.95分)	等级晋升(3.84分)	决策参与(3.43分)	工作自主(2.26分)
第一阶段(稳定期)	等级晋升(4.35分)	工作自主(4.28分)	金钱财富(3.76分)	学习培训(3.68分)	决策参与(3.45分)	业务成就(2.21分)

资料来源:曾德明等;《企业 R&D 管理》,清华大学出版社,2006 年 11 月第 1 版,第 147 页。

7.6.1 创造力自我效能感与研发人员创新

创造力自我效能感对研发人员的创造力和创新行为有很大的作用。自 Tierney 等(2002)提出创造力效能感概念之后,学者们围绕创造力效能感与个体创造力的关系进行深入、广泛的研究。在教育心理研究领域,Choi(2004)通过实证检验大学生创造力效能感与创新行为的关系以及创造力效能感在创造性人格、创新能力与创新行为的关系中的调节作用,研究结果表明,除了在创造性人格与创新行为之间的调节作用未通过检验外,其他假设都得到数据支持;Lemons(2010)认为创造力效能感是个体创新行为的重要影响因素,针对大学生的开放式问卷调查验证了其假设;Mathisen 等(2011)以社会认知理论为基础,开发了一项创造性训练课程,以学生、特殊教育教师和市政府公务员为对象进行实验研究,研究结果表明,该课程可以提高个体的创造力效能感,进而提高他们的创造性。在组织管理研究中,Tierney 等在提出创造力效能感概念的同时,以社会认知理论为基础,分析创造力效能感的形成和作用机制;在此基础上,实证验证创造力效能感对个体创新行为和绩效的积极影响,发现创造力效能感比工作效能感更好地预测了个体创新行为和绩效。在针对研发人员的后续研究中,Tierney 等(2002)发现创造力效能感在主管预期、管理者支持性行为和研发人员认知对创新行为及绩效的影响中起中介作用。纵向研究更具说服力地验证了创造力效能感的积极作用,随着创造力效能感增强,员工的创造性表现也会增加。Michael 等(2011)以台湾员工为样本的纵向研究发现,在控制了工作任期和五大人格特质的影响后,创造力效能感仍对员工工作中的创造力表现具有重要影响;Gong 等(2008)认为创造力效能感在情境因素和个体因素与个体创新行为之间起着重要的桥梁作用,实证研究发现,变革型领导(情境因素)和员工的学习导向(个体因素)都通过员工创造力效能感的中介作用间接影响其创造力;顾远东等(2014)

以社会认知理论为基础,将创造力效能感引入组织氛围对个体创新行为的影响机制中,并实证验证创造力效能感在组织创新氛围与员工创新行为之间的中介作用;杨付等(2012)认为创造力效能感可能调节情境因素对个体创新行为的影响,实证研究发现,创造力效能感调节多个组织情境因素(如团队沟通、工作不安全氛围等)与员工创新行为的关系;隋杨等(2012)认为创造力效能感在团队创新活动中也发挥着重要作用,实证研究发现,团队创新氛围通过团队创新效能感的中介作用对团队创新绩效产生显著的正向影响;Mathisen(2011)对影响创造力效能感的组织因素进行探索性研究,结果表明,任务类型、任务的自主性、领导成员关系和团队成员创新支持感知对员工的创造力效能感都有显著影响,而且任务自主性与领导成员关系的交互作用、任务自主性与团队成员创新支持感知的交互作用对员工创造力效能感都有显著影响。

综上所述,在众多研究领域研究者们验证了创造力效能感对个体创新行为或创造力的重要作用,而且还在组织情境因素对个体创新行为或创造力的影响机制中扮演着重要的中介或调节作用。Mathis-en等(2009)的探索性研究已发现创新支持感是创造力效能感的重要影响因素。但是,已有研究所关注的组织情境因素,有的侧重于领导支持因素,有的侧重于组织层面的氛围因素,并未综合考虑组织、主管和同事三方面的支持因素。需要将创造力效能感纳入到组织支持感与员工创新行为的关系框架内,构建组织支持感→创造力效能感→员工创新行为影响机制和激励措施安排。

基于组织支持感理论,从认知和情绪视角,将创造力效能感和积极情绪引入到组织支持感与研发人员创新行为的关系分析框架中,构建组织支持感→创造力效能感/积极情绪→研发人员创新行为理论模型,实证研究结果表明,在我国情境下,组织支持感对研发人员创新行为有显著正向影响,组织支持感及其各维度对研发人员创新行为有预测力,其中主管支持的预测力最强;创造力效能感对研发人员创新行为有显著正向影响，并在组织支持感与研发人员创新行为间起部分中介作用；积极情绪对研发人员创新行为有显著正向影响，在组织支持感与研发人员创新行为间起部分中介作用；将创造力效能感和积极情绪同时并入中介模型后，两者的中介作用完全解释了组织支持感对研发人员创新行为的影响（顾远东等，2014）。

7.6.2 培养高创造力自我效能感研发人员

创造力自我效能感不仅是实现研发人员创新行为的内驱力，而且调节工作情境（团队沟通和工作不安全氛围）与研发人员创新行为之间的关系：研发人员的创造力自我效能感越高，团队沟通、工作不安全氛围对团队成员创新行为的倒 U 形影响越小。这提示组织管理人员在管理实践中，可以通过培养研发人员创新的内驱力——创造力自我效能感以激发研发人员的创新行为。具体而言，可以通过日常工作中过去的成功经验、替代榜样作用、口头说服、创造性角色认同和唤醒来提高研发人员的创造力自我效能感。此外，团队应注重团队中各成员创造力自我效能感的差异化互补，为创造力自我效能感高的研发人员提供挑战性工作任务，保持团队的稳定性，从而激发研发人员表现出更多的创新行为。

创造力自我效能感是实现研发人员创新行为的"内驱力"，是个体一般自我效能感的一部分。因为创新活动是有风险的，对组织员工而言，参与创新需要强大的内在支持力量，这种支持力量表现为对自己有能力产生创造性结果的信念（Tierney & Farmer，2002；杨晶照等，2011），以研发人员知识和技能为基础（Gong，Huang & Farh，2009）。创造力自我效能感可以激励研发人员产生并执行创新构想（Anderson，DeDreu & Nijstad，2004），积极应对创新过程中遇到的困难、挫折以及结果的不确定性和风险性。我们认为，团队沟通、工作不安全氛围与团队成员创新行为呈现先增强后减弱的倒 U 形非线性相关关系，其影响效果可能受到个体差异变量创造力自我效能感的调节。这一过程或许可用社会认知理论加以说明,该理论认为个体的自我效能感是一种重要的行为决定因素,强调个体所具有的主观能动性,个体对环境的反应是认知的、情感的、行为的,更为重要的是,不同的个体在相同的情境下,个体心理和行为可能存在一定的差异(Bandura,1997)。比如个体差异变量一般自我效能感的这种调节作用在我国情境下得到相关验证(Lu & Spector,2007)。更进一步地,根据 Demerouti,Bakker,Nachreiner 和 Schaufeli(2001)提出的工作要求—资源模型,工作特性可归为两类:工作要求和工作资源。当工作要求程度高、工作资源丰富时,员工将其视为工作情境的积极知觉和体验,它会激发研发人员工作积极性,并提高研发人员的工作动机水平,从而使研发人员表现出积极的工作态度和行为。而研发人员将工作要求程度低、工作资源匮乏的工作情境视为消极的知觉和体验,则会表出消极的工作态度和行为(Bakker & Demerouti,2007)。因此,我们认为,员工会将不同程度的团队沟通、工作不安全氛围等情境既能知觉为一种"挑战",又能知觉一种"障碍"。根据 Bakker 和 Demerouti(2007)的研究,建议探讨个体资源在工作要求—资源模型中的作用机理,比如自我效能感。而 Xie、Schaubroeck 和 Lam(2008)也建议应基于个体特征,深入探讨工作特征模型对不同特征个体的适应性,并探究一些个体特征(例如,控制点、自我效能感)的调节作用。资源保存理论(Conservation of Resources Theory)认为,个体特征作为一种内在的认知资源,具有普遍意义(Hobfoll,2001)。因此,可以推断,创造力自我效能感高的员工,由于具有丰富的内在的认知资源,会提高研发人员的创新士气,从而表现出高的创新行为。而创造力自我效能感低的研发人员,由于资源匮乏,在面对同样的情境下,对表现创新行为的信心不足,进而表现出低的创新行为。因而,创造力自我效能感高的研发人员,无论面临挑战性工作情境还是障碍性工作情境,创新行为明显高于创造力自我效能感低的研发人员。具体来说,对于创造力自我效能感较低的研发人员而言,团队沟通对团队成员创新行为的影响可能较大。在团队沟通水平较高的情境下,研发人员对自己的职责以及团队的目标、团队对自己的要求或期望已经有较好的理解和感受,即使发生变化,研发人员也会很快地调整(王永丽等,2009),这时由于环境本身缺乏变异刺激而可能导致研发人员表现较少的创新行为。在团队沟通水平适度的情境下,环境的变异刺激与共享性相对平衡,低创造力自我效能感的研发人员可能表现出较多的创新行为。在团队沟通水平较低的情境下,由于阻碍了研发人员间的信息、思想和情感的分享和交流,降低了团队活力,导致低创造力自我效能感的研发人员会更多地选择和保留组织已存的范式,从而表现出较低的创新行为。对于创造力自我效能感较高的员工而言,团队沟通对团队成员创新行为的影响可能较小。高创造力自我效能感的研发人员对于自己完成创新活动的能力充满自信,相信自己能够完成既定的工作任务,他们会主动寻求变异刺激和信息,能够表现出积极的工作态度和行为。因此,无论在团队沟通水平较高的情景下,还是在团队沟通水平较低的情境下,高创造力自我效能感的研发人员在面对创新活动的复杂性、不确定性、风险性,他们会挑战组织已存范式,会主动寻找问题的解决办法,不会轻言放弃。因此,高创造力自我效能感的研发人员会倾向于表现创新行为而非保留习惯或传统。

7.6.3 基于创造力的培训激励

培训已成为企业对研发人员的一种激励方式。对研发人员进行培训和人力资源开发,也是企业帮助研发人员提高技术创新能力,增加其技术创新成功的概率的有效方式。刘国新、衷娟(2004)指出通过培训教育的方式,为研发人员提供基本文化知识,传授给研发人员业务技能,传递给研发人员相关的行业信息,教授研发人员进行技术创新的方法,对研发人员进行创造性思维训练,培养研发人员创新意识,使更多的研发人员有能力加入到技术创新的行列中。此外,美国学者弗里曼在总结日本技术创新的成功经验时曾经指出,日本企业的努力、技术管理及其组织的独有特征的形成离不开日本的教育和培训制度的完善及社会制度的创新;一系列打破蓝领与白领就业屏障的有关社会进步措施,关系公司业绩的年度红利制度,大公司部门中的终身就业制度等等,这些制度共同建构了强大的激励系统,使得雇员愿意积极进行企业创新,从而不断促进了产品的更新和劳动生产率的提高。

由于知识和技术的快速更新,研发人员的职业选择,与该企业的培训情况紧密联系。"我国计算机软件领域的研发人员普遍认为,决定他们是否跳槽的首要因素是学习培训环境的优劣,因为学习培训效果的好坏直接决定着个人研发绩效水平的高低"(曾德明等,2006)。在企业,培训的核心目的是能力的提升,即通过知识的共享与创造让研发人员再学习,让研发人员在工作之后不断学习,并继续培养其个人专长。企业培训承担着比传统组织更为重要的作用,一方面知识本身是企业的一种资源要素,需要积累知识资源;另一方面要更新研发人员的知识结构,并不断增加他们对知识存量挖掘和理解。所以,企业应该积极开展各种形式的培训。下面从培训内容设定、培训形式选择方面来探讨针对研发人员创造力的培训激励。

7.6.3.1 培训内容设定

企业对研发人员的培训内容要有针对性,要和研发人员的培训需求一致。据调查,企业研发人员对培训内容的需求主要有(汪庆春、陈善国,2006):①专业技能知识。88.9%的研发工程师认为自己最需要培训的是"专业知识",体现了研发人员"事业心重"、"成就动机强"的特点。②产品知识与客户需求。在调查中,86.9%的研发人员都要求了解产品知识和客户的需求。这是因为研发人员的工作不是重复性的生产,每一个项目都有不同之处,或者在原基础上改进,或者革新,所以每次成功的研发都会产生新的产品。③创新能力与沟通能力。创新能力主要是指创造性发现问题和解决问题的能力。研发人员的主要任务是开发新产品。新产品项目的研发需要突破原有的模式,寻求新思路,这对研发人员的创造能力提出了很高的要求。人际沟通能力是指善于与他人交往,容易被别人接受并得到合作的能力。

(1)专业能力培训。在企业中,除了对研发人员个人的工作态度、性格以及一般知识和经验的培训外,还要突出专业技能的培训。专业技能是指研发人员在指定岗位上所需要的专业能力和特长,是创新的基础。为促进专业技能的培养,要做到三点:一是进行专业技能审计,分析研发人员与理想工作状态相比,专业技能的欠缺,通过审计建立核心技能的培训计划;二是多种方式开展技能培训,如在岗培训、离岗培训、交流观摩、座谈讨论等方式,使知识和技能得以积累,并相互启发;三是进行动态的检查和再培训。由于人员的流动性和企业流程的再造,专业技能的需求也不断变化,对于培训的真实效果,企业要进行动态的检查和再培训。在专业技能的培训中,有一种值得推广的方式,即学徒关系方式。因为有些技能是"只能学会但不能被教会"的,也就是说一些技能可能是只可意会不可言传的,这种知识和技能的培训只能在特定的情景中被学习和体会。在企业中应建立这样一种制度,要求老的或更高级的研发人员有义务对新研发人员进行指导,并确定彼此之间半年或一年的合作关系,或在某一项目上的指导与被指导关系,以便年轻研发人员不仅能从言传而且能从身教中学到一些专业技能。

(2)创新能力培训。创新是企业保持可持续竞争优势的关键。摩托罗拉公司认为最重要的培训是创造力的培训,是有效解决公司实际问题能力的培养。该公司认为创造性作为一种职业技能,是通过培训和学习来获得的,为了提高研发人员的技能和创造性,持续的学习是必不可少的。在企业创新作为一种激励,因为企业组织结构扁平化使得研发人员提升为管理层的激励方法不再存在了。在这种情况下,需要一种不断创新的精神,通过事业的不断创新和超越来实现自我价值,发挥自我潜能,而不是提升的计划。以下几点做法有助于培育研发人员的创新能力。

一是为创新提供良好的条件,培育创新能力。企业可以按照以下八个方面的要求塑造有利于创新的条件:①创新者和用户接近紧密、沟通充分;②更高技能、专业化的、国际性的创新成员队伍;③来自研发中心新技术思想的流动;④作为减少不确定性的战略,鼓励更为复杂、多种创新环境;⑤设立交换创新思想的沟通渠道;⑥竞争来自于创业者的新公司,反过来又受益于风险投资资本的可利用性;⑦组织内更多的相互依赖和整合;⑧对作为社会商品的新思想的公开的鼓励。

二是要创造培训条件让研发人员和无关领域的专家接触交流,在跨学科的讨论碰撞中能产生大的创新成果。"在一系列经典的研究中,科学家发现,最多产的和最具有创新性的人是那些与他们研究领域外接触更多的人,他们花更多的时间与那些不赞成他们价值观与信仰的人在一起。"有证据表明,许多最佳创意从起源上来说,是跨学科的或者是跨职能部门的或者说他们从主要创新领域的外部,获得广泛的见解和信息并从中受益。

(3)沟通能力培训。沟通能力对于知识共享和建立良好的人际关系有十分重要的作用。提高沟通能力的一个重要途径是培训和集中的学习指导。沟通意识和主动沟通行为的形成需要培训和激励,为鼓励研发人员沟通,应在研发人员加入企业的第一次培训开始就进行相关的沟通内容的培训,使研发人员明确沟通的作用,并掌握沟通的技巧。

通过改变管理模式培育沟通能力。沟通的激励,包括设立鼓励沟通行为的荣誉体系,培育积极沟通的行为和模范。对积极进行知识和信息沟通的行为进行精神和物质方面的奖励,并通过这些行为与报酬制度相联系,使研发人员获得积极的沟通动机。团队负责人的沟通风格也要积极的培育,使其首先成为具有良好沟通能力的导向者,创造进行积极沟通的氛围。

通过非正式组织培育沟通能力。企业中应促使正式组织和非正式组织进行融合,因为非正式组织的沟通是敞开和坦诚乃至私密的,便于知识和情感的交融,也有利于知识特别是隐性知识的沟通。可以给研发人员一些灵活时间,让他们参加一些非正式组织的活动,为非正式组织提供一些活动经费用于举办提高沟通能力的活动。

(4)心理健康调适培训。心理健康调适培训不仅体现了组织对研发人员的关心和支持,也能提高研发人员的适应能力。这有助于提升研发人员的自我效能感和组织支持感。高新技术领域是一个竞争激烈的领域,面对经常性的技术创新的压力,研发人员常常会出现各种心理不适应的现象,一些与工作压力有关的慢性疾病发病率在上升,如焦虑、失眠、健忘、血压升高、疲劳等等。心理健康培训主要有自我认知培训、人际冲突处理培训、挫折培训和缓解压力培训等,在企业里由于技术创新的要求导致研发人员存在高度的紧迫感和心理压力,这种现象十分普遍,所以这里重点介绍缓解压力的辅导教育,企业可以聘请专家设计一些培训项目,对时间管理、紧张感的松弛方法进行指导。主要内容包括(翁君奕、林迎星,2003):①如何减轻紧迫感。要求压力过大时中断工作做一些放松运动,平时用餐时间和工间休息避免被工作打断,不用烟、酒、电子游戏等代替放松。②如何寻求支持。指导研发人员与工作场所可以分享其情绪和关注点的人交朋友,同时避开那些恶化情绪或增添恐惧的人。③如何与主管沟通。提倡每三到六个月向上司汇报工作情况,通过沟通搞清上级对自己的期望和自己的努力方向。④如何加强工作中的决断。紧迫感会使研发人员决断时犹豫不决,通过训练告诉研发人员决断一般不会威胁他们的工作。具体可以通过模拟实验让那些仍不敢决断的研发人员恢复信心。⑤如何管理时间。遵守工作清单,下班后充分休息,灵活安排工作时间。

（5）创新文化认同培训。通过创新文化认同培训首先要传达企业的创新理念及长远发展战略，传递企业的价值观，在这些方面要和研发人员达成一致，使研发人员将创新发展和自己的发展结合起来。此外，要通过培训使研发人员深入理解企业特有的创新文化，如持续学习、鼓励创新、冒险、合作、共享、宽容失败等。通过不断的创新文化培训，要在以上方面得到改进和提高，最终使研发人员处于一个认同企业目标、愿意分享知识、乐于学习和勇于创新的文化氛围之中。

7.6.3.2　培训方式选择

研发人员培训的方式很多，下面是针对提高研发人员创造力的几种培训。

（1）互动培训。在企业，研发人员都是知识型员工，从事着知识含量很高的工作，工作的专业性和创新性很强，大多数工作中需要隐性知识，不可能依靠企业之外的专家去培训和教育，而需要研发人员相互之间的培训。为形成研发人员相互培训的模式，重点应做到以下几个环节（李东，2002）：①研发人员之间形成乐于共享的文化。由于隐性知识是个人技能的基础，研发人员一般不愿意和他人共享。为了做到相互培训和共享，首先要鼓励一种共享的文化，同时还要培养一种相互平等的精神。②创造鼓励相互培训和知识共享的机制。一种可以借鉴的做法是把个人的绩效得分与团队或企业的整体效益相乘所得的分数作为个人收入与奖励的依据。另外，还要奖励在相互培训中较为主动和出色的研发人员。③提供组织结构上的支持。工作小组和团队式管理模式是目前较为提倡的一种互动培训方式。其中自主管理小组和跨功能团队的方式，可以为研发人员之间的相互培训提供组织支持。

（2）虚拟培训组织。虚拟培训组织作为企业里的专职培训部门，将受训者看成是顾客，要推销其服务，让顾客积极参与培训项目，并且保证培训能达到基本效果。它的运作遵循三个原则：第一，研发人员对学习负有主要责任；第二，最有效的学习是在工作中进行而不是在课堂上;第三,为将培训成果转换成工作绩效的提高,经理和研发人员的关系至关重要。虚拟培训的关键在于研发人员和经理,研发人员必须主动学习而经理则应保证所学内容能运用于企业实践。虚拟培训注重以顾客为中心,侧重于学习和评估培训的有效性,根据顾客需要提供培训。培训者不仅具有专业能力,而且能作为内部咨询专家并提供更完善的服务。

(3)联合学习中心。经济全球化和信息技术的发展为联合中心培训模式提供了契机和技术支撑,培训需求相同的企业之间可以联合起来成立学习中心。摩托罗拉、3M公司、康宁和迪尔四家企业和俄亥俄州立大学、亚利桑那州立大学、迪克森大学联合创办了学习中心,也代表了企业培训模式的一种发展方向。

7.6.4 企业研发人员学习激励

培训是学习的重要组成部分,但培训不等于学习,企业培训工作的最高境界应当是从培训走向学习。培训侧重于成熟的知识、技能向受训人员的传授,而学习不仅接受现有的知识,同时还包括创造出新知识、新技术和新方法。学习还可以是双向或多向互动的。学习是企业个人、团队和组织的一项重要职能。学习机会和发展机会是企业激励研发人员的一个有力方式,但并不是每个企业都能为研发人员提供学习和发展的机会,只有那些追求创新的企业、敢于竞争的企业、愿意在竞争中成长的企业,才能够给研发人员提供学习和发展的机会。

随着知识的更新和分化,仅利用研发人员现有的知识不够,为了继续利用知识保持竞争优势,企业应该创造一个激励研发人员学习的机制,促使研发人员自身不断成长以便跟上知识变化的要求。同时,企业要想在复杂和变化的环境中求得生存和发展,也必须不断学习,以增强自身的适应能力。此外,企业内部对于管理者与研发人员之间的沟通、创新精神的培养以及研发人员之间知识、经验、技能等的共享和交流都只有在学习的基础上才能达到。因此,学习(善于学习和不断学习)对于研发人员来说十分重要。

研发人员的学习可以分为个人学习、团队学习和组织学习三个环节,个人学习是指研发人员单体意义上的学习,通过自主意识和自主手段获取知识的过程。组织学习是一个组织围绕组织目标、形成团队的学习机制,主要是通过团队学习和团队间学习获取和创造知识的。

7.6.4.1 个人学习

个人学习是构筑组织知识的基础,企业不能仅考虑利用研发人员的知识,更重要的是如何提高他们的知识存量,"当今世界,充分利用研发人员的知识是一个主要的成功因素,但是随着知识的发展、分化,仅利用研发人员现有的知识已显不足,为继续运用知识创造财富,研发人员们必须跟上时代。若不对'知识之井'进行不断地补给,它终将'枯竭'"(弗朗西斯·赫瑞比等,2000)。个人学习的方式主要有三种:从经验中学、从实践中学、从讨论中学。

(1)从经验中学。经验也是知识的来源,有直接经验和间接经验两种,这里强调的是间接经验。通过建立良好的知识和最佳案例文献档案,为研发人员学习创造条件。

(2)从实践中学。"干中学"或"用中学"是研发人员获得隐性知识的主要渠道,研发人员从事的是创新性的、非重复的工作,每次工作都会遇到不同的问题并需要其解决,在这样的过程中积累个人知识的效率很高。企业还可以通过在其企业联盟网络中与其他公司安排公司之间的人员交换,在不同知识领域中进行交换,为研发人员提供在不同企业实践的机会,扩大知识获取空间。

(3)从讨论中学。有些间接经验是隐性知识,如难以明确表达的技巧、经验等。企业可以通过举办内部专题研讨会或鼓励研发人员参加行业学术交流会,或者帮助研发人员与相关专家建立联系,增加研发人员讨论交流的机会,从中获得知识。

7.6.4.2　团队学习

团队"就是数目较少具有互补技能的人所组成,他们致力于共同的目的、绩效目标和工作方法,并为此共同承担责任"(姜伟东,叶宏伟,2003)。所谓团队学习,就是发展团队成员整体搭配与现实共同目标的能力的过程。团队学习显示了学习型组织的组织学习的典型过程,它同时表现出人们在知识转换过程获取知识积累、更新、扩散的过程,最终团队成员在团队学习的过程中开发和提升了人力资本的水平。团队学习关系到企业中的知识共享和知识创造的有效性。团队学习不同于个人学习的地方是其交互作用的特征,这种特征十分有利于知识共享,而且学习结果的输出是一种共同的输出,成果是团队成员共同获得的,这对于企业的知识价值创造极具启发意义。团队学习是个人知识和组织知识相互转化的纽带。通过团队学习,能充分挖掘团队各成员的隐性知识和技能,发挥集体智慧,提高组织思考和行动能力。另外,团队学习还具有强化功能,更易于激发团队成员的兴趣。

常见的团队学习方法有:①深度汇谈和讨论相结合。深度汇谈是自由和创造性地探究复杂而重要的议题,先暂停个人和主观思维,彼此用心倾听。讨论则是提出不同的看法,并加以辩护。深度汇谈与讨论基本上是互补的,必须配合使用。②团队主题会议。这种方式就是让团队成员在工作中收集有关信息,发现问题,从而确定会议主题,然后运用"头脑风暴法"使团队成员畅所欲言,诚恳地阐述自己的观点,客观地分析他人的方案与批评及建议,最后达成共识。③解决问题与冲突。④非正式交流与实践。团队成员经常面对面地沟通和工作,大量的隐性知识会通过频繁的交流和共同实践而得以传播。

7.6.4.3　组织学习

彼得·圣吉认为,"能使组织有意愿、有能力学习新知识,管理者则应将组织建立为使成员改变既有的心智模式、让成员有共同的组织愿景、团队学习、鼓励研发人员超越自我、系统性的思考的组织。"

组织学习的关键之处在于组织成员能通过"组织记忆"功能,产生知识,创新、精练及分享信息的效果。组织学习最常见的方式有内部学习和外部学习。

(1)内部学习。是指成员在组织的边界内进行新知识的创造和传播。任何知识领域从根本上讲都是系统化的,即一个知识领域与另一个知识领域很复杂地交织在一起,因此组织应该更多地关注内部学习,对取得知识开发过程施加更多的控制,以及更好地理解和认识隐性知识的特性,因为想要获取外部组织的隐性知识是很难的事情。至于学习形式,可以学习组织已有的最佳实务案例或最佳经验学,除了以项目为学习对象外,也可以将学习扩大到个人、团队或是组织。

(2)外部学习。是指依靠习得和模仿,从组织边界以外的知识源获得知识。从组织外部学习,可以了解竞争环境及趋势,学习别人的优点。以其他公司、组织作为标杆学习,也是组织常有的学习形式,能分享别人错误或成功的经验,可以让组织减少重犯错误,并复制别人的成功。也可以通过和其他企业组成联盟学习,如和供应商、合作企业结成伙伴学习。还可以和科研机构联合学习,共同研发等。

7.6.5　企业研发人员职业发展激励

职业发展激励符合研发人员的自我发展行为,能提升研发人员的工作自我效能感和组织支持感,同时满足了研发人员的个体成长和业务成就的需要,而且能体现对研发人员激励的动态性、权变性、长期性的优势,所以在研发人员激励中也是不可或缺的重要组成部分。

组织应针对不同职业生涯阶段的研发员工,实施阶段化的激励措施。考虑到研发人员的性别、年龄、职级、职称等方面的差异,会使其个体感受和认知存在差异,通过"协议薪酬"、"自助式福利"等方式为研发人员量身定制激励措施,也将有利于提升其人力资本产权实现感知水平。根据研发人员个体特征，特别是职业生涯阶段，采取更加灵活的激励措施，才更好地满足研发人员的个性化需求，从而调动其研发积极性。

研发人员的职业生涯选择不仅会影响其短期个人事业的成败，而且也关乎其一生的发展。比起其他员工，研发人员更加看重事业的成功与发展。有研究表明，即使企业因为暂时的财务困难而未能向研发人员支付有竞争力的薪酬，但如果能够向研发人员提供满足其需求的职业生涯发展机会，研发人员仍然可能选择留在企业且有很高的工作满意度，并为企业绩效的提高而努力工作。因此，如何设计和实施有效的职业生涯规划并借此对研发人员的职业生涯进行管理，十分重要。

7.6.5.1 满足研发人员不同职业生涯阶段的需求

研发人员的职业生涯可划分为四个清晰而又相连的阶段，不同阶段有不同的职业需求。企业应开发与研发人员不同阶段职业需求相适应的职业发展项目，来提升研发人员的工作满意度，进而促进其专业上的发展和研发绩效的提升。在第一阶段，初入职的研发人员在经验丰富的前辈的指导下工作，学习适应常规工作程序和逐步减少自己对别人的依赖。在第二阶段，研发人员逐渐能够独立解决问题，独立自主地工作，但同时又会遇到业务技能专业化宽窄问题。如果专业化面过宽，就难以形成独特的业务技能，从而被组织和其他人所忽视；如果专业化面过窄，则在今后的工作中难以应对复杂的问题。在这一阶段，相当多的研发人员由于解决不好技能专业化宽窄问题而选择离开企业或改行从事其他工作，这对于企业与研发人员个人来说都是极大的浪费和损失。在第三阶段，研发人员从第二阶段的关心自己转向关心他人，他们被赋予指导和培养年轻人的职责，常常要承担团队教练、创意产生者和管理者的角色。研发人员要想成功实现从第二阶段向第三阶段的过渡，就必须具有高度的自信、承担责任的意愿和在管理部门与研发业务部门之间进行良好沟通的能力。在第四阶段,一些资深研发人员成了企业的高层管理者、内部创业者或理念创新者,对所在企业或所属部门有重要影响。有关研发人员职业生涯管理的研究应该着重关注企业在第二阶段如何帮助研发人员解决技能专业化宽窄问题,以及在第三和第四阶段如何营造能上能下的企业文化氛围,以促进研发人员业务发展和职业成长的问题。另外,研发人员还具有不同的职业取向,如组织取向、专业取向等。针对这一问题,有些西方企业创设了双职业通道制度,旨在为具有组织取向的研发人员提供管理晋升通道,而为具有专业取向的研发人员设置专业晋升通道。然而,研究显示,研发人员还具有其他的职业取向,如项目取向等。双(多)通道制度在西方企业的实践中并未收到预期的效果,具体表现为管理通道对研发人员的吸引力和激励效果要显著大于专业通道和项目通道梯。所以,如何使双(多)通道制度对所有研发人员具有相同的吸引力,发挥其应有的作用,需要企业采取权变措施积极公平应对。

7.6.5.2 关注研发人员的不同职业倾向并个性化管理

组织结构扁平化使企业中高级管理职位减少了,使得传统的"双阶梯"升迁机制受到很大限制,关键研发人员在职业发展中沿着组织层级向上攀升的机会大大减少了。企业如果不对此做出激励制度上的调整,谈不上研发人员尤其关键研发人员能充分发挥积极性。有的企业已经做出了这样几个方面的调整:①制定相关管理岗位人选必须有担任技术岗位领导的经历;②让适当人选承担内部创业项目的负责人,帮助其成长为成熟的经营管理者;③更多地把成功技术创新团队负责人以技术专家来定位,给予较大的自主权,并给他们的报酬不低于相近经营管理岗位的报酬。这些调整已经有了较大的改观,但是选择余地还是不多,不足以满足个性化突出的众多研发人员的不同选择。

随着信息即时交流的实现、国际国内便利的流动、全球化对个人价值观的冲击、研发联盟的出现、企业由生产型向服务型的转变、专业分工的细化,研发人员的职业倾向必然是多样化和动态化的,为了让其长时间留在企业中,为企业持续创造价值,企业必须为他们量身订制、设计多样化的职业通道。

首先,组织应充分了解研发人员的不同职业倾向,而不能以组织单方的意愿,忽视研发人员内在职业倾向。为此,人力资源管理部门必须熟悉和掌握研发人员职业开发和管理的科学理论,借助一些现代职业评价的工具和方法,认识和评价研发人员的职业倾向及其动态过程。

其次,依据研发人员的不同职业倾向,建立有的放矢的激励系统,不同职业倾向指向不同形式的行动和需求,针对研发人员的生活型和安全、可靠型倾向都不低,可制定一套兼顾研发人员的工作和生活的激励系统。例如为研发人员提供医疗保健、儿童照看、教育培训等服务,解决研发人员急需解决的生活问题,以提高研发人员的满意度和生产率、针对研发人员一般具有自主、独立型的倾向,现代信息技术的推广和应用促使脑力劳动者的工作和日常生活之间的界限越来越模糊,他们的工作时间和工作地点更灵活,因此,组织可根据研发人员的工作性质和要求,采用弹性工作时间和工作场所,研发人员可选择在办公室工作也可选择在家里工作。这样,既满足研发人员的自主、独立型倾向,又兼顾研发人员工作和生活方面的需要。在组织福利体系中,可允许研发人员在休假时间、福利形式等方面作出权衡和选择,比如允许研发人员取消某些福利待遇,改发现金,由研发人员购买自己的保险。这类措施既节省组织行政管理工作量又让研发人员获得他们需要的福利待遇。

7.6.5.3 为研发人员设计多职业通道

职业发展激励主要解决研发人员的事业发展路径问题。由于认识到个体在不同的职业发展阶段有不同的职业需要和职业发展问题,公司应该设置多重职业发展路径和选择机会以满足研发人员的不同需要。如果呈现给研发人员可供自由选择的发展途径足够多,那么研发人员就会选择有益于自己发展的路径。从这一假设出发，可供选择的职业发展途径的多寡，是激发研发人员工作动机和留住人才的重要措施，因为这有助于研发人员的全面发展。研发人员全面发展，是一种发展趋势和方向，也是现代企业的目标和担负的责任。足够多的职业发展途径，不仅可以使研发人员选择适当的职业岗位，而且可以根据企业和研发人员个人需要的变化，不断进行调整，或者予以升迁，或者委以重任，或者调换工作，这种动态管理和开通的职业道路，对研发人员发展是极大的激励和推动，能够推动研发人员事业目标的实现，同时提高研发人员的终身就业能力。

结合研发人员的职业倾向，注重对研发人员职业生涯的动态管理。研发人员的职业倾向与个人年龄、经历和职业发展阶段相关，其职业倾向并不一成不变，因此，组织应考虑研发人员的动态职业倾向，适时为研发人员重新定岗，及时调整研发人员的工作内容，以满足研发人员的自身需求。同时，组织应允许并重视研发人员的工作岗位轮换。对刚工作的研发人员进行轮岗，并重视对新研发人员的工作反馈，可更快促使新研发人员形成一个清晰明确的自我概念，从而更快适应其工作岗位。

现以大中型制造企业为例，设计研发人员职业通道。假定某制造企业设有企业大学（或实施内部技术培训）且该企业的顾客需要企业提供产品安装、调试或维修服务，则可以为研发人员设计五条职业通道：研发通道、管理通道、市场通道、技术支持通道和培训通道（王贵军、关培兰，2009）。

（1）研发通道。该通道是具有技术型职业倾向的企业产品研发人员和工艺研发人员继续在原来的领域中发展的通道。该通道为其提供专业技术的纵向发展路径，可激励研发人员不断成长，以技术为组织做出最大贡献，实现其自我价值。其最高等级的"高度"取决于研发岗位价值在企业的重要性，其等级的多少可以根据研发人员规模，类比管理等级进行相应的设定。比如，企业的管理等级层次有8

层(总经理、副总经理、总助或部长、副部长、经理或部长助理、主管、中级行政人员、初级行政人员),研发通道可以设置 6 个等级:首席工程师、资深工程师、高级工程师、工程师、助理工程师、实习工程师,其最高等级首席工程师最好能与副总经理平级,其最低等级与中级行政人员平级。研发通道中的实习工程师,一般是进入企业工作一年的大学生。该通道的等级数与各等级的任职资格,企业应根据实际情况来确定。

(2)管理通道。该通道是为具有强烈管理型职业倾向且拥有管理能力的研发人员进行跨职业通道发展而设计的。在该通道内晋升的人员,将从事对研发人员进行引导与管理的工作,因而,要求其不断增强管理能力,同时其还必须具备很好的研发业绩和研发能力。从传统意义来讲,这是研发人员普遍看好的一条职业通道。该通道可以设置如下几个等级:技术副总经理、研发部长、项目经理、项目组长,当然还可根据企业实际考虑设研发副部长、项目副经理或项目主管等。技术通道跨向管理通道可多向发展。

(3)市场通道。该通道是为具有创业型、自主型和挑战型职业倾向且不愿意在组织继续从事技术工作的研发人员而设计的。具有一定技术的研发人员从事市场调研与预测、产品推广与销售,能够更加准确地获取顾客的现实需求和潜在需求信息并进行科学预测(相对于普通市场人员而言);也能够更好地解答客户提出各种技术问题,给客户留下"专家"销售的印象,从而更容易取得客户的信赖(相对于一般普通销售人员而言)。从研发通道跨向市场通道的人员,需要接受市场与销售方面的知识与技能培训。研发人员在市场通道内还可选择两条路径发展自己:一是市场或销售专业路径(业务等级),二是市场或销售管理路径(管理等级),一般以专业路径发展为主,但是,这两条路径中的高层次等级,跨通道过来的研发人员一般难以到达。这方面的内容(指前一句话的内容),后面介绍的技术支持通道和培训通道也如此。

（4）技术支持通道。该通道是为具有技术型、服务型和安全型职业倾向且不愿意在组织继续从事研发工作的人员而设计的。有一定工作经验的研发人员由于具有产品设计、试验、生产制造方面的知识、经验和技能，他们自主地选择从事产品的安装、调试、技术指导和维修，这对企业、个人和客户来说是"一石三鸟"的好事。该通道提供的工作，相对来说是挑战性欠缺、比较稳定、相对舒适的，这为那些缺乏研发激情或能力而又愿意在公司继续从事技术工作的人员提供了较好的发展路径。

（5）培训通道。该通道是为具有安全型、服务型和生活型职业倾向且不愿意在组织继续从事研发工作的人员而设计的。研发人员工作到一定年限，其工作激情和能力都会减退，其身体和心理也会发生较大变化，针对这种情况，企业可以为那些业绩良好、经验丰富、善于学习、关注生活和家庭、具备培训意愿和能力的研发人员提供培训通道，聘任他们担任技术培训班的专职培训师，让他们将自己的知识、经验和技能传授给那些处于研发通道低等级阶段的研发人员。

以上探讨的激发创造力自我效能感、创造力培训激励、学习激励、职业发展激励其实是企业针对研发人员创新能力提升的重要激励措施，但对研发人员的发展激励与其他激励有明显的区别：①对研发人员的激励着眼于长期；②事前无法预测激励后的直接收益；③研发人员的激励是使用权的激励（而不是所有权），其激励对象容易流动。所以，还需要通过所有权激励和组织环境激励，保证研发人员贡献的长期性、收益的稳定性和降低流动的风险性。

7.7　小结

国内外的实证研究显示：研发人员大主导需要有权力需要、财富需要、自主需要、关系需要、支持需要、求知需要、成长需要。

本实证研究的一个重要结论显示：研发人员的工作驱力与工作

动力行为显著相关。其中起主要作用的是学习驱力,它与助人行为、解决问题行为和自我发展均显著正相关;联系驱力与助人行为显著正相关;获得驱力与解决问题行为与自我发展显著正相关。

本实证研究的核心结论显示:研发人员的工作动力行为对他们的个人工作绩效有显著的积极作用;他们的组织支持感与工作动力行为以及三个维度助人行为、解决问题行为和自我发展行为均显著正相关;组织公正感对工作动力行为有显著的作用,其中主要起作用的是交互公正和程序公正;研发人员的工作自我效能与工作动力行为显著正相关,与助人行为、解决问题行为和自我发展行为也显著正相关。

显然,用一种激励方式很难满足研发人员的多种需要,那么如何站在研发人员立场配置激励措施,激发他们的工作动力行为进而提升创新绩效。本研究探索性地把研发人员的工作驱力和工作动力行为的主导因素与研发人员的主导需要匹配起来,从一个新的立场提出对研发人员的激励措施,共有三条主线:基于获得驱力与组织公正感的产权激励,基于联系驱力与组织支持感的环境激励,基于学习驱力与自我效能感的发展激励。三条主线对应的激励措施很多,在增强研发人员的组织公正感、组织支持感、自我效能感方面也不是一对一的关系,而是有交叉,只是为了突出主线而这样整合成一个简单的模型。第一条主线突出满足研发人员的获得感、价值感,通过剩余索取权和控制权的配置表达分配公正和交互公正,通过增强组织公正感而激发解决问题行为,进而达到组织创新的目的。第二条主线突出满足研发人员的信任感、归属感,通过构建良好的组织氛围、信任的组织文化、和谐的工作场、无私的知识共享等激励措施,增强研发人员的组织支持感,进而激发助人行为和解决问题行为,达到组织全员共同创新。第三条主线突出满足研发人员的掌控感、成长感,通过创造力自我效能感培养、培训学习、个性化职业发展设计等激励方式,增强研发人员的自我效能感和组织支持感,激发自我发展行为,保证可持续创新的动力源。

　　研发人员的需要很多,相应的激励措施也很多,本章只是从工作动力行为的角度提出了一些重要的激励点。

参考文献

1. 白云涛,王亚刚,席酉民. 多层级领导对员工信任、工作绩效及创新行为的影响模式研究[J]. 管理工程学报,2007,22(3):24—29.

2. 彼得·德鲁克. 21 世纪的管理挑战[M]. 北京:读书·新知·三联书店,2000:131—145.

3. 曹磊. 组织公民行为特点及其与个性的关系研究[D]. 上海:上海师范大学,2004.

4. 陈浩. 工作要求与创新工作行为关系的研究[J]. 技术经济与管理研究,2011(1):41—45.

5. 陈俱生. 现代汉语辞海[M]. 太原:山西教育出版社,2002:369.

6. 程远亮,黄乾. 人力资本产权激励:知识经济时代激励制度的选择[J]. 经济经纬,2001,(4):37—40.

7. [美]大卫·P. 艾勒曼著,李大光译. 民主的公司制[M]. 北京:新华出版社,1998.

8. 邓玉林,王文平,陈娟等. 基于风险偏好的知识型员工激励机制[J]. 东南大学学报(自然科学版),2005,35(4):624—627.

9. 范徵. 核心竞争力——基于知识资本的核心能力[M]. 上海:上海交通大学出版社,2002,97.

10. 费方域. 控制内部人控制[J]. 经济研究. 1996,(6):31—39.

11. 弗朗西斯·赫瑞比等. 管理知识员工[M]. 北京:机械工业出版社,2000,138.

12. 付维宁. 企业家人力资本与企业绩效:一个理论分析模型[J]. 北京:首都经济贸易大学学报,2003,(5).

13. 付彦. 企业知识管理理论的历史演进与发展[J]. 经济与管理研究,2005,(6):59.

14. 关培兰,张爱武. 研发人员心理契约的结构、内容感知现状[J]. 武汉大学学报(哲学社会科学版),2006,59(3):366—371.

15. 格里格·津巴多. 心理学与生活[M]. 北京:人民邮电出版社,2003:326.

16. 郭德俊主编.动机心理学：理论与实践[M].北京：人民教育出版社,2005.

17. 郭晓薇.影响员工组织公民行为的因素——实证与应用[M].上海：立信会计出版社,2006.

18. 顾琴轩,黄越,黄培清.软件企业专业人员流动及其有效保留方法研究[J].科学学与科学技术管理,2002,9：32—38.

19. 顾远东.组织创新氛围、成败经历感知对研发人员创新效能感的影响[J].研究与发展管理.2014,(10)：82—94.

20. 顾远东,周文莉,彭纪生.组织支持感对研发人员创新行为的影响机制研究[J].管理科学.2014,(1)：109—119.

21. 顾远东,彭纪生.创新自我效能感对员工创新行为的影响机制研究[J].科研管理,2011,32(9)：63—73.

22. 郭宁生等.高校科研团队绩效考评体系研究[J].西北工业大学学报(社会科学版),2011,(12)：93—97.

23. 黄乾.高新技术企业人力资本与物质资本产权交易制度创新研究[M].北京：经济科学出版社,2004,138.

24. 黄再胜.企业人力资本的隐性激励刍议——兼论企业显性激励的局限性[J].科学·经济·社会,2003,(3)：27—32.

25. 姜伟东,叶宏伟.学习型组织：提升组织的学习力[M].南京：东南大学出版社,2003,124.

26. 杰恩·川迪斯著,柳卸林,杨艳芳等译.研发组织管理——用好天才团队[M].北京：知识产权出版社,2005：9,10.

27. 鞠芳辉,谢子远,季晓芬.善待员工的工作不满：工作不满与员工创新性的关系实证研究[[J].中国工业经济,2006(6)：108—117.

28. 胡培,陈建安.脑力劳动者工作满意度实证研究[J].2003,24(4)：139—144.

29. 韩景南.组织公民行为动机的研究[D].成都：西南交通大学,2004.

30. 黄锦淑.研发人员的工作设计与工作绩效关系之研究：两种工作特性模式之应用[D].台湾：国立中山大学人力资源管理研究所,2001：11.

31. 惠调艳.研发人员工作满意度与绩效关系[J].科学学与科学技术管理,2006,5：145—156.

32. 惠调艳.研发人员工作满意度影响因素研究[J].科技进步与对策,2007,24(1)：182—184.

33. 李晨光,李子和,夏亮辉.试论高校科研团队的评估[J].科技管理研究,2004,(2)：73—77.

34. 李东.知识型企业的管理沟通[M].上海：上海人民出版社,2002,225—226.

35. 李纯青,刘春草,陈辉.我国软件企业从业人员学历结构的调查报告[J].商业研究,2002,3：147—149.

36. 林杰斌,林川雄,刘明德,飞捷工作室. SPSS 统计建模与应用实务[M].北京：中国铁道出版社,2006：426.

37. 林元庆.多目标 R&D 活动中激励机制的优化设计[J].福州大学学报(哲学社会科学版),2002,3：20—24.

38. 林泽炎,孙殿义,李春苗等.激活知识员工——转制及科技型企业人力资源管理[M].北京：中国劳动社会保障出版社,2005.

39. 凌文辁,杨海军,方俐洛.企业员工的组织支持感[J].心理学报,2006,38(2)：281 -287. Acta Psychological Sinica.

40. 刘帮惠,张庆林,谢光辉.创造型大学生人格特征的研究[J].西南师范大学学报(自然科学版),1994,19(5)：553—557.

41. 刘国新,甚娟.关于企业员工技术创新激励机制的研究[J].科技与管理,2004,(3)：132—134.

42. 刘苹,陈维政,程桂华.人力资本的权变激励模式研究[J].当代财经,2003,(5)：74—77.

43. 刘兆明.工作动机的整合模式：概念架构的发展与初步分析[J].中华心理学刊(台湾),2001,43(2)：189—206.

44. 刘兆明.发展工作动机理论的初步实证研究[J].应用心理学报(台湾),1993,2：01—24.

45. 刘兆明.工作动机理论的发展[J].应用心理学报(台湾),1993,1：39—51.

46. 卢小君,张国梁.工作动机对个人创新行为的影响研究[J].软科学,2007,21(6)：124—127.

47. 罗俊伟.我国民营企业的股权激励中存在的问题及对策[J].经营管理者,2009(1)；145.

48. 骆品亮.R&D 中的代理问题与 R&D 激励闭[J].系统工程理论与实践,1998,(11)：40—45.

49. 骆品亮.R&D 人员的薪酬机制之优化设计[J].科研管理,2000,21(1)：81—86.

50. 马丁·L.威茨曼著,林青松译.分享经济[M].北京：中国经济出版社,1986.

51. 马顺道,李永建.隐性知识转化研究综述[J].电子科技大学学报,2005,(4)：35.

52. 马斯洛著,成明编译.马斯洛人本哲学[M].北京：九州出版社,2003.

53. 〔德〕迈诺尔夫·迪尔克斯、〔德〕阿里安娜·贝图安·安托尔、〔英〕约翰·蔡尔德、〔日〕野中郁次郎、张新华等.组织学习与知识创新[M].上海：上海人民出版社,2001.

54. 欧阳欢等.农业科技创新团队绩效考评体系构建的思考[J].农业科研经济管理,2011,(12).

55. 皮永华.组织公正与组织公民行为、组织报复行为之间关系的研究——基于中国人"大七"人格维度的分析[D].杭州:浙江大学,2006:69—70.

56. 秦吉波,增德明,陈立勇.团队治理:关于提高高新技术企业 R&D 绩效的思考[J].数量经济技术经济研究,2003,3:43—48.

57. 秦燕.组织公民行为的问卷编制及现状调查[D].苏州:苏州大学,2005.

58. 乔宏,邵云飞,唐小我.研发人员的激励:宽带薪酬[J].科学学与科学技术管理,2006,11:142—148.

59. 芮明杰,郭玉林.智力资本激励的制度安排[J].中国工业经济,2002,9:64—69.

60. 芮明杰,吴光飘.全员激励盟约:一个适用于知识型企业的缔约规则[J].复旦学报(自然科学版),2001,40(2):134—138.

61. 邵波.项目团队绩效考评方案新探[J].时代金融,2008,(6):78—80.

62. 舍温·罗森.人力资本.新帕尔格雷夫经济学大辞典[M].北京:经济科学出版社,1996.

63. 苏涛,王骏翼,吴晓新.我国 IT 产业人力资源存在的问题及管理对策[J].研究与发展管理,2000,12(6):42—47.

64. 苏义祥.中华电信专户服务部门领导形态与工作绩效之研究:服务人员特质及成熟度的调节作用[D].台湾:国立中山大学人力资源管理研究所,1999.

65. 隋广军,曹鸿涛.经营者隐性人力资本与股权激励的经济学分析[J].经济问题探索,2003,(8):24—27.

66. 隋杨,陈云云,王辉.创新氛围、创新效能感与团队创新:团队领导的调节作用[J].心理学报,2012,44(2):237—248.

67. 孙理军,聂鸣.高新技术企业研究开发人员的激励机制闭[J].科研管理,2002,23(4):114—119.

68. 孙利辉,万迪昉.企业研究与开发人员报酬激励研究[J].系统工程学报,2002,17(1):14—18.

69. 孙利辉,朱伟民,万迪昉.企业研究开发人员组织激励实施模式研究[J].系统工程,2000,18(3):30—36.

70. 孙彤.组织行为学教程[M].北京:高等教育出版社,1998:4.

71. 陶向南,金光,赵曙明.创新模式与高新技术企业的组织与人力资源管理[J].外国经济与管理,2000,22(9):2—6.

72. 托马斯·H.达文波特、劳伦斯·普鲁萨克著,王者译.运营知识——工商企业的知识管理[M].南昌:江西教育出版社,1999.

73. 王贵军,关培兰.基于职业倾向的研发人员多职业通道设计[J].科学学与科学技术管理,2009(7):178—182.

74. 王继康.企业家人力资本及其价值实现机制再造[J].学术研究,2004,(1):

52—55.

75. 王鲁捷,管永桦.论异质型人力资本：二元加权股权激励[J].南京理工大学学报,2005,(3):375—378.

76. 王宁,陈思.基于委托代理理论的企业研发活动研究[J].科学性与科学技术管理,2006,1:27—30.

77. 汪庆春,陈善国.高科技企业研发人员培训需求状况调查[J].职业培训,2006,(3):34.

78. 王雁飞,方俐洛,凌文辁.关于成就目标定向理论研究的综述[J].心理科学,2001,21(1):85—86.

79. 魏峰.组织—管理者心理契约违背研究[D].上海：复旦大学,2004:40.

80. 魏杰.人力资本的激励与约束机制问题[J].国有资产管理,2001,(9).

81. 魏钧,张德.研发人员授权行为有效性研究[J].科学研究,2006,24(4):597—601.

82. 翁君奕,林迎星.创新激励——驱动知识经济的发展[M].北京：经济管理出版社,2003,130.

83. 吴艳.美的750万重奖科技明星[J].家电科技,2007,(11).

84. 谢德仁.企业剩余索取权——分享安排与剩余计量[M].上海：上海三联书店、上海人民出版社,2001,143—201.

85. 熊道伟.现代企业控制权研究[M].成都：西南财经大学出版社,2004,89—97.

86. 熊政平.所有权配置与制度变迁的经济学分析[M].北京：中国金融出版社,2004,187.

87. 徐玮伶.工作动机研究之回顾与前瞻[J].应用心理研究(台湾),2003,19:89—113.

88. 薛靖.创意团队成员个人创新行为影响因素实证研究[D].浙江大学博士论文,2006.

89. 杨付,张丽华.团队沟通、工作不安全氛围对创新行为的影响：创造力自我效能感的调节作用[J].心理学报,2012,44(10):1383—1401.

90. 杨光.研发人员H型职业生涯路径设计激励[J].科技管理研究,2006,26(2):162—163.

91. 杨晶照,姜林娣.工作场所中员工创新的内驱力：员工创造力自我效能感[J].心理科学进展,2011.19:63—70.

92. 杨洵.研发人员动态激励[J].生产力研究,2006,2.

93. 杨有红.试论人力资本股权奖励的运作模式[J].北京工商大学学报(社会科学版),2003,(3):52—56.

94. 叶娟,谢冰.绩效考评与创新激励研究[J].江苏商论,2008,(7):144—146.

95. 〔日〕野中郁次郎. 知识创新型企业. 知识管理[M]. 北京：中国人民大学出版社,1999.

96. 余德成. 品质管理人性面系统因素对工作绩效之影响[D]. 台湾：国立中山大学企业管理研究所,1996.

97. 袁建国等. 创新奖励机制的探索与实践[J]. 科技管理,2007,(4).

98. 曾德明等. 企业 R&D 管理[M]. 北京：清华大学出版社,2006,147.

99. 曾湘泉,周禹. 薪酬激励与创新行为关系的实证研究[J]. 中国人民大学学报,2008,5：86—93.

100. 张爱卿. 动机论[M]. 武昌：华中师范大学出版社,2002：1—12.

101. 张剑,郭德俊. 企业员工工作动机的结构研究[J]. 应用心理学,2003,9(1)：3—8.

102. 张炼. 企事业人员工作动机研究[J]. 重庆师范大学学报(自然科学版),2004,21(1)：62—64.

103. 张庆林,谢光辉. 25 名国家科技发明奖获得者个性特点分析[J]. 西南师范大学学报(自然科学版),1993,18(3)：22—27.

104. 张树娟,胡琪波. 可研团队绩效考评的现状分析与对策[J]. 中国国情国力,2010,(8).

105. 张涛,桂萍. 中小型高新技术企业人力资源管理的问题与对策[J]. 科技管理研究,2003,5：85—87.

106. 张望军,彭剑锋. 中国企业知识型员工激励机制实证分析[J]. 科研管理,2001,22(6)：90—97.

107. 张维迎. 所有制、治理结构以及委托代理关系[J]. 经济研究. 1996,(9).

108. 张艳秋. 企业员工组织公民行为结构初探[M]. 广州：暨南大学,2003.

109. 张宗益,张宁. 人力资本多层次激励机制探析[J]. 经济经纬,2004,(2)：86—88.

110. 赵深微. 知识员工雇佣管理模式研究[J]. 中国工业经济,2004,8：75—82.

111. 赵曙明. 企业家的人力资本价值[J]. 中国人力资源开发,2001,(11).

112. 赵息,张林,商如斌. 新经济中的人力资本与激励问题[J]. 天津大学学报(社会科学版),2001,(2)：161—164.

113. 郑士贵. 研究开发人员的劳动动因[J]. 管理科学文摘,1998,3：21.

114. 郑耀洲. 国外企业研发人员的差异化薪酬[J]. 经济管理,2004,19：85—88.

115. 周明建. 组织、主管支持,员工情感承诺与工作产出——基于员工"利益交换观"与"利益共同体观"的比较研究[D]. 杭州：浙江大学,2005：11.

116. 周竺,孙爱英. 知识管理研究综述[J]. 中南财经政法大学学报,2005,(6)：32.

117. 朱必祥. 人力资本与新型企业产权制度[M]. 北京：中国经济出版社,2007.

118. What motivates R&D professionals? Evidence from decentralized laboratories in

Greece [J]. International Journal of Human Resource Management, 2006, 17 (4): 616 - 647.

119. Adams, S. J. Towards an understanding of inequity [J]. Journal of Abnormal and Social Psychology, 1963, 67: 422 - 436.

120. Allen, T. D. , Barnard, S. , Rush, M. C. , & Russell, J. Ratings of organizational citizenship behavior: Does the source make a difference [J]. Human Resource management Review, 2000, 10: 97 - 114.

121. Allen, T. D. , & Rush, M. C. The effects of citizenship behavior on performance judgments: A field study and a laboratory experient [J]. Journal of Applied Psychology, 1998, 83: 247 - 260.

122. Allport, G. W. , et al. Assessment of human Motives [M]. New York: Rinechart & Company, Inc. , 1958.

123. Ajzen, I. The theory of planned behavior [J]. Organizational Behavior and Human Decision Processes, 1991, 50: 179 - 211.

124. Amabile, T. M. , Hill, K. G. , Hennessey, B. A. , & Tighe, E. M. The work preference inventory: Assessing intrinsic and extrinsic motivational orientations [J]. Journal of Personality and Psychology, 1994, 66(5): 950 - 967.

125. Amabile, T. M. The social psychology of creativity: a componential conceptualization [J]. Journal of Personality and Social Psychology, 1983, 45: 357 - 377.

126. Amabile, T. M. Motivational synergy: toward new conceptualizations of intrinsic and extrinsic motivation in the workplace [J]. Human Resource Management Review, 1993, 3: 185 - 201.

127. Amabile, T. M. Motivating creativity in organizations: on doing what you love and loving what you do [J]. California Management Review, 1997, 40 (1): 39 -58.

128. Amabile, T. M, Barsade, S. , Mueller, J. Affect and Creativity at work [J]. Administrative Science Quarterly, 2005, 50: 367 - 403.

129. Ambrose, M. L. , & Kulik, C. T. Old friends, new faces: Motivation research in the 1990s [J]. Journal of Management, 1999, 25: 231 - 292.

130. Arvey, R. General ability in employment: A discussion [J]. Journal of Vocational Behavior, 1986, 29: 415 - 420.

131. Atkinson, J. W. Motivational determinants of risk-taking behavior [J]. Psychological Review, 1957, 64: 359 - 372.

132. Atkinson, J. W. Personality, motivation, and action: Selected papers [M]. New York: Praeger Publishers, 1983.

133. Baikln D. B. , Gomez-MejiaL. R. Determin of R&D Come Pensation Strategiesin The High-tech Industry [J], Personnel Psychology, 1984,37(4): 635 – 650.

134. Bai Yuntao, Wang Yagang, Xi Youmin. The mode of multi-level leadership's effects on employee's trust in leadership, performance and innovation: An empirical study [J]. Journal of Industrial Engineering and Engineering Management, 2008,22(3): 24 – 29. (in Chinese)

135. Bakker, A. B. , & Demerouti, E. (2007). The job demands-resources model: State of the art. Journal of Managerial Psychology, 22,309 – 328.

136. Bandura, A. Self-efficacy: Toward a unifying theory of behavioral change [J]. Psychological Review, 1977,84: 191 – 215.

137. Bandura, A. Self-efficacy mechanism in human agency [J]. American Psychologist, 1982,37: 122 – 147.

138. Bandura, A. Self-efficacy: The exercise of contol [M]. New York: W. H. Freeman, 1997.

139. Bandura, A. , Adams, N. E. , & Beyer, J. Cognitive processes mediating behavioral change [J]. Journal of Personality and Social Psychology, 1977,35: 124 – 139.

140. Baron, R. , & Kenny, D. The moderator-mediator variable distinction in social psychological research: Conceptual, strategic, and statistical considerations [J]. Journal of Personality and Social Psychology, 1986,51: 1173 – 1182.

141. Barrick, M. R. , Mount, M. K. , & Strauss, J. P. Conscientiousness and performance of sales representatives: Test of the mediating effects of goal setting [J]. Journal of Applied Psychology, 1993,78: 715 – 722.

142. Bateman, T. S. , & Crant, J. M. The proactive component of organizational behavior: A measure and correlates [J]. Journal of Organizational Behavior, 2003,14: 103 – 118.

143. Bateman, T. S. , & Organ, D. W. Job satisfaction and the good soldier: The relationship between affect and employee ' citizenship ' [J]. Academy of Management Journal, 1983,26: 587 – 595.

144. Beghetto R A, Kaufman J C, Baxter J. Answering theunexpected questions: Exploring the relationship be-tween students' creative self-efficacy and teacher rat-ings of creativity [J]. Psychology of Aesthetics, Cre-ativity, and the Arts, 2011,5(4): 342 – 349.

145. Bhagat, R. S. , & McQuaid, S. J. Role of subjective culture in organizations: A review and directions for future research [J]. Journal of Applied Psychology,

1982,67: 653 - 685.

146. Bharat N. Anand, Alexander Galttovie. Weak ProPert ghtsand Hold uP in R&D [J],Jounal of Economics & Management Strategy, 2000,9: 615 - 642.

147. Binswanger, H. Volition as cognitive self-regulation [J]. Organizational Behavior and Human Decision Processes, 1991,50: 154 - 178.

148. Bolino, M. C. , Turnley, W. H. , & Bloodgood, J. M. Citizenship behavior and the creation of social capital in organizations [J]. Academy of Management Review, 2002,27(4): 505 - 522.

149. Bolino, M. C. , Turnley, W. H. , & Niehoff, B. P. The other side of the story: Reexamining prevailing assumptions about organizational citizenship behavior [J]. Human Resource Management Review, 2004,14: 229 - 246.

150. Borman, W. C. , & Motowidlo, S. J. Task performance and contextual performance: The meaning for personnel selection research [J]. Human Performance, 1997,10: 99 -109.

151. Borman, W. C. , Penner, L. A. , Allen, T. D. , & Motowidlo, S. J. Personality predictors of citizenship performance [J]. International Journal of Selection and Assessment, 2001,9(1/2): 52 - 69.

152. Brief, A. P. , & Motowidlo, S. J. Prosocial orgnaizaitonal behaviors [J]. Academy of Management Review, 1986,11: 710 - 725.

153. Brown, S. P. , & Leigh, T. W. A new look at psychological climate and its relationship to job involvement, effort, and performance [J]. Journal of Applied Psychology, 1996,81(4): 358 - 368.

154. Cabrera, A, Collins, W C, and Salgado, J F. Determinants of individual engagement in knowledurnal of Human Resource Management, 2006,17(2): 245 -264.

155. Chang, J. Y. , & Choi, J. N. The dynamic relation between organizational and professional commitment of highly educated research and development (R&D) professionals [J]. Journal of Social Psychology, 2007,147(3): 299 - 316.

156. Chester N. Measurement and Ineentive for Control Research [J]. Industrial Research Institute. 1995,4: 14 — 23.

157. Chen Hao. research on the relationship between job demand and innovative work behavior [J]. Techno-economics & Management Research ,2011(1): 41 - 45. (in Chinese)

158. Chen, T. Y. , Chang, P. L. , & Yeh, C. W. A study of career needs, career development programs, job satisfaction and the turnover intentions of R&D

personnel [J]. Career Development International, 2004,9(4): 424 - 437.

159. Chen, G. , Casper, W. J. , & Cortina, J. M. The roles of self-efficacy and task complexity in the relationships among cognitive ability, conscientiousness, and work-related performance: A meta-analytic examination [J]. Human Performance, 2001,14 (3): 209 - 230.

160. Choi J N. Individual and contextual predictors of cre-ative performance: The mediating role of psychologi-cal processes [J]. Creativity Research Journal, 2004,16(2/3): 187 - 199.

161. Coleman, V. I. , & Borman, W. C. Investigating the underlying structure of the citizenship performance domain [J]. Human Resource Management Review, 2000,10: 25 - 44.

162. Conger, J. A. , & Kanungo, R. . N. The empowerment process: integrating theory and practice [J]. Academy of Management Review, 1988,13: 471 - 482.

163. Cordero, R. , & DiTomaso, N. Career development opportunities and likelihood of turnover among R&D professionals [J]. IEEE Transactions on Engineering Management, 1994,41(3): 223 - 233.

164. Cordero, R. , Farris, G. F. , & DiTomaso, N. Technical professionals in cross-functional teams: their quality of work life [J]. Journal of Product Innovation Management, 1998,15(6): 550 - 563.

165. Crant, J. M. The proactive personality scale and objective job performance among real estate agents [J]. Journal of Applied Psychology, 1995,80: 532 - 537.

166. Crant, J. M. Proactive Behavior in organizations [J]. Journal of Management, 2000,36(3): 435 - 462.

167. Crown, D. F. , & Rosse, J. G. Yours, mine and ours: Facilitating group productivity through the integration of individual and group goals [J]. Organizational Behavior and Human Decision Processes, 1995,64: 138 - 150.

168. Dalal, R. S. A meta-analysis of the relationship between organizational citizenship behavior and counterproductive work behavior [J]. Journal of Applied Psychology, 2005,90(6): 1241 - 1255.

169. Davis-Blake, A. , & Pfeffer, J. Just a mirage: The search for dispositional effects in organizational research [J]. Academy of Management Review, 1989, 14: 385 - 400.

170. Debackere, K. , & Buyens, D. Strategic career development for R&D professionals: Lessons from field research [J]. Technovation, 1997,17(2): 53 - 62.

171. Deci, E. L. , & Ryan, R. M. The"what"and"why"of goal pursuits Human needs

and the self-determination of behavior [J]. Psychological Inquiry, 2000, 11: 227-268.

172. Dweck, C. S. Capturing the dynamic nature of personality [J]. Journal of Research in Personality, 1996,30: 348-362.

173. Deckers, L. Motivation: Biological, psychological, and environmental [M]. Boston: Allyn & Bacon, 2001.

174. De Dreu, C. K. W. Rational self-interest and other orientation in organizational behavior: A critical appraisal and extension of Meglino and Korsgaard(2004)[J]. Journal of Applied Psychology, 2006,. 91(6): 1245-1252.

175. Diane Mae Maki. Work motivators for software engineers: A case study [D]. The University of Minnesota, 2001: 21.

176. Drongelen, I. , & Cook, A. Design principles for development of measurement systems for research and development processes [J]. R&D Management, 1997, 27(4): 345-357.

177. Dweck, C. Motivational processes affecting learning [J]. American Psychologist, 1986,41(special issue): 1040-1048.

178. Earley, P. C. , & Erez, M. Time dependency effects of goals and norms: The role of cognitive processing on motivational models [J]. Journal of Applied Psychology, 1991,76: 717-727.

179. Eastman, K. K. In the eyes of the beholder: An attributional approach to ingratiation and organizational citizenship behavior [J]. Academy of Management Jourman, 1994,37: 1379-1391.

180. Eden, D. , & Kinnar, J. Modeling galatea: Boosting self-efficacy to increase volunteering [J]. Journal of Applied Psychology, 1991,76: 770-780.

181. Eisenberger R. , Armeli S, Rexwinkel B, Lynch P D, Rhoades L. Reciprocation of perceived organizational support [J]. Journal of Applied Psychology, 2001,86 (1): 42-51.

182. Eisenberger, R. , Fasolo, P. , & Davis-LaMastro, V. Perceived organizational support and employee diligence, commitment, and innovation [J]. Journal of Applied psychology, 1990,75(1): 51-59.

183. Eisenberger, R. , Huntington, R. , Hutchison, S. , & Sowa, D. Perceived organizational support [J]. Journal of Applied psychology, 1986,71: 500-507.

184. Ellemers, Gilder, & Haslam. Motivating individuals and groups at work: A social identity perspective on leadership and group performance [J]. Academy of Management Review, 2004,29(3): 459-478.

185. Elliot, A. J. , & Harackiewicz, J. M. Approach and avoidance achievement goals and intrinsic motivation: A mediational analysis [J]. Journal of Personality and Social Psychology, 1996,70(3): 461 - 475.

186. Elliot, A. J. , & Trash, T. M. Approach-avoidance motivation in personality: Approach and avoidance temperaments and goals [J]. Journal of Personality and Social Psychology, 2002,82(5): 804 - 818.

187. Erez, A. Core self-evaluations as a source of work-motivation and performance [D]. New York State: Cornell University, 1997: 2 - 23.

188. Erez, M. , Kleinbeck, U. & Thierry, H. Work motivation in the context of a globalzing economy [M]. Mahwah, New Jersey: Lawrence Erlbaum Associates Publishers, 2001.

189. Fay, D. & Frese, M. The concept of personal initiative: An overview of validity studies [J]. Human Perofrmance, 2001,14(1): 97 - 124.

190. Farh, J. L. , Zhong, C. B. & Organ, D. W. Organizational citizenship behavior In People's Republic of China [J]. Organization Science, 2004,15(2): 241 - 253.

191. Finkelstein, M. A. Dispositional predictors of organizational citizenship behavior: Motives, motive fulfillment, and role identity [J]. Social Behavior and Personality, 2006,34(6): 603 - 616.

192. Finkelstein, M. A. , & Penner, L. A. Predicting organizational citizenship behavior: Integrating the functional and role identity approaches [J]. Social Behavior and Personality, 2004,32(4): 383 - 398.

193. Fisher, C. D. On the dubious wisdom of expecting job satisfaction to correlate with performance [J]. Academy of Management Review, 1980,5: 607 - 712.

194. Folger, R. , Konovsky, M. A. Procedural justice: An interpretative analysis of personnel systems [J]. Research in Personnel and Human Resource Management, 1985,3.

195. Folger, R. , Konovsky, M. A. Effects of procedural and distributive justice on reactions to pay raise decisiions [J]. Journal of Management Journal, 1989,32: 115 - 130.

196. Frese, M. , Kring, W. , Soose, A. , & Zempel, J. Personal initiative at work: Differences between East and West Germany [J]. Academy of Management Journal, 1996,39: 37 - 63.

197. Frederickson B. L. What good are Positive emotions [J]. Review of General Psychology. 1998,2(3): 300 — 319.

198. Frederickson, B. L. The role of positive emotions in positive psychology [J].

American Psychologist. 2001,56(3): 218 - 226.

199. G. Stigle & C. Friedman: *The Literature of Economics*, *The Case of Berle and Means*, Journal of Law and Economics 26,1983,237 - 268.

200. Ganster, C. R., Hennessey, H. W., & Luthans, F. Social desirability response effects: Three alternative models [J]. Academy of Management Journal, 1983, 26,321 - 331.

201. Geen, R. G. Human Motivation: A social psychological approach [M]. Califoria: Brooks/Cole Publishing Company, 1995: preface.

202. Gellatly,I. Conscientiousness and task performance: Test of a cognitive process model [J]. Journal of Applied Psychology, 1996,81: 474 - 482.

203. George, J. M., Brief, A. P. Feeling good-doing good: A conceptual analysis of the mood at work-organizational spontaneity relationship [J]. Psychological Bulletin, 1992,112(2): 310 - 329.

204. George, J. M., Jones, G. R. Organizational spontaneity in context [J]. Human Performance, 1997,10(2): 153 - 170.

205. Godkin, L., Valentine, S,. Doughty, G., & Hoosier, B. A retrospective content analysis of organizational behavior papers related to China. [J]. Organizational Analysis, 2005,13(1): 15 - 29.

206. Gong, Y., Huang, J., & Farh, J. (2009). Employee learning orientation, transformational leadership, and employee creativity: The mediating role of employee creative self-efficacy. Academy of Management Journal, 52,765 - 778.

207. Gould, S. An equity-exchange model of orgainzational involvement [J]. Academy of Management Review, 1979,4: 53 - 62.

208. Gouldner, A. W. The norm of reciprocity: A preliminary statement [J]. American Sociological Review, 1960,25: 161 - 178.

209. Gu Yuan dong, Peng Jisheng. The affect mechanism of creative self-efficacy on employees' creative behavior [J]. Science Research Management, 2011,32(9): 63 - 73. (in Chinese)

210. Graham, J.. W. An essay on organizational citizenship behavior [J]. Employee Responsibilities and Rights Journal, 1991,4: 249 - 270.

211. Griffin, M. A., Neal, A., & Parker, S. K. A new model of work role performance: positive behavior in uncertain and interdependent contexts [J]. Academy of Management Journal, 2007,50(2): 327 - 347.

212. Guadagnoli, E., & Velicer, W. F. Relation of sample size to the stability of component patterns [J]. Psychological Bulletin, 1988,103: 265 - 275.

213. GuPtaAK, Singhal. A. Managing Human Resources for Innovation and Creativity [J],Research-Technology Management, 1993,1: 14 - 18.
214. Harrison, D. A. , Newman, D. A. , & Roth, P. L. How important are job attitudes? Meta-analytic comparisons of integrative behavioral outcomes and time sequences [J]. Academy of Management Journal, 2006,49(2): 305 - 325.
215. Hanisch, K. A. , Hulin, C. L. , & Rosnowski, M. The importance of individual's repertoires of behaviors: The acientific appropriateness of studying multiple behaviors and general attitudes [J]. Journal of Organizational Behavior, 1998,19: 463 - 480.
216. Hansen, M T. Different knowledge, different benefits: Toward a productivity perspective on knowledge sharing in organizations [J]. Strategic Management Journal, 2007,28: 1 133 - 1 153.
217. Hauser, J. R. Research, development, and engineering metrics [J]. Management Science, 1998,44(12): 1670 - 1689.
218. Hinkin, T. R. A brief tutorial on the development of measures for use in survey questionnaires [J]. Organizational Research Methods, 1998,1(1): 104 - 121.
219. Hirschfeld Robert Roy. Evidence for the discriminant validity of conscientiousness and work orientation as principal components of global trait work motivation [D]. Alabama State: Auburn University, 1996: .
220. Hoelter, J. W. The analysis of convariance structures: Goodness-of-fit indices [J]. Sociological Methods and Research, 1983,11: 325 - 344.
221. Hollenbeck, J. R. , & Klein, H. J. Goal commitment and the goal-setting process: problems, prospects, and proposals for future research [J]. Journal of Applied Psychology, 1987,72: 212 - 220.
222. Hurtz, G. M. , & Donovan, J. J. Personality and job performance: : The big five revisited [J]. Journal of Applied Psychology, 2000,85: 869 - 879.
223. Hsiu-Fen Lin. Knowledge sharing and firm innovation capability: An empirical study [J]. International Journal of Manpower, 2007,28(3/4): 315 - 332.
224. Ilies, Scott, & Judge. The interactive effects of personal traits and experienced states on intraindividual patterns of citizenship behavior. [J]. Academy of Management Journal, 2006,49(3): 561 - 575.
225. Isen, A. On the relationship between affect and creative problem solving [A]. In Russ, S. W. (eds). Affect, CreativeExPerieneeandPsychologiealAdjustment [C]. PhiladelPhia: Brunner/Mazel, 1999: 3 — 18.
226. James, L. R. , & Brett, J. M. Mediators, moderators, and tests for mediation.

[J]. Journal of Applied Psychology, 1984,69: 307 - 321.

227. Janssen, O. Job demands, perceptions of effort-reward fairness and innovative work behavior [J]. Journal of Occupational and Organizational Psychology, 2000,73: 287 - 302.

228. Jing, F. U. , & Shu, H. C. Compensation structure, perceived equity and individual performance of R&D professionals [J]. Journal of American Academy of Business, Cambridge, 2004,4(2): 401 - 405.

229. Jones David A. Toward a better understanding of fairness in the workplace: Attitude strength, predictive asymmetry, and the revenge motive [D]. Canada: University of Calgary, 2004.

230. Jones, G. R. Socialization tactics, self-efficacy, and newcomers' adjustments to organizations [J]. Academy of Management Journal, 1986,29(2): 262 - 279.

231. Judge, T. A. , Thoreson, C. J. , Bono, J. E. , & Patton, G. K. The job satisfaction-job performance relationship: A qualitative and quantitative review [J]. Psychological Bulletin, 2001,127: 376 - 407.

232. Kajal R. Mehta. Examing the relationships between motivational traits and counterproductive work behaviors [D]. Louisiana state: Louisiana state University, 2004.

233. Kanfer, R. & Ackerman, P. L. Motivation and cognitive abilities: An integrative/aptitude-treatment interaction approach to skill acquisition [J]. Journal of Applied Psychology, 1989,74: 657 - 690.

234. Kanfer, R. & Ackerman, P. L. Individual differences in work motivation: further explorations of a trait framework [J]. Applied Psychology: An International Review, 2000,49(3): 470 - 482.

235. Kaser A W, Raymond E. *Understanding Knowledge Activists' Successes and Failing* [J]. Long Range Planning, 2002,35(1): 9 - 28.

236. Kathryn M Bartol, Abhishek Srivastava, *Encouraging Knowledge Sharing: The Role of Organizational Reward Systems*. Journal of Leadeship & Organizational Studies, 2002: 9(1).

237. Katz, D. The motivational basis of organizational behavior [J]. Behavioral Science, 1964,9: 131 - 146.

238. Kehr, H. M. Integrating implicit motives, explicit motives, and perceived abilities: The compensatory model of work motivation and volition [J]. Academy of Management Journal, 2004,29(3): 479 - 499.

239. Kim, B. , & Oh, H. Economic compensation compositions preferred by R&D

personnel of different R&D types and intrinsic values [J]. R&D Management, 2002,32(1): 47 – 59.

240. King, W R, and Marks, Jr, P V. Motivating knowledge sharing through a knowledge management system [J]. The International Journal of Management Science, 2008,36: 131 – 146.

241. Klein, H. J. An integrated control theory model of work motivation [J]. Academy of Management Review, 1989,14: 150 – 172.

242. Klein, J. I. Feasibility theory: A resource-munificence model of work motivation and behavior [J]. Academy of Management Review, 1990,15: 646 – 665.

243. Koning, J. W. Threeother: Recognition Reward and Resentment [J], Research-Technology Management, 1993,7: 19 – 28.

244. Korman, A. K. Toward an hypothesis of work behavior [J]. Journal of Applied Psychology, 1970,54(1): 31 – 41.

245. Krosnick, J. A. Survey research [J]. Annual Review of Psychology, 1999,50: 537 – 567.

246. Landis Fred. at Makes Teehlileal Men HaPPy and Produetive [J], Research Man emeni, 1971,14(3): 24 – 42.

247. Langens, T. A. Predicting behavior change in Indian businessmen from a combination of need for achievement and self-discrepancy [J]. Journal of Research in Personality, 2001,35: 339 – 352.

248. Latham, G. P. , & Pinder, C. C. Work motivation theory and research at the dawn of the twenty-first century [J]. Annual Review of Psychology, 2005,56: 485 – 516.

249. Latham, G. P. , & Locke, E. A. Self-regulation through goal setting [J]. Organizational Behavior and Human Decision Processes, 1991,50: 212 – 247.

250. Law, K. S. , & Wong, C. S. Multidimensional constructs in structural equation analysis: An illustration using the job perception and job satisfaction constructs [J]. Journal of Management, 1999,25: 143 – 160.

251. Law, K. S. , Wong, C. S. , & Mobley, W. H. Toward a taxonomy of multidimensional constructs [J]. Academy of Management Review, 1998,23: 741 – 755.

252. Lawer, E. E. , & Hall, D. T. Relationship of job characteristic to job involvement, job satisfaction, and intrinsic motivation [J]. Journal of Applied Psychology, 1970,54: 305 – 312.

253. Lawrence, P. R. & Nohria, N. Driven: How human nature shapes our choices

[M]. San Francisco: Jossey-Bass, 2002.

254. Lee, M. , & Shin, W. An empirical analysis of the role of reference point in justice perception in R&D setting in Korea [J]. Journal of Engineering and Technology Management, 2000,17: 175 – 191.

255. Leifer, R. , & Triscari, T. Research versus development: differences and similarities [J]. IEEE Transactions on Engineering Management, 1987,34(2).

256. Lemons G. Bar drinks, rugas, and gay pride parades: Is creative behavior a function of creative self-effica-cy? [J]. Creativity Research Journal , 2010, 22 (2): 151 – 161.

257. LePine, J. A. , Erez, A. , & Johnson, D. E. The nature and dimensionality of organizational citizenship behavior: A critical review and meta-analysis [J]. Journal of Applied Psychology, 2002,87(1): 52 – 65.

258. LePine, J. A. , & Van Dyne, L. Predicting voice behavior in work groups [J]. Journal of Applied Psychology, 1998,83(6): 853 – 868.

259. Levinson, H. Reciprocation: The relationship between man and organization [J]. Administrative Science Quarterly, 1965,9: 370 – 390.

260. Lock, E. A. , & Latham, G. P. What should we do about motivation theory? Six recommendations for the twenty-first century [J]. Academy of Management Review, 2004,29(3): 389 – 403.

261. Lodahl, T. M,. & Kejner, M. The definition and measurement of job involvement [J]. Journal of Applied Psychology, 1965,49: 24 – 33.

262. Lord, R. G. , & Kernan, M. C. Scripts as determinants of purposeful behavior in organizations [J]. Academy of Management Review, 1987,12: 265 – 277.

263. Lounsbury, J. W. , Gibson, L. W. , & Hamrick, F. L. The development and validation of a personological measure of work drive [J]. Journal of Business and Psychology, 2004,18(4): 427 – 451.

264. MacKenzie, S. B. , Podsakoff, P. M. , & Fetter, R. Organizational citizenship behavior and objective productivity as determinants of managerial evaluations of salespersons' performance [J]. Organizational Behavior and Decision Processes, 1991,50.

265. MacKenzie, S. B. , Podsakoff, P. M. , & Fetter, R. The impact of organizational citizenship behavior on valuations of sales performance [J]. Journal of Marketing, 1993,57.

266. Mark W. McElroy, *The New Knowledge Management : Complexity, Learning, and Sustainable Innovation*, Butterwoth-Heinemann, 2003.

267. Markus, H. R. , &. Kitayama, S. Culture and the self: Implication for cognition, emotion and motivation [J]. Psychological Review, 1991,98: 224 - 253.

268. Mathisen G E. Organizational antecedents of creative self-efficacy [J]. Creativity and Innovation Management, 2011,20(3): 185 - 195.

269. Mathisen G E, Bronnick K S. Creative self-efficacy: An intervention study [J]. International Journal of Educational Research, 2009,48(1): 21 - 29.

270. Matsui, T. , Okada, A. , &. kakuyama, T. Influence of achievement need on goal setting, performance, and feedback effectiveness [J]. Journal of Applied Psychology, 1982,67: 645 - 648.

271. McClelland, D. C. 1985. How motives, skills, and values determine what people do. American Psychologist, 40: 812 - 825.

272. McClelland, D. C. , &. Franz, C. E. Motivational and other sources of work accomplishment in mid-life: A longitudinal study [J]. Journal of Personality, 1992,60: 679 - 707.

273. McClelland, D. C. ,Koestne, R. , &. Weinberger, J. How do self-attributed and implicit motives differ? [J]Psychological Review, 1989,96: 690 - 702.

274. McDonald, T. , &. Siegall, M. The effects of technological self-efficacy and job focus on job performance, attitudes, and withdrawal behavior [J]. The Journal of Psychology, 1992,126(5): 465 - 475.

275. Messer, B. A. E. , &. White, F. A. Employees' mood, perceptions of fairness, and organizational citizenship behavior [J]. Journal of Business and Psychology, 2006,21(1): 65 - 82.

276. Metcalfe, J. , &. Mischel, W. A hot/cool-system analysis of delay of gratification: Dynamics of willpower. [J]. Psychological Review, 1999,106: 3 - 19.

277. Meyer, J. P. , Becker, T. E. , &. Vandenberghe, C. Employee commitment and motivation: A conceptual analysis and integrative model [J]. Journal of Applied Psychology, 2004,89: 946 - 949.

278. Michael L A H, Hou S T, Fan H L. Creative self-ef-ficacy and innovative behavior in a service setting : Optimism as a moderator [J]. The Journal of Crea-tive Behavior, 2011,45(4): 258 - 272.

279. Michael Polanyi,*Personal Knowledge* [M]. Chicago: the University of Chicago Press, 1958. 13 - 51.

280. Mitchell, T. R. Organizational behavior [J]. Annual Review of Psychology, 1979,30: 243 - 281.

281. Mitchell, T. R. Motivation: new directions for theory, research, and practice

[J]. Academy of Management Review, 1982,7(1): 80 - 88.

282. Mitchell, T. R. , Hopper, H. , Daniels, D. , George-Faivy, J, & James, L. R. Predicting self-efficacy and perfonnance during skill acquisition [J]. Journal of Applied Psychology, 1994,79: 506 - 517.

283. Mobley, W. H. Intermediate linkages in the relationship between job satisfaction and employee turnover [J] Journal of Applied Psychology, 1977,62: 237 - 240.

284. Moorman, R. H. Relationship between organizational justice and organizational citizenship behaviors: Do fairness perceptions influence employee citizenship? [J]Journal of Applied Psychology, 1991,76: 845 - 855.

285. Moorman, R. H. , Niehoff, B. P. , Organ, D. W. Treating employees fairly and organizational citizenship behaviors: Sorting the effects of job satisfaction, organizational commitment, and procedural justice [J]. Employee Responsibilities and Rights Journal, 1993,6.

286. Morrison, E. W. , & Phelps, C. C. Taking charge at work: extra-role efforts to initiate workplace change [J]. Academy of Management Journal, 1999,36: 557 - 589.

287. Morrison, E. W. Role definitions and organizational citizenship behavior: The importance of the employee's perspective [J]. Academy of Management Journal, 1994,37: 1543 - 1567.

288. Motowidlo, S. J. Some basic issues related to contextual performance and organizational citizenship behavior in human resource management [J]. Human Resource Management Review, 2000,10: 115 - 126.

289. Motowidlo, S. J. , Borman, W. C. , & Schmit, M. J. A theory of individual differences in task and contextual performance [J]. Human Performance, 1997, 10(2): 71 - 83.

290. Motowidlo, S. J. , & Scotter, J. R. V. Evidence that task performance should be distinguished from contextual performance [J]. Journal of Applied Psychology, 1994,79: 475 - 480.

291. Mowday, R. T. , Steers, R. M. , & Porter, L. W. The measurement of orgainzational commitment [J]. Journal of Vocational Behavior, 1979, 14: 224 -247.

292. Mumford M D, Scott G M, Gaddis B, Strange J M. Leading creative people: Orchestrating expertise and relationships [J]. The Leadership Quarterly, 2002, 13(6): 705 - 750.

293. Muraven, M. , & Baumeister, R. F. Self-regulation and depletion of limited

resources: Does self-control resemble a muscle? [J] Psychological Bulletin, 2000,126: 247 - 259.

294. Murray, R. B. , & Ryan, A. M. Personality and Work: reconsidering the role of personality in organizations [M]. San Francisco: Jossey-Bass, 2003: 61 - 82.

295. Muhlemeyer Peter. R&D Personnel Management by Ineentive Management: Results [J],personnel Review, 1992,21(4): 27 — 33.

296. Neilson, J. Ragan Ward. Affect, disposition, and cognition in motivation: linking them back together [D]. Colorado State: Colorado State University, 2005: 3 -6.

297. Nonaka I, Takeuchi H. *The Knowledge Creating Company* [M]. New York: Oxford University Press. 1995.

298. Olson, Tatana Michelle. What lies beneath: Using self-determination theory to understand the motive underlying citizenship behavior in organizations [D]. Indiana State: Purdue University, 2004.

299. Organ, D. W. A reappraisal and reinterpretation of the satisfaction-causes-performance hypothesis [J]. Academy of Management Review, 1977,2: 46 - 53.

300. Organ, D. W. Personality and organizational citizenship behavior [J]. Journal of Management, 1994,20(2): 465 - 478.

301. Organ, D. W. Organizational citizenship behavior: It's construct clean-up time [J]. Human Performance, 1997,10: 85 - 97.

302. Organ, D. W. , Konovsky, M. Cognitive versus affective determinants of organizational citizenship behavior [J]. Journal of Applied Psychology, 1989,74: 157 - 164.

303. Organ, D. W. , Ryan, K. A meta-analytic Review of attitudinal and Dispositional Predictors of Organizational Citizenship Behavior [J]. Personnel psychology, 1995,48: 775 - 802.

304. Pappas, R. A. , & Remer, D. S. Measuring R&D productivity [J]. Research Management, 1985,16(3): 15 - 22.

305. Parker, S. K. , Williams, H. M. , & Turner, N. Modeling the antecedents of proactive behavior at work [J]. Journal of Applied Psychology, 2006,91(3): 636 - 652.

306. Penney, & Spector. Narcissism and counterproductive work behavior: Do bigger egos mean bigger problems? [J] International Journal of Selection and Assessment, 2002,10(1/2): 126 - 134.

307. Perlow, L. , & Weeks, J. Who's helping whom? Layers of culture and

workplace behavior [J]. Journal of Organizaitional Behavior, 2002, 23: 345 -361.

308. Podsakoff, P. M. , & Ahearne, M. , & MacKenzie, S. B. Orgainzational citizenship behavior and the quantity and quality of work group performance [J]. Journal of Applied Psychology, 1997,82: 262 - 270.

309. Podsakoff, P. M. , MacKenzie, S. B. Organizational citizenship behavior and sales unit effectiveness [J]. Journal of Marketing Research, 1994,3(1): 351 - 363.

310. Podsakoff, P. M. , MacKenzie, S. B. , Lee, J. & Podsakoff, N. P. Common method biases in behavioral research: A critical review of the literature and recommended remedies [J]. Journal of Applied Psychology, 2003, 88 (5): 879 -903.

311. Podsakoff, P. M. , MacKenzie, S. B. , Paine, J. B. , & Bachrach, D. G. Organizational citizenship behaviors: A critical review of the theoretical and empirical literature and suggestions for future research [J]. Journal of Management, 2000,26: 513 - 563.

312. Porter, L. W. , & Steers, R. M. Organizational, work, and personal factors in employee turnover and absenteeism [J]. Psychological Bulletin, 1973, 80: 151 -176.

313. Ramamoorthy, N. , Flood, P. C. , Slattery, T. , et al. Deterniinants of innovative work behavior: Development and test of an integrated model [J]. Creativity and Innovation Management, 2005,14(2): 142 - 150.

314. Rhoades, R. , & Eisenberger, R. Perceived organizaitonal support: A review of the literature [J]. Journal of Applied Psychology, 2002,87(4): 698 - 714.

315. Riggs, Warka, Babasa, Betancourt, & Hooker. Development and validation of self-efficacy and outcome expectancy scales for job-related applications [J]. Educational and Psychological Measurement, 1994,54(3): 793 - 802.

316. Rioux, S. M. , & Penner, L. A. The causes of organizational citizenship behavior: A motivational analysis [J]. Journal of Applied Psychology, 2001,86: 1306 - 1314.

317. Robbins, S. P. Organizational behavior [M]. London: Prentice Hall International, 2001.

318. Roberts, *The bottom-line of competence-based management: management accounting, control and performance measurement.* Presented at EAA Conference, Antwerp, 1998.

319. Rotter, J. B. Some problems and misconceptions related to the construct of

internal versus external control of reinforcement [J]. Journal of Consulting and Clinical Psychology, 1975,43: 56 - 67.

320. Royle, M. T. , Hall, A. T. , Hochwarter, W. A. , Perrexe, P. L. , & Ferris, G. R. The interactive effects of accountability and job self-efficacy on organizational citizenship behavior and poitical behavior [J]. Organizational Analysis, 2005,13(1): 53 - 71.

321. Salamon, S. D. , & Deutsch, Y. OCB as a handicap: An evolutionary psychological perspective [J]. Journal of Organizational Behavior, 2006, 27: 185 -199.

322. Sandra Jones, *Employee Rights, Employee Responsibilities and Knowledge Sharing in Intelligent Organization*. Employee Responsibilities and Right Journal, 2002: 14(2/3).

323. Schneider, B. The people make the place [J]. Personnel Psychology, 1987,40: 437 - 453.

324. Schneider, W. , & Shiffrin, R. M. Controlled and automatic human information processing: Detection, search, and attention [J]. Psychological Review, 1977, 84: 1 - 66.

325. Seibert, S. E. , Crant, J. M. , & Kraimer, M. L. (1999). Proactive personality and career success. Journal of Applied Psychology, 84(3): 416 -427.

326. Seo Myeong-Gu. The role of affective experience in work motivation [D]. Massachusetts State: Boston College, 2003.

327. Shanock, L. R. , & Eisenberger, R. When supervisors feel supported: relationships with subordinates' perceived supervisor support, perceived organizational support, and performance [J]. Journal of Applied Psychology, 2006,. 91(3): 689 - 695.

328. Shields, M. D. , & Young, S. M. Managing innovation costs: A study of cost conscious behavior by R&D professional [J]. Journal of Management Accounting Research, 1994,6: 175 - 196.

329. Smith, C. A. , organ, D. W. , & Near, J. P. Organizational citizenship behavior: Its nature and antecedents [J]. Journal of Applied Psychology, 1983, 86: 789 -796.

330. Spangler, W. D. Validity of questionnaire and TAT measures of need for achievement: Two meta-analyses [J]. Psychological Bulletin, 1992, 112: 140 -154.

331. Spector, P. E. Using self-report questionnaires in OB research: a comment on the

use of a controversial method [J]. Journal of Organizational Behavior, 1994,15:
385 - 392.

332. Spector, P. E. , Fox, S. An emotion-centered model of voluntary work behavior:
Some parallels between counterproductive work behavior and organizational
citizenship behavior. [J]. Human Resource Management Review, 2002, 12:
269 -292.

333. Speier, C. , & Frese, M. Generalized self-efficacy as a mediator and moderator
between control and complexity at work and personal initiative: A longitudinal
field study in East Germany [J]. Human Performance, 1997,10: 171 - 192.

334. Stahl, J. M. Managerial and Technical Motivation: Assessing needs for
achievement, power and affiliation [M]. New York: Praeger Publishers. 1986.

335. Steers, R. M. , & Rhodes, S. R. Major influences on employee attendance: A
process model [J]. Journal of Applied Psychology, 1978,63: 391 - 407.

336. Steers, R. M. , Mowday, R. T. , & Shapiro, D. L. Introduction to special topic
forum: The future of work motivation theory [J]. Academy of Management
Review, 2004,29(3): 379 - 387.

337. Staw, B. M. , & Barsade, S. G. Affect and managerial performance: A test of
the sadder-but-wiser vs. Happier-and smarter hypotheses [J]. Administrative
Science Quarterly, 1993,38: 304 - 331.

338. Taylor, M. S. , Locke, E. A. , Lee, C. , & Gist, M. E. Type A behavior and
faculty productivity: What are the mechanisms? [J]Organizational Behavior and
Human Performance, 1984,34: 402 - 418.

339. Tepper, B. J. , Lockhart, D. , & Hoobler, J. Justice, citizenship, and role
defination effects [J]. Journal of Applied Psychology, 2001,86: 789 - 796.

340. Thomas Ponaldson & Lee E. Perston: *Managerial ownership and firm
performance: A re-examination using productivity measurement*, Journal of
Corporate Finance 5,1999,323 - 339.

341. Thomas, K. W. , & Velthouse, B. A. Cognitive elements of empowerment: An
"interpretive"model of intrinsic task motivation [J]. Academy of Management
Review, 1990,15: 666 - 681.

342. Tierney P, Farmer S M. Creative self-efficacy: Poten-tial antecedents and
relationships to creative perform-ance [J]. The Academy of Management
Journal, 2002,45(6): 1137 - 1148.

343. Tierney P, Farmer S M. Creative self-efficacy devel-opment and creative
performance over time [J]. Journal of Applied Psychology, 2011, 96 (2):

277 -293.

344. Tubbs, M. E. , & Ekeberg, S. E. The role of intentions in work motivation: Implications for goal-setting theory and research [J]. Academy of Management Review, 1991,16: 180 – 199.

345. VandeWalle, D. Development of a work domain goal orientation instrument [J]. Educational and Psychological Measurement, 1997,57: 995 – 1015.

346. VandeWalle, D. , Cron, W. L. , & Slocum, J. W. The role of goal orientation following performance feedback [J]. Journal of Applied Psychology, 2001,86: 629 – 640.

347. Van Dyne, L. , Grahamz, J. W. , & Dienesch, R. M. Organizational citizenship behavior: Construct redefinition, measurement, and validation [J]. The Academy of Management Journal, 1994,37.

348. Van Dyne, L. , & LePine, J. A. Helping and voice extra-role behaviors: Evidence of construct and predictive validity [J]. The Academy of Management Journal, 1998,41(1): 108 – 119.

349. Van Scotter, J. R. , & Motowidlo, S. J. Interpersonal facilitation and job dedication as separate facets of contextual performance [J]. Journal of Applied Psychology, 1996,81: 525 – 531.

350. Vigoda-Gadot, E. Compulsory citizenship behavior: Theorizing some dark sides of the good soldier syndrome in organizations [J]. Journal for the Theory of Social Behavior, 2006,36(1): 77 – 93.

351. Viswesvaran, C. , & Ones, D. S. Perspectives on models of job performance [J]. International Journal of Selection and Assessment, 2000,6: 216 – 226.

352. Weiss, T. B. Show me more than the money [J]. HR Focus, 1997,74: 3 – 4.

353. Werner, J. M. Dimensions that make a difference: Examining the impact of in-role and extra-role behaviors on supervisory ratings [J]. Journal of Applied Psychology, 1994,79.

354. Werner, J. M. Implications of OCB and contextual performance for human resoruce management [J]. Human Resource Mangemetn Review, 2000, 10: 3 –24.

355. Werner, B. M. , & Souder, W. E. Measuring R&D performance: State of the art [J]. Research-Technology Management, 1997,March-April: 34 – 42.

356. Willson, D. K. NewLookatPerformaneeAPPraisalforSeientistandEngineer [J], Research-Technology Management, 1994,7: 51 — 55.

357. Williams, L. J. , & Anderson, S. E. Job satisfaction and organizational

commitment as predictors of organizational citizenship and in-role behaviors [J]. Journal of Management, 1991,17(3): 601 - 617.

358. White, R. W. Motivation reconsidered: The concept of competence [J]. Psychological Review, 1959,66: 297 - 333.

359. Worth Keiloh Ann. The role of goals and motives in understanding the processes of volunteerism [D]. Minniesota State: University of Minnesota, 2005.

360. Wright, P. M., Kacmar, K. M., McMahan, G. C., & Deleeuw, K. P=f(M× A): Cognitive ability as a moderator of the relationship between personality and job performance [J]. Journal of Management, 1995,21: 1129 - 1139.

361. Yang Fu, Zhang Lihua. Effects of team communication and job insecurity climate on innovative behavior: The moderating role of creative self-efficacy [J]. Acta Psychological Sinica, 2012,44(10): 1383 - 1401. (in Chinese)

362. Younger, J. & Sandholtz, K. Helping R&D professionals build successful careers [J]. Research Technology Management, 1997,40(6): 23 - 28.

363. Zhou, J. George, M. J. When job dissatisfaction leads to the expression of voice [J]. Academy of Management creativity: Encouraging Journal, 2001,44(4): 682 - 696.

附录一　本书常用缩略语索引

序号	缩略语	对应专业术语	序号	缩略语	对应专业术语
1	R&D	研究与开发,简称研发	23	JSE	工作自我效能
2	SWM	工作动力	24	JSES	工作自我效能量表
3	WMB	工作动力行为	25	POJ	组织公正感
4	WMBS	工作动力行为量表	26	POJS	组织公正感量表
5	PS	解决问题行为	27	DJ	分配公正
6	HEL	助人行为	28	PJ	程序公正
7	SD	自我发展	29	IJ	交互公正
8	WD	工作驱力	30	POS	组织支持感
9	WDS	工作驱力量表	31	POSS	组织支持感量表
10	ACQ	获得驱力	32	WPE	个人工作绩效
11	BON	联系驱力	33	WPES	个人工作绩效量表
12	DEF	防卫驱力	34	OCB	组织公民行为
13	LEA	学习驱力	35	OCBS	组织公民行为量表
14	MT	动机特性	36	OCBI	个人角度的组织公民行为
15	SMTQ	简版动机特性量表	37	OCBO	组织角度的组织公民行为
16	PM	个人掌控	38	CP	关系绩效
17	DL	学习意愿	39	CPS	关系绩效量表
18	PM	目标掌控	40	EF	努力
19	CE	竞争卓越	41	EFS	努力量表
20	ORG	参照他人目标	42	JD	工作奉献
21	CS	寻求竞争	43	TC	时间承诺
22	MA	动机焦虑			

附录二 效度检验问卷

尊敬的女士/先生：

　　您好！

　　非常感谢您参与我们这次问卷调查。

　　本研究的主要目的是了解国内研发（R&D）人员的工作行为。您的热心参与就是对我们最大的支持和帮助！非常感谢！

　　本人郑重承诺：本次调查采用匿名形式，您的相关信息我们将严格保密。我们保证本问卷所有信息仅用于本研究，而且仅用于整体分析，没有经过您个人的书面授权，不会对您的问卷进行单独分析和使用。

　　注意：本问卷共四页，每个题目只能选择一个答案。如果没有完全符合的答案，请选择与您现状最接近的答案。敬请不要漏答。

　　非常感谢您的支持与合作！

　　祝工作顺利，身体健康！

　　以下是对工作行为的一些描述，并无对错之分。我们希望了解您在多大程度上同意以下说法，请您尽量真实地表达您的意见，并选择相应的数字。

1 完全不同意	2 不同意	3 基本不同意	4 不确定	5 基本同意	6 同意	7 完全同意
1-1　即使上级不在也会遵守上级的指示。				1　2　3　4　5　6　7		
1-2　和团队中其他成员合作。				1　2　3　4　5　6　7		

1 完全不同意	2 不同意	3 基本不同意	4 不确定	5 基本同意	6 同意	7 完全同意

1-3 能坚持克服困难以完成一项任务。	1 2 3 4 5 6 7
1-4 穿戴符合职业要求。	1 2 3 4 5 6 7
1-5 愿意进行额外的学习。	1 2 3 4 5 6 7
1-6 遵守工作程序，避免未经许可的越级行为。	1 2 3 4 5 6 7
1-7 主动申请具有挑战性的工作。	1 2 3 4 5 6 7
1-8 愿意帮助同事完成工作。	1 2 3 4 5 6 7
1-9 关注重要的细节问题。	1 2 3 4 5 6 7
1-10 维护上级的决定。	1 2 3 4 5 6 7
1-11 表现出应有的礼貌。	1 2 3 4 5 6 7
1-12 鼓励并帮助同事解决问题。	1 2 3 4 5 6 7
1-13 主动解决工作中遇到的问题。	1 2 3 4 5 6 7
1-14 表现出自律性和自我控制。	1 2 3 4 5 6 7
1-15 主动做非份内的工作以帮助别人，或者 使团队工作更有效。	1 2 3 4 5 6 7
1-16 热心帮助同事解决困难的工作问题。	1 2 3 4 5 6 7
2-1 我愿意帮助新来的同事适应工作环境。	1 2 3 4 5 6 7
2-2 我愿意帮助同事解决与工作相关的问题。	1 2 3 4 5 6 7
2-3 当有需要的时候，我愿意帮助同事做额外的 工作。	1 2 3 4 5 6 7
2-4 我愿意配合同事并与他们交流沟通。	1 2 3 4 5 6 7
3-1 我会遵守单位规章和秩序，即使没有人看见 并且没有证据留下。	1 2 3 4 5 6 7
3-2 我对待工作认真并且很少犯错误。	1 2 3 4 5 6 7
3-3 我并不介意新的工作或挑战。	1 2 3 4 5 6 7
3-4 我会努力进行自我学习以提高工作成效。	1 2 3 4 5 6 7
3-5 我经常很早到单位并马上开始工作。	1 2 3 4 5 6 7
3-6 我会向单位提出建议以改善单位绩效。	1 2 3 4 5 6 7
4-1 我因为每天工作时间长而被别人所熟知。	1 2 3 4 5 6 7
4-2 跟我有工作关系的人都知道我上班到的早， 下班走的也晚。	1 2 3 4 5 6 7

1 完全不同意	2 不同意	3 基本不同意	4 不确定	5 基本同意	6 同意	7 完全同意

4-3	与同事相比,我总是最早上班最晚下班。	1　2　3　4　5　6　7
4-4	很少有同事每周的工作时间比我还长。	1　2　3　4　5　6　7
4-5	我常年花在工作上的时间比大多数研发人员都多。	1　2　3　4　5　6　7
5-1	有工作要做时,我会全力以赴完成它。	1　2　3　4　5　6　7
5-2	工作时,我非常投入。	1　2　3　4　5　6　7
5-3	只要是我的工作职责,我都会尽全力做好。	1　2　3　4　5　6　7
5-4	我尽全力成功完成工作。	1　2　3　4　5　6　7
5-5	工作时,我会尽全力。	1　2　3　4　5　6　7

在工作中,我总是:

6-1	愿意解决小组(或部门)工作中的难题。	1　2　3　4　5　6　7
6-2	遇到问题时会考虑不止一种解决问题的可能办法。	1　2　3　4　5　6　7
6-3	工作中遇到难题时,会尽快找到有效的解决办法。	1　2　3　4　5　6　7
6-4	能发现并指出工作中别人都没有发现的问题。	1　2　3　4　5　6　7
6-5	愿意提出独特新颖的想法帮助大家拓展思路。	1　2　3　4　5　6　7
6-6	在小组会议上积极发言,并提出建设性意见。	1　2　3　4　5　6　7
7-1	主动帮助新同事适应新环境。	1　2　3　4　5　6　7
7-2	工作中主动协助同事。	1　2　3　4　5　6　7
7-3	主动帮助同事更好地掌握相关工作技能。	1　2　3　4　5　6　7
7-4	与同事分享工作相关的信息和经验。	1　2　3　4　5　6　7
8-1	有一种内在动力推动我努力工作。	1　2　3　4　5　6　7
8-2	经常购买和阅读相关专业书籍。	1　2　3　4　5　6　7
8-3	积极参加有助于提高绩效的培训和学习活动。	1　2　3　4　5　6　7
8-4	积极参加公司鼓励但不要求必需参加的培训或信息交流会。	1　2　3　4　5　6　7

续　表

1	2	3	4	5	6	7
完全不同意	不同意	基本不同意	不确定	基本同意	同意	完全同意

8-5	会为了学习新技术或知识而暂时牺牲当前利益。	1　2　3　4　5　6　7
9-1	我目前的工作完全在我的能力范围之内。	1　2　3　4　5　6　7
9-2	更换工作时我很快就能适应新的工作。	1　2　3　4　5　6　7
9-3	我认为以我的能力胜任这个新工作绰绰有余。	1　2　3　4　5　6　7
9-4	我拥有处理目前工作所需要的所有技术知识和实践经验。	1　2　3　4　5　6　7
9-5	我相信我的能力至少不比其他同事差。	1　2　3　4　5　6　7
9-6	我过去的经验和成就使我非常自信：我在公司里一定会表现出众。	1　2　3　4　5　6　7
9-7	我以前曾经做过比现在更有挑战性的工作。	1　2　3　4　5　6　7
9-8	用专业术语来说,我的工作完全能满足我对自己的期望。	1　2　3　4　5　6　7
9-9	我是本职工作领域的专家。	1　2　3　4　5　6　7
9-10	我为自己的工作技术和能力而感到非常自豪。	1　2　3　4　5　6　7
9-11	学习掌握本领域前沿技术相关的新任务时,我的第一反应是：我一定能够做好它。	1　2　3　4　5　6　7
9-12	在说到学习掌握与前沿技术有关的工作任务时,我对自己的描述是：我是所在工作小组中最棒的一个。	1　2　3　4　5　6　7

客观地说,与周围的同事相比,您在以下几个方面的表现：

1	2	3	4	5	6	7
最差	比大多数同事差	比一般同事稍差	和大家差不多	比一般同事稍好	比大多数同事好	最好

10-1	完成工作的数量	1　2　3　4　5　6　7
10-2	完成工作的质量	1　2　3　4　5　6　7

续 表

1 最差	2 比大多数 同事差	3 比一般同事 稍差	4 和大家 差不多	5 比一般同事 稍好	6 比大多数 同事好	7 最好
10-3 计划完成的情况				1 2 3 4 5 6 7		
10-4 创新成果的情况				1 2 3 4 5 6 7		
10-5 实现工作目标的情况				1 2 3 4 5 6 7		

个人相关信息：（仅做统计分类使用，敬请不要漏填）

1. 性别：① 男　② 女

2. 年龄（岁）：① ≤25　② 26—30　③ 31—35　④ 36—45 ⑤ 45岁以上

3. 教育程度：① 博士及以上　② 硕士　③ 本科　④ 专科 ⑤ 高中及以下

附录三　正式测试问卷

尊敬的女士/先生：

您好！

非常感谢您在百忙之中抽出时间填写这份问卷。这份问卷是我博士论文的正式研究问卷，希望能得到您的支持和帮助！

本次问卷的调查对象是研发（R&D）人员，首先请确认您属于研发人员。

研发人员被称为企业发展和获得持续竞争力的发动机。但是与研发人员的实际作用不符的是，国内专门针对研发人员的生存和发展状况的研究很少。本研究的目的就是了解我国研发人员的实际工作情况，以及他们的工作动力状况，并从中找到能更好地促进研发人员发展，以及更好地激发研发人员工作动力的有效方法。您对本问卷的认真回答就是您对我们这项研究的热情帮助和支持。非常感谢！

本人郑重承诺：本次调查采用匿名形式，您的相关信息我们将严格保密，任何其他机构或个人（包括您所在单位和上司）均无法了解您的相关信息。我们保证本问卷所有信息仅用于本研究，而且仅用于整体分析，没有经过您个人的书面授权，不会对您的问卷进行单独分析和使用（如果您需要问卷反馈，请您在问卷的最后一页填写您的 e-mail 地址，我们将根据您的需要反馈相关信息，并保证此信息仅用于您个人,不会用于其他用途)。

注意事项:

1. 本问卷答案没有对错之分,您只要尽量真实表达出您的意见即可。

2. 本问卷共有 **6** 页(包括本页),各项题目都只能选择一个答案,请您留意不要漏答。

3. 如果没有完全符合您情况的答案,请选择与您的现状最接近的答案,请不要漏答。

4. 敬请尽快寄回问卷。

非常感谢您的热情帮助! 并祝您身体健康,工作愉快!

问卷回寄地址:

邮寄地址:

收件人: 联系电话:

第一部分 工作行为部分

本量表是对个人工作行为的描述,并没有正确与错误的区分,请根据您的实际情况选择对您来说最正确的选项,并把相应的数字填写在每道题目左边的空格中。请注意:我们需要了解的是您在工作环境下真实的行为表现,而不是您希望自己有什么样的行为表现。

1	2	3	4	5	6	7
完全不符合	基本不符合	不太符合	不确定	有些符合	基本符合	完全符合

在工作中,我总是:

1. _____ 主动帮助新同事适应新环境。
2. _____ 愿意解决小组(或部门)工作中的难题。
3. _____ 经常购买和阅读相关专业书籍。
4. _____ 遇到问题时会考虑不止一种解决问题的可能办法。
5. _____ 积极参加有助于提高绩效的培训和学习活动。
6. _____ 工作中遇到难题时,会尽快找到有效的解决办法。
7. _____ 有一种内在动力推动我学习新技术掌握新知识。

续 表

1	2	3	4	5	6	7
完全不符合	基本不符合	不太符合	不确定	有些符合	基本符合	完全符合

8. _____ 与同事分享工作相关的信息和经验。
9. _____ 能发现并指出工作中别人都没有发现的问题。
10. _____ 工作中主动协助同事。
11. _____ 会为了学习新技术或新知识而暂时牺牲当前利益。
12. _____ 愿意提出独特新颖的想法帮助大家拓展思路。
13. _____ 主动帮助同事更好地掌握相关工作技能。
14. _____ 积极参加公司鼓励但不要求必须参加的培训或信息交流会。
15. _____ 在小组会议上积极发言,并提出建设性意见。

本量表测量您对以下一些说法的看法。我们希望了解这些说法对您的重要性,以及哪些说法对您最重要。请根据您的实际情况进行选择,并把相应的数字填写在每道题目左边的空格中。

1	2	3	4	5	6	7
极不重要	不重要	不太重要	不确定	有些重要	重要	极为重要

1. _____ 希望得到他人的赞扬。
2. _____ 喜欢同事之间的互动交流。
3. _____ 避免别人认为我偷懒。
4. _____ 接触和学习新的知识和技能。
5. _____ 希望得到上级和同事的认可和尊重。
6. _____ 希望能与同事友好相处。
7. _____ 避免上级斥责和批评。
8. _____ 更好地掌握和熟练运用所学知识和技能。
9. _____ 希望自己表现得比同事好。
10. _____ 避免别人认为我不愿意承担责任。
11. _____ 推动自己掌握更多相关工作技能。
12. _____ 解决别人解决不了的问题让我有一种成就感。
13. _____ 可以和同事建立良好的人际关系。
14. _____ 避免给别人留下不好的印象。
15. _____ 及时掌握专业领域前沿技术。
16. _____ 有能力帮助别人让我有一种成就感。
17. _____ 避免同事责备。
18. _____ 更好地了解相关工作。
19. _____ 避免别人认为我工作不负责任。
20. _____ 希望获得更多的相关工作经验。

第二部分　组织情况部分

本量表描述的是您对所在组织的一些看法,并无对错之分,请尽量真实地表达您的想法。

1	2	3	4	5	6	7
极不同意	不同意	不太同意	不确定	有些同意	同意	完全同意

1. _____　考虑到我的工作努力程度,我的薪资待遇是合理的。
2. _____　考虑到我的工作责任,我的薪资待遇是合理的。
3. _____　考虑到我所受的教育和培训,我的薪资待遇是合理的。
4. _____　考虑到我的工作绩效,我的薪资待遇是合理的。
5. _____　考虑到我对公司的贡献,我的薪资待遇是合理的。
6. _____　公司的分配决策是有章可循、前后一致的。
7. _____　公司的分配决策程序是没有偏见的,不针对任何人。
8. _____　公司的分配决策是依据准确的信息做出的。
9. _____　公司员工可以对分配决策结果进行质疑和申诉。
10. _____　我的上司考虑我的观点。
11. _____　我的上司对我的评价是适当的。
12. _____　我的上司对我表现了应有的尊重。
13. _____　我的上司与我关系融洽,对我表示关心并提供所需的帮助。
14. _____　组织珍视我的贡献。
15. _____　当我在工作中遇到问题时可以及时从组织获得帮助。
16. _____　组织重视我的观点。
17. _____　当我因为特殊原因需要帮助时,组织愿意帮忙。
18. _____　组织对我的成就会给予表扬。
19. _____　组织愿意帮助我发挥出最大能力从而更好地完成工作。
20. _____　组织的确关心我的福利。
21. _____　如果因好心而办了错事,组织会原谅我。

客观地说,与周围的同事相比,您在以下几个方面的表现:

1	2	3	4	5	6	7
最差	比大多数同事差	比一般同事稍差	和大家差不多	比一般同事稍好	比大多数同事好	最好

1. _____　完成工作的数量。
2. _____　完成工作的质量。
3. _____　计划完成的情况。

续　表

1 最差	2 比大多数 同事差	3 比一般同事 稍差	4 和大家 差不多	5 比一般同事 稍好	6 比大多数 同事好	7 最好

4. _____　创新成果的情况。
5. _____　实现工作目标的情况。

第三部分　个人特性部分

本量表是对个人特性的一些描述,并没有对错之分,请根据您的实际情况选择对您来说最正确的选项,并把相应的数字填写在每道题目左边的空格中。

1 极不正确	2 不正确	3 不太正确	4 不确定	5 有点正确	6 正确	7 非常正确

(1—27 题为遵守与原作者的使用协议,故在此省略。如有兴趣,请联系原作者)

1. _____　目前的工作完全在我的能力范围之内。
2. _____　我拥有目前工作所需要的所有技术知识和实践经验。
3. _____　我相信我的能力至少不比其他同事差。
4. _____　我过去的经验和成绩使我非常自信:我在公司一定会表现出众。
5. _____　我以前曾经做过比现在更有挑战性的工作。
6. _____　我是本职工作领域的专家。
7. _____　我为自己的工作技术和能力而感到非常自豪。
8. _____　学习掌握本领域前沿技术相关的新任务时,我的第一反应是:我一定能够做好它。
9. _____　在说到学习掌握与前沿技术有关的工作任务时,我对自己的描述是:我是所在工作小组中最棒的一个。

个人及单位相关信息:(仅做统计分类使用,敬请不要漏填)

1. _____　性别:① 男　② 女
2. _____　年龄(岁):① ≤25　② 26—30　③ 31—35　④ 36—45　⑤ 45岁以上
3. _____　教育程度:① 博士及以上　② 硕士　③ 本科　④ 专科　⑤ 高中及以下
4. _____　职称:① 高级　② 中级　③ 初级　④ 其他

续　表

1	2	3	4	5	6	7
极不正确	不正确	不太正确	不确定	有点正确	正确	非常正确

5. _____　工作性质：① 研发　② 设计（主要从事设计工作，如设计院）
　　　　　　　③ 研发支持　④ 研发管理

6. _____　从事研发设计工作年限（年）：① ≤1.5　② 2—5.5　③ 6—10.5
　　　　　　　④ 11—15.5　⑤ 16 年以上

7. _____　单位性质：① 国企　② 事业单位　③ 民营企业　④ 合资企业
　　　　　　　⑤ 外资企业　⑥ 其他

8. _____　行业：① IT　② 汽车　③ 钢铁　④ 金融　⑤ 电子　⑥ 建筑
　　　　　　　⑦ 通讯　⑧ 其他（请注明）

9. _____　工作地点：① 上海　② 北京　③ 重庆　④ 吉林　⑤ 浙江
　　　　　　　⑥ 广东　⑦ 其他（请注明）

您的 e-mail 地址：_____（如果需要个人问卷结果反馈，请填写）

（注：本量表实际测试时的顺序与此不同，最开始是行为部分，然后是个人情况，接着是组织情况和个人工作绩效，最后是个人信息。为了排版方便，故有此改变。）

图书在版编目(CIP)数据

我国研发人员工作动力行为与激励研究/袁建昌,魏海燕
著. —上海:上海三联书店,2016.12
ISBN 978 - 7 - 5426 - 5766 - 4

Ⅰ.①我…　Ⅱ.①袁…②魏…　Ⅲ.①科研人员-科学研究
工作-研究-中国　Ⅳ.①G316

中国版本图书馆 CIP 数据核字(2016)第 288102 号

我国研发人员工作动力行为与激励研究

著　者 / 袁建昌　魏海燕

责任编辑 / 冯　征
装帧设计 / 徐　徐
监　　制 / 李　敏
责任校对 / 张大伟

出版发行 / 上海三联书店
　　　　　(201199)中国上海市都市路 4855 号 2 座 10 楼
网　　址 / www. sjpc1932. com
邮购电话 / 021 - 22895557
印　　刷 / 上海展强印刷有限公司

版　　次 / 2016 年 12 月第 1 版
印　　次 / 2016 年 12 月第 1 次印刷
开　　本 / 890×1240　1/32
字　　数 / 300 千字
印　　张 / 11.75
书　　号 / ISBN 978 - 7 - 5426 - 5766 - 4/G·1446
定　　价 / 48.00 元

敬启读者,如发现本书有印装质量问题,请与印刷厂联系 021 - 66510725